JN094674

近代仏教とは何か

その思想と実践

碧海寿広

青土社

近代仏教とは何か　目次

近代仏教とは何か　その思想と実践

序章　近代仏教とは何か

一　マインドフルネスから考える

近代仏教とはマインドフルネスである。あるいは、仏教を英語に翻訳し研究や表現をする行いも、近代仏教の一種だ。ブッダを主人公とするマンガを描いたり読んだりする営みもまた、近代仏教と見なしてよい。

近代仏教とは何か――この茫漠とした問いに答えるため、まずは具体例をいくつか挙げてみた。日本ないしはアジアを代表する伝統宗教である仏教が、近代的な環境や条件のもとでその形態を縦横無尽に変化させ、それまでとは異なる場所に拡がり、新たな担い手を獲得していくプロセス。その過程の全体を構成する要素や事例は多種多様だが、現在における代表例としては、やはりマインドフルネスが際立っている。

マインドフルネスとは、「いま・ここ」にひたすら注意を向けた心理状態のことであり、また、そうした状態を達成するための瞑想法を一般に指す。二十一世紀の現在に急速な勢いで普及しつつある発想や技法だが、知られる通り、元をただせば仏教の教えや瞑想法に由来する。米国の医学者ジョン・カバット・ジンやベトナムの高僧ティク・ナット・ハンらが、禅やヴィパッサナーなどアジアに伝わる仏教の瞑想法を、健康法として独自にアレンジしたり、特定の信仰を持たない現代人にも受け入れやすいように解説したりするなか、欧米を中心として世界中に広まってきた。

米国の宗教学者であるデヴィッド・マクマハンは、一九八〇年代の頃には瞑想は周辺的な実践で、行っているのは前衛的なアーティストや年老いたヒッピーだけであったが、今や、かかりつけの医師が適度な運動や野菜の摂取と同様にマインドフルネスを推奨している、という身の回りの状況を報告している。[1] マクマハンは、伝統仏教と近現代の西洋思想やライフスタイルの両面から瞑想について研究するその著書で、「内なる砦（Inner Citadel）」というモデルを用いて、マインドフルネスに代表される瞑想の実践者たちの現状を論じる。[2] すなわち、社会規範や周囲の人間関係に決して左右されない、どこまでも自由で安全な「内なる砦」をいま・ここに確保すること。これが瞑想を好んで選択する現代人の一般的な動機であり、その思想的背景には、近代的な合理主義やロマン主義、心理学の影響と、世俗的な価値観と矛盾しない範囲での仏教の教えがあるという。

マクマハン自身は、こうした個人主義に傾斜し過ぎた瞑想の受容のされ方に、やや懐疑的である。彼が支持するのは、むしろ、政治的イシューや環境問題などにコミットする社会倫理を導くような瞑想であり、その動機付けとして、彼は仏教の無我説や縁起説を援用したりもしている。[3] おそらく今後も大筋では、現代のストレスフルな生活から身を守ってくれる「内なる砦」を形成するために瞑想に頼る人々が主流となるだろう。とはいえ、瞑想が集合的な社会変革の動きへと直結していく方向性も、十分にありえる。

一方、同じ米国の宗教学者であるジェフ・ウィルソンは、現代の中産階級に見られる大衆的なマインドフルネスの取り入れ方の特徴として、「現世利益（practical benefits）」があることを指摘している[4]。いわく、一部の求道的な人々を除けば、「悟り」のような高尚な目的を掲げて瞑想に取り組む人間はごく少数であり、むしろ、心身の健康の向上や自尊心の高まり、日常生活の充実や仕事の効率改善といった「現世利益」こそ、大勢の現代人がマインドフルネスに求めるものではないか、と。

こうした指摘をする際、ウィルソンは、日本の国民的な宗教実践について調査研究したイアン・リーダーとジョージ・タナベの著書を参照しており、非常に興味深い[5]。寺院と神社を中心とした全国各地の宗教的インフラを基盤として、日本人は、各種の祈禱や絵馬による願掛け、護符の購入と装着などがもたらす「現世利益」を、日常的に当たり前のように期待する。そこで期待される「厄除け」や「開運」といったモチーフは、心理学的・医療的な言説を主とするマインドフルネスの普及にも共通すると、ウィルソンは主張するのだ[6]。確かに、病気の回避をはじめとする「厄除け」や、勉学や仕事で成功するための「開運」というのは、日本の神仏に向けられた大衆的な信心

（1） David L. McMahan, *Rethinking Meditation Buddhist Practice in the Ancient and Modern Worlds*, Oxford University Press, (2023: 6)
（2） McMahan (2023: 168-72)
（3） McMahan (2023: 212-16)
（4） Jeff Wilson, *Mindful America: The Mutual Transformation of Buddhism Meditation and American Culture*, Oxford University Press, (2014: 105)
（5） Ian Reader & George J. Tanabe, *Practically Religious: Worldly Benefits and the Common Religion of Japan*, University of Hawai'i Press (1998)
（6） Wilson (2014: 117-19)

とマインドフルネスとに共通したニーズといってよさそうである。

もちろん、マインドフルネスは近年の流行とも評せる発想や技法であり、またその効果の科学的裏付けを推進力としているのに対し、寺院や神社を介した信心の世界は、長い歴史を有する習俗であり、僧侶らによる伝統的な儀礼の継続によって支えられてきた。両者を同列に論じるのは、やや乱暴な印象も受ける。しかし、マインドフルネスが米国社会における新たな習俗や伝統として定着する可能性は否定できず、もしそうなれば、日本人が昔から続けてきた宗教実践とあまり大差なくなるのかもしれない。

現代世界を席巻するマインドフルネスは、基本的に個人の内なる次元に重きを置いた活動でありながら、社会を改善する集合的な実践につながる可能性を持ち、他方で、一種の新しい習俗としての側面も有している。米国の宗教学者たちの議論に示されるこうした知見は、「近代仏教とは何か」という問いを探究する本書にとっても、大いに参考になる。

実際、瞑想の専門家であるマクマハンは、同時に「仏教モダニズム（Buddhist Modernism）」の研究者でもあり、近代仏教をどう理解したらよいかというテーマに関して、現状で最も見通しの優れた見識を提示している。(7) おおよそ十九世紀以降の西洋とアジアの人々による、仏教の再解釈やイメージの刷新、改革や再生の運動として仏教モダニズムを捉えるマクマハンは、特に科学的な合理主義とロマン主義（ないしは表現主義）の二つ——いずれもマインドフルネスに垣間見える特徴——こそ、モダンな仏教の核心であると喝破する。

仏教は、キリスト教や神道などとは異なり、現代科学と矛盾しない合理的な宗教だ。こうした認識から仏教の教えや瞑想法を再評価する意見が、十九世紀以降の西洋や日本を含むアジアの国々では、山のように提出されてきた。[8] また、そうした仏教の合理性の強調は、慈悲を尊ぶ利他主義の精神などと結合しながら、各種の政治参加や社会運動を促してきた。[9] 他方で、仏教を科学や合理性に還元できない個人の霊性や審美的な対象として捉えるロマン主義や表現主義の立場も、近現代に数多い。[10] こうした対極的な二つの志向性が、ときには互いに融合しつつ、近代仏教の歴史の基本線を形作ってきたのは間違いない。

とはいえ、近代仏教の歴史は、マクマハンが重視する「モダニズム」的な方向性によってのみ成り立ってきたわけではない。仏教学者の末木文美士（すえきふみひこ）が日本の事例とりわけ「葬式仏教」――死者供養や先祖祭祀を専らとする仏教――を念頭に述べる通り、前近代から持ち越されながら、近代以降も人々の暮らしに欠かせぬ存在として生き残り続ける伝統的な仏教のかたちもあるのだ。[11] 近代仏教の全体像に迫るためには、そうした伝統仏教の社会的な意義についても考慮する必要がある。む

（7） David L. McMahan, *The Making of Buddhist Modernism*, Oxford University Press (2008)
（8） Donald S. Lopez Jr. *Buddhism and Science: A Guide for the Perplexed*, The University of Chicago Press (2008), 碧海寿広『科学化する仏教――瞑想と心身の近現代』角川選書（二〇二〇）
（9） Sallie B. King, *Socially Engaged Buddhism*, University of Hawai'i Press (2009), James Mark Shields, *Against Harmony: Progressive and Radical Buddhism in Modern Japan*, Oxford University Press (2017)
（10） ロマン主義や表現主義の立場を示す近代仏教史上の代表的な書物として、鈴木大拙『禅と日本文化 新訳完全版』碧海寿広訳、角川ソフィア文庫（二〇二二）
（11） 末木文美士「総論　伝統と近代」末木文美士、林淳、吉永進一、大谷栄一編『ブッダの変貌――交錯する近代仏教』法藏館（二〇一四）

ろん、「伝統」といってもその内実や性格は近代以降に多かれ少なかれ変化していくのであり、そして伝統仏教の従来にない変化の過程の考察こそ、「近代仏教とは何か」という探究の重要な一部となる。

すなわち、近代仏教の全貌について考える際には、ほぼ「モダニズム」のみで成立している西洋（欧米）の仏教と、伝統と近代が重層する、日本を含めたアジアの仏教の違いを、まずは認識しておかねばならない。その上で、西洋とアジアの双方で展開する近代仏教の歴史を、具体的な事例を幅広く見渡しながら、同時にその本質や構造を抽象化し言語化していく作業が求められる。

そうした作業を、事例を日本に限定しつつも遂行した貴重な成果として、社会学者の大谷栄一による試論がある。[12] 大谷は、二十世紀の後半から徐々に積み重なってきた国内の近代仏教研究の成果を整理しつつ、日本の近代仏教の全体像を独自に類型化した。いわく、近代仏教はその主体の属性から大きく「出家」と「在家」に二分できる。また、当事者の仏教に対する志向性から、「ビリーフ（教義・信条のような概念化された信念大系）」と「プラクティス（儀礼のような非言語的な慣習行為）」とに、その思想や実践の形態を大別できる。そして、「在家」と「ビリーフ」を組み合わせたところに近代仏教の本流である「狭義の近代仏教」があり、これに当たらない事例（伝統教団による先祖供養や現世利益信仰など）は、「広義の近代仏教」として位置付けられる。

この大谷による類型化は、一見よく整理されているようでいて、じっくり考えてみると少なからず問題がある。まず、「出家／在家」の二分法は、浄土真宗のような出家と在家のどちらとも断定し難い——本来的な意味での「出家者」とは異なり妻帯し家庭を築いている——宗派の僧侶が多い日本仏教に当てはめると、間違いなく混乱が生じる。後述の通り、確かに近代仏教の世界においては、「僧侶」（プロの宗教家）ではない「俗人」の役割が相対的に大きくなるという傾向が顕著である。だが、それはあくまでも俗人のプレゼンスが拡大することが重要なのであって、そこに「出家／在家」という二元論を適用してしまうと、むしろ理解の妨げになる。

また、「ビリーフ／プラクティス」という視点だが、これはいずれの側をとるにせよ何らかの信仰（信心）があることが前提となってしまい、適当でない。たとえば、マインドフルネスの実践者は仏教由来の瞑想法に関与しているが、その多くは特定の「教義」や「信念大系」を持ち合わせておらず、また「儀礼」を行っているわけでもない。マインドフルネスには宗教性を排除する傾向がある。大学等で仏教を学術的に研究している人々のなかにも、仏教に対する信仰を特に持たない者が少なくない。ブッダを扱ったマンガの作者や読者には、信心を有する人もいるだろうが、おそらくそうでない人間のほうが多いだろう。近代仏教には、仏教的ではあるが必ずしも信仰を伴わない思想や実践が数多く含まれる。大谷の図式では、そうした事例が大幅に捨象されてしまう。[13]

（12）大谷栄一「「近代仏教になる」という物語——日本近代仏教史研究の新たな視座」『近代仏教という視座——戦争・アジア・社会主義』ぺりかん社（二〇一二）

（13）なお、大谷はその後、参照する著作や論文をさらに拡大しながら、改めて近代仏教について理論的に説明している（「仏教が日本の寺院から出て行く——近代仏教研究の射程」大谷栄一『近代仏教というメディア——出版と社会活動』ぺりかん社（二〇二〇））。この論文で大谷は、吉永進一の見解をほぼ踏襲しながら、「仏教の近代化とは、仏教が（日本の）寺院から出て行く過程であると同時に、寺院と寺院外部を循環し、再構築が繰り返される過程でもある」（二五）と結論付けている。本章の三節において後述する通り、こうした寺院中心の近代仏教の見立ては妥当ではない。

以上、マクマハンと大谷による先駆的な議論の要点と難点を確認した。以下では、彼らが十分に参照していない近代仏教の事例を、日本のものを中心としながらも国内に限定せずできるだけ幅広く目配りしつつ、「近代仏教とは何か」という本質の解明を試みる。

二　個と伝統の往還

仏教が誕生した古代インドから現在に至るまで、アジアの各地域では、経典に関する議論を中心とした、仏教に関する学問的な探究が行われてきた。だが、十九世紀に入る頃、従来とはまったく異なるスタンスで仏教を学術的に研究する運動が発生し、その運動はやがて、「仏教（Buddhism）」をめぐる世界規模の学問的な潮流を形成していく。その歴史の起点は、西洋にあった。

十九世紀の西洋諸国では、サンスクリット語やパーリ語の緻密な解読に基づく文献学としての仏教研究——いわゆる近代仏教学——が急速に発展する。これを主導したのは、セイロン（スリランカ）やネパールの植民地化や支配を進め、それゆえ仏典写本の収集が容易であった英国であり[14]、これにフランスやドイツ、ロシアなどが続いた。かくして、それまで仏教に関してはほとんど無知か誤解まみれであった西洋が[15]、一転して、学術という点での仏教の中心地と化していった。

ただし、こうした学問の潮流を後押ししたのは、西洋人だけではない。西洋での仏教研究の発展をいち早く察知し英国へ赴いた真宗僧侶の南条文雄（なんじょうぶんゆう）をはじめ、少なからぬ日本人が、この近代仏教学の運動に参与してきた[16]。また、近代仏教学の影響下で定式化される「大乗仏教／上座部仏教」

という大まかなカテゴリーの構築にも、釈宗演（日本の禅僧）やアーナンダ・メッテッヤ（ビルマで出家した英国人）といった僧侶が大きく関与している。[17] 十九世紀以降、仏教は西洋人の眼差しのもとでキリスト教に匹敵する「世界宗教」の一種として高く評価されていくが、[18] そうした仏教の世界宗教化のプロセスには、アジアの仏教者たちも積極的に関わっていたのである。

日本においては、既に十八世紀の段階で、当時の文献学の隆盛を受けた清新な仏教研究が開拓されていた。富永仲基による実証的な仏教批判（大乗非仏説）や、真言宗僧侶の慈雲による科学的かつ重厚な梵語（サンスクリット）研究がそれである。[19] これらは、西洋発の近代仏教学と比べても遜色のない研究成果であり、その先駆性は驚異的ですらある。しかしながら、その成果は村上専精ら一部の仏教学者に引き継がれるのみで、[20] 近現代の日本では、基本的に西洋から移入された仏教研究の

（14）フィリップ・C・アーモンド『英国の仏教発見』奥山倫明訳、法藏館文庫（二〇二一）

（15）フレデリック・ルノワール『仏教と西洋の出会い』今枝由郎、富樫瓔訳、トランスビュー（二〇一〇）

（16）Stephan Kigensan Licha & Hans Martin Krämer eds., *Learning from the West, Learning from the East: The Emergence of the Study of Buddhism in Japan and Europe before 1900*, Brill (2023)

（17）馬場紀寿「近代における「大乗仏教」と「上座部仏教」の創造」『仏教の正統と異端——パーリ・コスモポリスの成立』東京大学出版会（二〇二二）

（18）増澤知子『世界宗教の発明——ヨーロッパ普遍主義と多元主義の言説』秋山淑子、中村圭志訳、みすず書房（二〇一五）

（19）西村玲『近世仏教思想の独創——僧侶普寂の思想と実践』トランスビュー（二〇〇八）、同『近世仏教論』法藏館（二〇一八）、宮永康子「富永仲基と慈雲——近世仏教改革運動はなぜ起こったか」『現代思想』（「総特集＝仏教を考える」、四六巻一六号）（二〇一八）

（20）オリオン・クラウタウ編『村上専精と日本近代仏教』法藏館（二〇二一）

スタイルが学術的に主流となった。そうした方向性を決定づけたのが、西洋に長期留学した後に東京帝国大学教授に就任し、戦前日本のアカデミズムの頂点に君臨した仏教学者、高楠順次郎である[21]。

他方で、日本仏教の各宗派が前近代から蓄積してきた伝統的な宗学（宗派の学問）もまた、西洋流の近代仏教学を部分的に取り込みながら再編成される。かくして、帝国大学（国立大学）を主な拠点とする近代仏教学と、各宗派の系列の仏教系大学で実施される宗学が、日本の大学で研究・教育される広義の仏教学となった[22]。ひるがえって、慈雲らによる近世の学術的な仏教研究の成果は、あまり顧みられなくなっていた。その背景には、近世仏教は総じて「堕落」していたと低く見積もる、近代の仏教学者たちの偏見もあったように思う[23]。

ただし、慈雲の仏教研究は、学術とは別のかたちで近代日本に継承された。それは、緻密な文献学に裏打ちされた戒律復興の運動である。慈雲は、日本仏教の宗派ごとに異なる教えや徳育のあり方に納得がいかず、インドの釈迦が説いた正法律を強調し、これを「十善の法（十善戒）」として広く民衆に伝えた。こうした戒律復興の願いは、仏教に戒律は欠かせないと信じる仏教者たちによって、明治維新以後にも反復される。たとえば、近代化による戒律の衰退を断じて許容できなかった真言宗僧侶の釈雲照は、僧侶のコミュニティ内に留まらない「国民道徳」としての戒律の普及を目指して奮闘した[24]。

とはいえ、その苦闘はおおよそ失敗に終わり、日本仏教において戒律を厳格に守る人間はごく少数派となっていく。なかには雲照の甥の釈興然のように、セイロンに留学して上座部仏教の戒律の日本への移入を試み、ほぼ支持されることのなかった風変わりな僧侶もいた。[25] だがいずれにせよ、戒律を順守する姿勢は日本の近代仏教から徐々に消え去っていった。

他方で、厳密な意味での戒律護持ではなく、仏教に感化された個人が自己の内面を磨き上げていくという意味での「自戒（自律）」の精神は、近代以降にも様々なかたちで見られる。その代表が、真宗僧侶の清沢満之（きよざわまんし）だ。清沢は、持病という苦難を抱えながらも強靭な内省を繰り返し、『歎異抄』などに記された親鸞の教えを、自己の人生を方向付ける「個」の倫理として再生した。[26] その思想は、彼を慕う弟子たちが立ち上げた「精神主義」運動の核心に据えられ、これが近代日本を代表する仏教運動の一つとなる。[27]

明治期の近代仏教について検証した先駆者の一人である池田英俊（えいしゅん）は、かつて、維新期以来の「戒律と信仰の一致融合の課題は精神主義運動においてはじめて究極の境地が見出された」と指摘した。[28] 精神主義が説いた戒律とは、世間的な基準での正しさを説く通俗道徳ではなく、自身の言動

（21）碧海寿広『高楠順次郎――世界に挑んだ仏教学者』吉川弘文館（二〇二四）
（22）林淳「近代日本における仏教学と宗教学――大学制度の問題として」『宗教研究』七六巻二号（二〇〇二）
（23）オリオン・クラウタウ『近代日本思想としての仏教史学』法藏館（二〇一二）
（24）亀山光明『釈雲照と戒律の近代』法藏館（二〇二二）
（25）奥山直司「日本仏教とセイロン仏教との出会い――釈興然の留学を中心に」『コンタクト・ゾーン』二号（二〇〇八）、Richard M. Jaffe, *Seeking Sakyamuni: South Asia in the Formation of Modern Japanese Buddhism*, University of Chicago Press (2019: 52-68)
（26）安富信哉『清沢満之と個の思想』法藏館（一九九九）、山本伸裕、碧海寿広編『清沢満之と近代日本』法藏館（二〇一六）
（27）Jeff Schroeder, *The Revolution of Buddhist Modernism: Jōdo Shin Thought and Politics, 1890-1962*, University of Hawai'i Press (2022)

や内面に付きまとう「悪」に徹底して向き合う姿勢のことである。[29] 一方、その信仰とは、「絶対無限」――真宗信仰の根幹にある阿弥陀如来の哲学的表現――という超越的な表象を「内観」し、その無限に対する信念を根拠として、周囲の状況や人間関係に左右されない揺るぎなき自己を確立することだ。この内観の実践は、仏の姿を心に思い描く「観想念仏」の極度に抽象化された形態であり、つまりは近代的な瞑想法の一種といえる。

精神主義と同時代に人気を博した真宗僧侶の主導する仏教運動に、近角常観（ちかずみじょうかん）の求道運動がある。[30] 二十世紀前半の知識青年のあいだでキリスト教の内村鑑三と並び称されるカリスマ宗教家であった近角だが、同時代の人々に真宗信仰を布教する際、彼もまた瞑想的な実践を好んで活用した。それは、宗教的な体験談である。近角は、自分が信仰を獲得するに至った内心の過程を言語化して信徒たちに語りかけ、ひるがえって信徒たちに対しても、自らの過去の出来事や現在の心境についての内省と発話を求めた。このように自己の内なる体験を反省的に言語化する作業は、瞑想法の一種と理解でき、個々の病める精神に対する一定の治療効果を発揮しうる。[31] 実際、近角の影響下にあった精神科医の古澤平作（こさわへいさく）は、「阿闍世（あじゃせ）コンプレックス」という精神分析の概念を開発しており、[32] これは間違いなく、近角の宗教活動に心理療法につながる瞑想的な側面があったからである。

いずれにせよ、清沢や近角といった近代を代表する真宗僧侶たちは、自身の内面に沸き起こる感覚や感情としての信仰のリアリティを重んじた。先述したマクマハンの説明に従えば、そこにはロマン主義的な傾向が顕著である。これに対して、同じ真宗系の仏教者のなかでも科学的な合理性を重んじた人物に、井上円了がいる。[33] 円了は、啓蒙主義的な立場から「迷信」の撲滅を目的とした批判的な妖怪研究を推進し、また進化論をはじめとする科学や西洋哲学を援用しながら、仏教の合理的な再解釈を行った。(34) 彼は社会参加や国家護持の意欲も非常に強く、知的活力を取り戻した仏教による世の中の改善を誰よりも願っていた。

こうした円了の方向性を部分的に継いだのが、「新仏教」運動である。それは、「迷信」に満たされた既存の伝統仏教のあり方を批判し、特定の宗派にこだわらない「健全な信仰」に基づく合理的な社会改革を志した青年仏教徒たちによる運動であった。彼らは、円了のほか、先んじて「旧仏教」からの脱却を声高に叫んでいた中西牛郎(うしろう)や、(35) ユニテリアン（リベラルなキリスト教の一派）に刺激を受けて仏教の「自由討究」を唱えた古河老川(ふるかわろうせん)、(36) 実証的な仏教史研究に勤しんだ村上専精の影響下にあった。堺利彦ら同時代の社会主義者たちともネットワークを築きその活動を間接的に支援するなど、彼らの運動は一見してラディカルにも思える。だが、新仏教の社会性ついて緻密に検討し

（28）池田英俊『明治の新仏教運動』吉川弘文館（一九七六：二六八）
（29）繁田真爾『「悪」と統治の日本近代——道徳・宗教・監獄教誨』法藏館（二〇一九）
（30）碧海寿広『近代仏教のなかの真宗——近角常観と求道者たち』法藏館（二〇一四）
（31）モシェ・バー『マインド・ワンダリング——さまよう心が育む創造性』横澤一彦訳、勁草書房（二〇二三：二五九）
（32）岩田文昭『近代仏教と青年——近角常観とその時代』岩波書店（二〇一四）
（33）三浦節夫『井上円了——日本近代の先駆者の生涯と思想』教育評論社（二〇一六）、竹村牧男『井上円了——その哲学・思想』春秋社（二〇一七）
（34）進化論は近代の仏教思想に決定的ともいえるインパクトを与えた。クリントン・ゴダール『ダーウィン、仏教、神——近代日本の進化論と宗教』碧海寿広訳、人文書院（二〇二〇）
（35）星野靖二「中西牛郎——「新仏教」の唱道者」嵩満也、吉永進一、碧海寿広編『日本仏教と西洋世界』法藏館（二〇二〇）
（36）Michel Mohr, *Buddhism, Unitarianism, and the Meiji Competition for Universality*, Harvard University Asia Center (2014)

た吉田久一が述べる通り、その言論は「竹林の七賢」とも評されるほどに観念的であり、現実に対する変革力には乏しかった(37)。

他方で、新仏教の合理主義や特定の宗派に拘泥しないスタンスは、修養あるいは教養的な観点からの仏教の受容という、新たなタイプの知の流儀を導くのに大きく貢献した(38)。たとえば、新仏教の理論的なリーダーである境野黄洋は、経典の自由な批評や、釈迦の立派な人間性からの学びを通した「人格」の修養を説いている(39)。この種の人格形成や精神修養を推奨する言説は明治以降に激増し、その言説には仏教を含めた宗教思想がたびたび活用されてきた(40)。仏教にある程度は紐づきながら、仏教への信仰とは明確に差別化された文脈で人間の心身を育成する修養（教養）的な思想や実践、そのルーツの一つが、新仏教であった。

こうした修養と仏教との関係では、岡田式静坐法が注目に値する。東洋的な呼吸法や姿勢の整え方をアレンジして岡田虎二郎が創始したこの静坐法は、個人の健康改善や心身修養の方法として、医師や学校教員ら幅広い知識層からの支持を集めた(41)。その支持者たちの主要メンバーのなかには、金子大栄など、清沢満之の弟子筋の真宗僧侶がいた(42)。先述の通り、清沢の思想を中核とする精神主義は「内観」に基づく瞑想法の一種だが、呼吸や姿勢といった身体的次元への配慮に乏しかったため、瞑想法としては不備があった。それゆえ、岡田式静坐法のような身体技法によって不足を補う必要があったのだ。

精神主義に代表されるロマン主義と、新仏教的な合理主義、前記ではこの二つの志向性について見てきた。近代仏教の中軸をなすこれら二つの志向性がいずれも垣間見える仏教運動に、「日蓮主義」がある。[43] 日蓮の英雄性をロマン主義的に語って明治以降の煩悶青年たちを魅了した高山樗牛(ちょぎゅう)がいる一方で、井上円了の影響下で日蓮教団の諸派の合理的な再統合を志した本多日生(にっしょう)もそこに含まれるというように、その振れ幅は大きかった。

ただし、日蓮主義の本筋は、個人の内面的な感情にも合理主義的な社会設計にも還元できない、ナショナリズムへの愛着だろう。[44] 軍人の石原莞爾(いしわらかんじ)ら日蓮主義に傾倒した人々は、田中智学(ちがく)という個性的なカリスマに触発されながら、『法華経』の教義を根幹に据えた「あるべき日本」を熱望して、各種の政治運動に邁進した。その愛国の思想は、カルト団体による都下でのテロリズムの根拠にもなれば、[45] 遠く満州ではフェミニズムと結託することもあり、[46] 実に可塑性に富んでいる。

(37) 吉田久一『日本近代仏教史研究』吉川弘文館(一九五九:三六三)
(38) 手戸(伊達)聖伸「『新仏教』にみる仏教界の教養化」『東京大学宗教学年報』一八号(二〇〇一)
(39) 呉佩遥「迷信と信仰のはざま――境野黄洋における「詩的仏教」の構想」『宗教研究』九六巻一号(二〇二二)、同「近代日本の釈迦論における「人格」の位相――境野黄洋と新仏教運動に着目して」『東アジア仏教学術論集』一〇号(二〇二二)
(40) 大澤絢子『「修養」の日本近代――自分磨きの150年をたどる』NHKブックス(二〇二二)
(41) 栗田英彦「国際日本文化研究センター所蔵静坐社資料――解説と目録」『日本研究』四七号(二〇一三)
(42) 栗田英彦「真宗僧侶と岡田式静座法」『近代仏教』二一号(二〇一四)
(43) 大谷栄一『日蓮主義とはなんだったのか――近代日本の思想水脈』講談社(二〇一九)、ブレニナ・ユリア「「日蓮主義」という用語について――初期の用例にみる造語背景と用法の変遷」『近代仏教』二九号(二〇二二)
(44) 大谷栄一『近代日本の日蓮主義運動』法藏館(二〇〇一)
(45) 中島岳志『血盟団事件』文藝春秋(二〇一三)
(46) クリントン・ゴダール「ユートピアと帝国の狭間――『満州人の少女』と日蓮主義」伊藤剛史、森田直子編『共感の共同体――感情史の世界をひらく』平凡社(二〇二三)

とはいえ、仏教のナショナリズムへの応用は、何も日蓮主義の専売特許ではない。近代日本において、伝統仏教の各宗派は基本的に国家護持の姿勢を一貫させており、とりわけ国家の存亡が危ぶまれる戦時下には、戦勝祈願や戦死者慰霊のための儀礼のほか、怨敵の殺傷を肯定する「教義」によって、国家を積極的に支援してきた[47]。これに対し、「極楽浄土」という超越性への信仰や、人道主義的な立場から戦争に反対する僧侶もいたが、ごく少数にとどまった[48]。仏教は本来、国家や世間の価値観に染まるべきものではないが、僧侶にせよ仏教に親近した思想家にせよ、時代の空気を読んで天皇崇拝の立場を鮮明にする日和見主義者は後を絶たなかった[49]。

もっとも、戦時下の仏教者たちによる国家貢献の精神は、他者のために身命を捧げたいという菩薩道の理念と紙一重のため、一概に否定し難い部分もある。実際、仏教者たちが世間から超然とせずに時代の苦難に向き合おうとするからこそ、福祉や医療などの領域で、仏教による社会貢献が可能になる[50]。寺院を拠点とする僧侶たちは、二十世紀には最新の民間精神療法（霊術）も柔軟に取り入れながら、他者の救済に熱心に努めてきた[51]。あるいは、近代日本の教育事業が確立する上でも、各宗派の寺院の存在や僧侶たちの活躍は不可欠であった[52]。女子教育にしても仏教者が担った部分は少なくない[53]。こうした歴史的事実は、近代以降の日本仏教が有する公共性の大きさを示している。

もちろん、日本仏教の公共性を担ってきたのは、僧侶だけではない。プロの宗教家ではない一般人や、さらには人間以外のモノもまた、仏教に基盤を置く公共性を発揮してきた。たとえば、京都をはじめとして関西地域の人々が継続してきた地蔵盆は、近代化のなかでときに廃絶の危機に瀕しながらも、地域社会の紐帯を保つための年中行事として地道に維持されてきた[54]。また、戦争のな

い平和な世の中を祈るための観音という、従来になかったタイプの仏像が、近現代の日本では数多く造形されている。(55)

昨今の寺院では、家族関係の稀薄化などによる先祖祭祀の衰退を受けて、生者と死者の絆を改めて結び直す、新しい供養の形態が開発されつつある。(56)家庭内での先祖供養の装置である仏壇もまた、仏教に対する大衆的な信心の基盤として、これまで重要な役割を果たしてきた。(57)なお、見過ごされがちなことではあるが、供養や仏壇といった仏教的な実践やモノを支えてきた主体は、寺院でも

(47) 小林惇道『近代仏教教団と戦争——日清・日露戦争期を中心に』法藏館（二〇二二）、小河原正道『近代日本の戦争と宗教』講談社選書メチエ（二〇一〇）、同『日本の戦争と宗教 一八九九—一九四五』講談社選書メチエ（二〇一四）、福島栄寿『近代日本の国家と浄土真宗——戦争・ナショナリズム・ジェンダー』法藏館（二〇二三）

(48) 菱木政晴『極楽の人数——高木顕明『余が社会主義』を読む』白澤社（二〇一二）、大東仁『元来宗教家ハ戦争ニ反対スベキモノデアル——反戦僧侶・植木徹誠の不退不転』風媒社（二〇一八）

(49) 石井公成監修、近藤俊太郎、名和達宣編『近代の仏教思想と日本主義』法藏館（二〇二〇）

(50) 井川裕覚『近代日本の仏教と福祉——公共性と社会倫理の視点から』法藏館（二〇二三）、中西直樹『仏教と医療・福祉の近代史』法藏館（二〇〇四）

(51) 栗田英彦編『「日本心霊学会」研究——霊術団体から学術出版への道』人文書院（二〇二二）

(52) 谷川穣『明治前期の教育・教化・仏教』思文閣出版（二〇〇八）

(53) 岩田真美、中西直樹編『仏教婦人雑誌の創刊』法藏館（二〇一九）

(54) 村上紀夫『京都地蔵盆の歴史』法藏館（二〇一七）

(55) 君島彩子『観音像とは何か——平和モニュメントの近・現代』青弓社（二〇二一）

(56) Mark Michael Rowe, *Bonds of the Dead: Temples, Burial, and the Transformation of Contemporary Japanese Buddhism*, The University of Chicago Press (2011)

(57) Hannah Gould, *When Death Falls Apart: Making and Unmaking the Necromaterial Traditions of Contemporary Japan*, The University of Chicago Press (2023)

家庭でも、もっぱら女性たちである。[58]

以上、近代仏教を構成する主だった事例をいくつか概観してきた。ここで、近代仏教の思想や実践の構造をいったん浮き彫りにしてみたい。

仏教ないしは仏教的なものを通して、個々の人間が自分や世界を変えるための思想や実践を開始すること、そうした「個」の働きが、まずもって近代仏教を生成させる。仏典の研究に基づく学知の創造、戒律護持による道徳心の陶冶、自己の内面の探究、瞑想による心身の鍛錬、仏教に依拠した社会貢献など、その思想や実践の様式は多彩でありえる。だが、いずれにせよ一人ひとりが仏教を介して自分の人生やこの世界に何らかの変化を起こそうとする際に創出される思想と実践、これこそが近代仏教の根源にある。

既述の通り、そうした思想や実践が発動する際の志向性は、合理主義とロマン主義の二つに大別される。ただし、これらは二者択一の方向性ではなく、重なり合うこともしばしばだ。たとえば、仏教の戦争協力を動機づけるナショナリズムの思想は、祖国の人や文化を大事にしたいという熱烈な感情の発露において、非常にロマン主義的である。他方で、かけがえのない生命や伝統を、内外の脅威を撃退しながら維持するためには、合理的な戦略を考えることが不可欠だ。かくして、個々の仏教者がロマン主義的な目的と合理主義的な方法について考慮した結果、国民の眠れる闘争心を呼び覚ますための戦勝祈願の儀礼が繰り返される。あるいは、兵士たちの不安を払拭するためにも、如来を信じる者は戦死した後に必ず救済されるので安心して死地へ赴くべしという、時局的な「教義」が説かれるわけだ。

この戦争協力の事例から明らかだが、個の思想は具体的な表現を生み出す際、その実践の形態を、自己の身近な伝統によって規定されやすい。戦勝祈願の儀礼に努めた僧侶たちは、もっぱら平安時代から鎮護国家や現世利益を神仏に願ってきた密教系の宗派に属し、戦死者の救済を説くことに一所懸命であったのは、いつの日も万人の極楽往生を信じてやまなかった浄土系の僧侶たちである。一方、平和を祈るために彫られた仏像は、主として観音像であった。地獄に堕ちた罪人や子供たちに対し優しく手を差し伸べる地蔵でも、憤怒の表情を浮かべながら人間の煩悩を焼き尽くす不動明王でもなく、常に世界中を広く見渡し衆生の多様な声に耳を傾けてくれる観音こそ、平和祈願のシンボルとしては適当なのだ。

このように、個の思想や実践は仏教の特定の伝統に拘束されるが、ひるがえって、伝統に縛られた個の実践が、逆に伝統を再編成しもする。たとえば、自他の苦悩の解決のためにあるはずの仏教を、戦争という国家の我執や組織的暴力のために活用してしまったという悔恨の念は、戦後の日本仏教を構成する新たな伝統の一部と化した。その伝統は、仏教者による平和運動という、日本国憲法の時代における新たなトレンドを生み[59]、また戦後の仏教史研究に通底する国家権力への疑念という、時局的な倫理観を育んだ[60]。

仏教をめぐる個の思想、個の思想や実践を拘束する伝統、伝統を再構築する個の実践――こうし

（58） Jessica Starling, *Guardians of the Buddha's Home: Domestic Religion in Contemporary Jōdo Shinshū*, University of Hawai'i Press (2019)
（59） 大谷栄一編『戦後日本の宗教者平和運動』ナカニシヤ出版（二〇二一）
（60） オリオン・クラウタウ編『戦後歴史学と日本仏教』法藏館（二〇一六）

た個と伝統の動的な往還関係が、近代仏教の歴史の基本的な構造としてある。むろん、近代以前に仏教が存在しなかった西洋（欧米）では、伝統の縛りが極めて弱く、この往還関係の構造は十分には当てはまらない。しかし他方で、伝統から自由な西洋的な個の思想と実践には、むしろ日本やアジアで構築されてきた仏教の伝統を急速な勢いで再編成する、巨大な力と可能性がある。そして、西洋とアジアの人々の関係性の深まりや相互作用の増大は、仏教をめぐる世界地図を劇的に書き換えてきた。

その新しい地図を見渡したとき、最も注目すべき特徴はどこにあるだろうか。それは、僧侶ではない俗人の活躍が目立つことであり、また、グローバル化による場所や主体の越境性が際立つことである。これらの点について、節を改めて論じよう。

三　場所を超える俗人の仏教

宗教学者の吉永進一は、日本の近代仏教研究に一種のパラダイムシフトを起こしながら二〇二二年に病没した。[61] 吉永は近代仏教の主要な特徴として「大学制度の創設」「メディアの拡大」「国際化」の三点を挙げており、本人も述べる通り「思い切り大雑把」な総括として「仏教の近代化とは、仏教が（日本の）寺院から出て行く過程」だと述べている。[62]

このうち、「仏教が（日本の）寺院から出て行く」という説明については、近代に固有の事情を特に語っておらず、必ずしも間違ってはいないにせよ、おおよそ適当ではない。鎌倉新仏教の高僧のなかには、親鸞を筆頭に既存の寺院の外側でこそ真価を発揮した躍動的な仏教者たちがおり[63]、室町時代に成立した能楽や近世に隆盛する落語などの芸能には、寺院の枠組みを超えた仏教由来の表現が多々見られる[64]。そもそも仏教の歴史は、寺院の内外での仏教の流通と変容を柱とする。仏教の近代化をあえて語るのであれば、「寺院」という観点に拘泥すべきではない。

一方で、吉永が挙げる「大学制度の創設」「メディアの拡大」「国際化」という近代仏教の三つの特徴については、勘所を得た指摘として十分に首肯できる。そして重要なのは、これら三つの変化が、「俗人のプレゼンスの拡大」と「国境や場所を超える主体やイメージの形成」という、吉永が指摘するのとはやや別のレベルの特徴を、近代仏教の世界にもたらしたという事実である。

前近代の時代には、仏教を専門的に学ぶことと僧侶としての生き方を確立することとは、ほぼ不即不離の関係にあった。寺院での活動を希望する者は、一人前の僧侶になるためにも、学林や学寮といった僧侶の養成所で、それぞれの宗派の教義や儀礼・作法を学び修行したのである。ところが、近代以降は僧侶になるかどうかに関係なく、仏教を専門的に学習できる場が増えていった。その究

(61) 碧海寿広「吉田久一から吉永進一へ」吉永進一『神智学と仏教』法藏館(二〇二一)
(62) 吉永進一「はじめに」大谷栄一、吉永進一、近藤俊太郎編『近代仏教スタディーズ――仏教からみたもうひとつの近代』法藏館(二〇一六:ix)
(63) 松尾剛次『鎌倉新仏教の誕生――勧進・穢れ・破戒の中世』講談社現代新書(一九九五)、平雅行『改訂 歴史のなかに見る親鸞』法藏館文庫(二〇二一)
(64) 高橋悠介編『宗教芸能としての能楽』勉誠出版(二〇二二)、釈徹宗『落語に花咲く仏教――宗教と芸能は共振する』朝日選書(二〇一七)

極の場が、西洋社会に設置された大学や研究機関である。そこでは、僧侶になるために仏教を学ぶ者は皆無に等しい。これに準じるのが、仏教の専門的な研究が可能な、日本の帝国大学（国立大学）だ。僧侶としての学識を身に着けるためにそこへ通学する寺院子弟もいるが、あくまでも世俗の学術機関であり、所属するのに僧侶である必要はまったくない。

問題は、かつての学林や学寮を引き継ぐ、仏教系大学である。[65] その成立の背景から僧侶の育成を現在に至るまで続けているが、カリキュラムの内容は仏教と無関係の科目が時代を追うごとに増え、また僧侶になる予定のない俗人を数多く迎え入れてきた。結果、僧侶の養成よりもむしろ社会の要請を満たすことに注力せねばならなくなり、俗人中心のニーズに応じて宗派や僧侶の側が妥協する局面が増えていった。

こうした俗人主体の仏教の変容は、各種のメディアが提供する情報の多様化によっても後押しされる。本や雑誌をはじめとする出版物が中心だが、映画やマンガ、紙芝居などの視覚的な表象文化も巻き込みながら、仏教はメディア上で無数に語り描かれてきた。[66] なかでもラジオを通した仏教講話は、戦前の日本で絶大な影響力を誇ったとされる。[67]

これらのメディアで伝えられる仏教は、僧侶が宗派の教えを定型的に説くものもあるにせよ、むしろ特定の宗派と直接関係のない人々による、仏教の自由な解釈や宗祖たちの物語のほうが支持を得やすい。武者小路実篤のベストセラー小説『釈迦』（一九三四）や、手塚治虫の名作マンガ『ブッダ』（雑誌での連載は一九七二～八三）などはその典型だ。ブッダは近代以降、信仰や宗派を問わない世界で最も偉大な聖人の一人としてイメージされるようになった。[68] 親鸞についても、真宗の信仰を持たない作家たちによって何度も繰り返し小説や戯曲に描かれ[69]、また宗派の教えに縛られない親鸞理解が、左派や右派の知識人や学者らによって頻繁に提示されてきた[70]。メディアの発展は、仏教に関する発言や表象の権限を、僧侶から俗人の側へと大幅に移行させる。

一方、国際化の進展は、個別の国や地域に限定されない、仏教に関わる人間や情報の交流を促し、新たな主体やイメージの形成につながってきた。米国の宗教学者トマス・ツイードが論じる通り、こうした状況をよく理解するには、「場所を超える（translocative）」という観点からものを考えることが大事である[71]。仏教の国際化ないしグローバル化は、単に仏教をめぐる国境の壁が低くなるとい

（65）江島尚俊、三浦周、松野智章編『近代日本の大学と宗教』法藏館（二〇一四）、智山勧学会編、元山公寿監修『日本仏教を問う――宗学のこれから』春秋社（二〇一八）

（66）森覚編『メディアのなかの仏教――近現代の仏教的人間像』勉誠出版（二〇二〇）、森覚、大澤絢子編『読んで観て聴く　近代日本の仏教文化』法藏館（二〇二四）

（67）坂本慎一『戦前のラジオ放送と松下幸之助――宗教系ラジオ知識人と日本の実業思想を繋ぐもの』PHP研究所（二〇一一）、大澤絢子「戦前期日本のラジオ放送と仏教――「朝の修養」で培う精神」森、大澤編『読んで観て聴く　近代日本の仏教文化』（二〇二四）

（68）Micha L. Auerback, *A Storied Sage Canon And Creation in the Making of a Japanese Buddha*, University of Chicago Press (2016)

（69）大澤絢子『親鸞「六つの顔」はなぜ生まれたのか』筑摩選書（二〇一九）

（70）碧海寿広『考える親鸞――「私は間違っている」から始まる思想』新潮選書（二〇二一）、宮部峻「戦後社会学における親鸞理解――ロバート・ベラーと大村英昭の親鸞理解を軸に」『日本仏教綜合研究』二一号（二〇二三）、中島岳志『親鸞と日本主義』新潮選書（二〇一七）、Melissa Anne-marie Curley, *Pure Land, Real World: Modern Buddhism, Japanese Leftists, and the Utopian Imagination*, University of Hawai'i Press (2017)

（71）Thomas A Tweed, "Theory and Method in the Study of Buddhism: Toward Translocative Analysis" in *Journal of Global Buddhism*, Vol. 12 (2011)

う事情だけを意味しない。そうではなく、仏教に関係する思想や実践が、固有の場所を超えて移動し、これにより仏教に基づく主体形成のあり方や、仏教的なイメージの受容のされ方が流動化する、その劇的な変化こそが肝心だ。

たとえば、アーネスト・フランシスコ・フェノロサとウィリアム・スタージス・ビゲローという、いずれも米国から来日して仏教美術の魅力に目覚め、日本文化を支援した人々がいる。仏教の素晴らしさに感動した彼らは、ともに法明院（天台宗）の桜井敬徳（けいとく）のもとで受戒し、最初期の白人仏教徒となった。[72]彼らは、場所を超える仏教的な主体の典型例といえる。ただし、両者の仏教との接し方には対照的なところがあった。仏教の美術以外の側面でフェノロサが高く評価したのは、キリスト教には無いその合理性である。彼はお雇い外国人としてスペンサーの哲学を東大で講義し、井上円了の合理的な仏教思想の構築を助けてもいる。[73]それに対し、ビゲローの仏教受容には神秘主義的な性格が色濃い。彼は物質や肉体を超えた霊的な世界への認識を研ぎ澄ますためにも仏教を学び、超能力の獲得すら求めていた。[74]

来日を契機として仏教徒になった彼らは、逆に日本人の仏教の捉え方に影響を与えてもいる。それは特に仏教美術の方面に関しての影響だ。知られる通り、フェノロサは岡倉天心と組んで日本各地の寺院の仏像を調査し、仏像を美術史の流れのなかで評価する枠組みの形成に携わった。以後、仏像を信仰対象ではなく美術品として愛でる風習が、岡倉に感化された教養人の和辻哲郎による『古寺巡礼』の人気などもあり、全国に拡散していく。[75]かくして、仏像という仏教由来の造形物を、信心とは切り離して受容する文化が日本に定着した。近現代の日本人は、ときにフェノロサのような西洋人のそれに似た眼差しのもと、仏像を「日本美術」として鑑賞する。国境や場所を超える思想や実践は、仏教の受け止め方を流動化させるのだ。

日本の仏教者のなかで、最も早く西洋的な眼差しの輸入と定着に成功したのは、真宗僧侶の島地(しまじ)黙雷(もくらい)である。(76) 島地は一八七二年にヨーロッパを視察し、現地でエルネスト・ルナンらによる合理主義的な宗教の見方を学ぶとともに、近代的な政教分離の制度を知った。こうした西洋体験を踏まえ、彼は近代日本に西洋的な宗教観や制度を移入し、これを在地の宗教伝統と組み合わせていった。

この際、彼が真宗僧侶であったことは決定的に重要である。宗祖の親鸞から後、「非僧非俗（半僧半俗）」を旨としてきた真宗僧侶たちは、妻帯し家庭を築く生活を維持しつつ同時に宗教活動を行ってきた。ゆえに、世間の道徳を強く意識しながら、なおも通俗的な道徳とは異なる宗教に固有の教説のあり方について、ほかのどの宗派の僧侶よりも敏感に考えてきた。こうした真宗の伝統があったからこそ、儒教や神道に基づく国民道徳が主流になる近代日本においても、島地は仏教に固有の位置や役割を明確にすることができたのだ。

（72）山口静一『三井寺に眠るフェノロサとビゲロウの物語』宮帯出版社（二〇一二）
（73）長谷川琢哉「ヴィクトリア時代英国における不可知論と井上円了」『井上円了センター年報』二五号（二〇一七）
（74）井上瞳「ウィリアム・スタージス・ビゲローの仏教思想と日本文化支援――祈りと芸術の結合を求めて」『近代画説』二八号（二〇一九）
（75）碧海寿広『仏像と日本人――宗教と美の近現代』中公新書（二〇一八）
（76）Hans Martin Krämer, *Shimaji Mokurai and the Reconception of Religion and the Secular in Modern Japan*, University of Hawaii Press (2015)

この島地を代表格の一人として、近代日本の仏教界で主導的な役割を果たした人間の多くは、真宗の僧侶や信徒であった。島地に続き仏教の合理化を徹底した井上円了、近代的な信仰の様式を確立した清沢満之や近角常観、仏教の学術研究の基盤を築いた村上専精や高楠順次郎、彼らは皆、真宗の寺院出身者か真宗に帰依した人物である。真宗の伝統である非僧非俗の精神は、近代化する社会の様相との相性が極めてよい。

したがって、近代以降には真宗以外の僧侶たちも、真宗とそう変わらない、非僧非俗のライフスタイルを採用するようになるのは、ほとんど必然的な成り行きであった[77]。彼らは出家者として守るべき戒律に目をつぶり、妻帯し家庭を築いていったのだ。明治期の僧侶たちは新たに「仏前結婚式」を開発し[78]、自ら率先してブッダの面前で夫婦の愛の誓いを立てるに至る。近代仏教の大きな特徴である俗人のプレゼンスの拡大は、真宗を中心とする僧侶たち自身によっても推し進められてきたといってよい。

日本の近代仏教における真宗の優位性は、仏教とマルクス主義の出会い、というテーマについても確認できる。一九一七年の革命から後、ロシアの東洋学者たちのあいだでは、仏教とマルクス主義を結合させた「ボリシェヴィキ仏教」が考案される[79]。仏教の科学性や、虐げられた者たちのための宗教という側面を強調し、仏教とマルクス主義の融合を説くという発想だ。こうした動きはスターリンが実権を握るにつれ弾圧されるが、インドなど他国の仏教学者たちにも少なからぬ影響を及ぼした。これと直接的な関係はないが、中国でも共和国の成立後に仏教とマルクス主義の融合が試みられ、物質と精神の科学としての仏教といった主張や、現世を浄土というユートピアへと変革するための実験が行われた。[80]

日本において、この種の仏教からマルクス主義へのアプローチを担った主体は誰か。一例として、高楠順次郎の影響下でブッダの教えとマルクス主義を折衷し、無産運動を推進した妹尾義郎がいる。[81]妹尾はもともと法華信者であった。しかしながら、二十世紀の日本でマルクス主義に親近した仏教者は、主として真宗の関係者や、あるいは親鸞に傾倒する知識人や学者たちである。[82]彼らはマルクス主義から社会変革の思想や宗教批判の理論を学び、これを部落差別の解消や権力に抗する実践へと結びつけていった。

北米やハワイの宗教文化への適応を積極的に試みたのも、もっぱら真宗関係者であった。日本からの移民の出身地に広島など真宗が根付いた地域が多く、真宗教団も海外布教に意欲的だったからである。[83]キリスト教をはじめとする現地の文化に基づき教義や組織のあり方を柔軟に調整しなが

（77）Richard Jaffe, *Neither Monk nor Layman: Clerical Marriage in Modern Japanese Buddhism*, Princeton University Press (2002)
（78）武井謙悟「明治の仏教者と仏前結婚式」『駒沢大学大学院仏教学研究会年報』五〇号（二〇一七）
（79）Douglas Ober, "Socialism, Russia and India's Revolutionary Dharma," in John S. Harding, Victor Sogen Hori & Alexander Soucy ed., *Buddhism in the Global Eye: Beyond East and West*, Bloomsbury USA Academic (2020)
（80）Xue Yu, "Buddhist Efforts for the Reconciliation of Buddhism and Marxism in the Early Years of the People's Republic of China" in Jan Kiely & J. Brooks Jessup ed. *Recovering Buddhism in Modern China*, Columbia University Press (2016)
（81）稲垣真美『仏陀を背負いて街頭へ――妹尾義郎と新興仏教青年同盟』岩波新書（一九七四）
（82）近藤俊太郎『親鸞とマルクス主義――闘争・イデオロギー・普遍性』法藏館（二〇二一）
（83）守屋友江『アメリカ仏教の誕生――二〇世紀初頭における日系宗教の文化変容』現代史料出版（二〇〇一）、Michihiro Ama, *Immigrants to the Pure Land : The Acculturation of Shin Buddhism in North America, 1898-1941*, University of Hawai'i Press (2011)

ら、彼らは米国流の仏教を形成した。一九四〇年代前半の日米対戦の時代、日系移民たちは収容所に放り込まれ、また従軍した日系二世のなかには、日本をルーツとするがゆえの不当な差別を被り、第二の祖国のために命を落とした者も少なくなかった[84]。しかし、そうした苦難の時を真宗の信仰を拠り所にして乗り越えた経験があったからこそ、二十世紀後半のアメリカ仏教の活発な展開がありえた[85]。

とはいえ、二十世紀の米国を席巻した日本の仏教としては、やはり禅／ＺＥＮが最高傑作だろう。むろん、鈴木大拙(だいせつ)の存在が決定的に大きい[86]。大拙はその突出した英語力を活かし、元来は中国流の仏教である禅を、日本文化との関連で西洋に発信して禅ブームを巻き起こした[87]。禅ブームの背景としては、以前から欧米に存在した逆差別的ともいえるオリエンタリズム（東洋趣味）があり[88]、また、これを巧みに利用した大拙の文化ナショナリズムもあった[89]。加えて、大拙以外の渡米した禅僧たちの活躍も見過ごせず[90]、何より大拙に続いて多数の米国人に師事された鈴木俊隆(しゅんりゅう)の存在は[91]、現代の米国におけるマインドフルネスの人気を念頭に置けば、大拙以上に重要かもしれない（言説中心の大拙と異なり俊隆は坐禅を重んじた）。しかしいずれにせよ、大拙なくして欧米でのＺＥＮの成功はありえなかった。

その大拙の妻ベアトリス・レーンは、ベジタリアンの動物愛護主義者であった。これは彼女が夫と同じく仏教徒であったからというよりも、米国の神秘思想の一種である神智学に深く傾倒していたためである。一八七五年に米国の軍人ヘンリー・スティール・オルコットとオカルティストのヘレナ・ペトロヴナ・ブラヴァツキーによって創始された神智学協会は、西洋に仏教を伝える媒介となっただけでなく、アジアの仏教の変革にも大きく貢献した。[92] とりわけプロテスタンティズムの精神に基づき仏教の近代化に協力したオルコットは、[93] 明治の日本を訪れ連日の講演を行って、欧米仏教ブームの熱狂を巻き起こす。[94]

その際にオルコットと共に来日したのが、セイロン（スリランカ）の仏教改革の旗手、アナガーリ

(84) Duncan Ryūken Williams, *American Sutra, A Story of Faith and Freedom in the Second World War*, Harvard University Press (2019)
(85) Michael K. Masatsugu, *Reorienting the Pure Land: Nisei Buddhism in the Transwar Years, 1943–1965*, University of Hawai'i Press (2023)
(86) 山田奨治、ジョン・ブリーン編『鈴木大拙 禅を超えて』思文閣出版（二〇二〇）、『現代思想』「総特集＝鈴木大拙——生誕一五〇年 禅からZenへ」四八巻一五号（二〇二〇）
(87) 山田奨治『東京ブギウギと鈴木大拙』人文書院（二〇一五）
(88) Judith Snodgrass, *Presenting Japanese Buddhism to the West: Orientalism, Occidentalism, and the Columbian Exposition*, University of North Carolina Press (2003)
(89) Robert H. Sharf, "The Zen of Japanese Nationalism" in Donald S. Lopez Jr. ed. *Curators of the Buddha: The Study of Buddhism under Colonialism*, The University of Chicago Press (1995)
(90) 末村正代「千崎如幻の前半生と北米開教——一九三〇年代以前を中心に」『近代仏教』三〇号（二〇二三）
(91) デイヴィッド・チャドウィック『まがったキュウリ——鈴木俊隆の生涯と禅の教え』浅岡定義訳、藤田一照監訳、サンガ（二〇一九）
(92) 吉永進一『神智学と仏教』（二〇二一）、吉永進一、岡本佳子、莊千慧編『神智学とアジア——西からきた〈東洋〉』青弓社（二〇二二）、末木文美士『死者と霊性の哲学——ポスト近代を生きぬく仏教と神智学』朝日新書（二〇二二）、Hans Martin Krämer & Julian Strube, ed. *Theosophy across Boundaries: Transcultural and Interdisciplinary Perspectives on a Modern Esoteric Movement*, SUNY (2020)
(93) Stephen Prothero, *The White Buddhist: The Asian Odyssey of Henry Steel Olcott*, Indiana University Press (1996)
(94) 佐藤哲朗『大アジア思想活劇——仏教が結んだもうひとつの近代史』サンガ（二〇〇八）、吉永『神智学と仏教』（二〇二一）

カ・ダルマパーラであった。ダルマパーラは、英国の植民地支配下にあったセイロンにおいて、民族独立のためのナショナリズムの奮起と仏教の再生を同時に志し、世界中を周遊して仏教ネットワークの拡大に挑んだ(95)。西洋のキリスト教からの影響や、自国における出版文化の発達を受けた、その俗人が主体——ダルマパーラも在俗者——の仏教の学習や瞑想の実践は、しばしば「プロテスタント仏教」と評される(96)。

ダルマパーラは仏教復興運動の一貫として、一八九一年、釈迦が悟りを開いたインドの聖地ブッダガヤ（ボードガヤー）に大菩提会（Mahābodhi Society）を設立する。インドは言うまでもなく仏教発祥の地だが、十三世紀の頃までには、ヒンドゥー教への併呑やイスラム教の進出によって、仏教の勢いは著しく衰えていた。しかし十九世紀後半には、英国の考古学者アレキサンダー・カニンガムによる仏跡の発掘や、ブッダを称えて西洋でベストセラーになったエドウィン・アーノルドの著作『アジアの光（*The Light of Asia*）』（一八七九）の逆輸入的な影響により、インドでも仏教復興の機運が高まる(97)。大菩提会の設立はその画期の一つだが、これ以降、インドでは西洋のそれに追随するほど仏教学が盛んになり、さらに英国からの独立後には、「インド憲法の父」ビームラーオ・ラームジー・アンベードカルによる不可触民を率いた集団的な仏教改宗という、世界史的な出来事も起こった(98)。

日本の仏教者たちにとっても、仏教の起源の地であるインドは近代以前から憧れの聖地であり、明治維新による開国後、インドを旅する僧侶は徐々に増えていく(99)。インドにおいて彼らが最も魅了されたのは、遠く古代の仏教繁栄時代を夢想させてくれる、仏跡の数々であった。いわゆる大谷探検隊による事業の一貫として、インドの遺跡での発掘調査を行った西本願寺の傑物＝大谷光瑞(こうずい)は、建築家の伊東忠太と協力して、築地本願寺や本願寺神戸別院など、インド的な様式を取り入れた異色の寺院を日本国内に建立した。[100] これは建築という物質文化を通した、場所を超える仏教的イメージの発現といえる。

一方、日本にビルマ（ミャンマー）仏教のイメージを持ち込んだ先駆者は、ダンマローカという型破りな僧侶だ。彼はアイルランド出身の船乗りであったが、ビルマで出家をして当地の仏教改革や禁酒運動などに取り組み、一九〇二年には来日して日本の仏教者たちと交流している。[101] スリランカと同じく英国の統治下にあったビルマでも、十九世紀には西洋からの感化と西洋への対抗心がないまぜになった仏教改良の動きが起きていた。出版メディアを介した上座部の教理の平明な解説や、学校の建設による教育事業への参画のほか、[102] 最も注目すべき動向は、仏教瞑想の俗人への普及活

（95）杉本良男『仏教モダニズムの遺産――アナガーリカ・ダルマパーラとナショナリズム』風響社（二〇二一）、Steven Kemper, *Rescued from the Nation: Anagarika Dharmapala and the Buddhist World*, The University of Chicago Press (2015)
（96）Richard F. Gombrich, *Theravada Buddhism: A Social History from Ancient Benares to Modern Colombo*, second edition, Routledge (2006: 171-95)
（97）Douglas Ober, *Dust on the Throne: The Search for Buddhism in Modern India*, Stanford University Press (2023)
（98）ダナンジャイ・キール『アンベードカルの生涯』山際素男訳、光文社新書（二〇〇五）
（99）小川原正道編『近代日本の仏教者――アジア体験と思想の変容』慶應義塾大学出版会（二〇一〇）、Jaffe, *Seeking Sakyamuni* (2019)
（100）本多隆成『シルクロードに仏跡を訪ねて――大谷探検隊紀行』吉川弘文館（二〇一六）
（101）Brian Bocking, Lawrence Cox & Alicia Turner, *The Irish Buddhist: The Forgotten Monk Who Faced Down the British Empire*, Oxford University Press (2020)

動である。[103] それまでおもに僧侶の修行法であった瞑想を、俗人にも広く開放したことは、ビルマ仏教のアイデンティティを再編しただけでなく、二十世紀後半に米国でマインドフルネスが開発される上での一つの強力な導線となった。

ダンマローカは日本の僧侶と接した際、戒律を無視して妻帯する僧侶たちに辟易し、日本仏教の価値を低く見積もった。こうした反応は、同じ上座部仏教を奉じるタイからやって来た人々のあいだでも生じやすかった。[104] しかし、いわゆる「大東亜共栄圏」の建設が目指された太平洋戦争の時代には、日本と東南アジアの仏教の違いを乗り越えた協業のあり方が模索された。その際には、日本の仏教学者らが南方地域の宗教事情の調査や宣撫工作に動員されている。[105]

日本が東アジア諸国の植民地化を遂行する際にも、日本仏教の教団や僧侶たちが政府と結託しながら、朝鮮半島や中国大陸での布教や社会事業に取り組んだ。[106]「慈善」等の普遍的な利他の精神を掲げたその活動は、実態としては、宗派の勢力拡大のための手段や日本中心主義の伝道でしかなく、大日本帝国の崩壊後、その利他の精神は負の記憶だけを残した。

ただし、日本仏教の中国大陸や朝鮮半島への進出にも、好ましい側面が十分に見て取れる。たとえば、清末を代表する仏教者である楊文会（ようぶんかい）と意気投合した南条文雄は、中国から失われた数多くの漢訳仏典を楊に寄贈し、中国の仏教復興を手助けした。[107] 近代化にいち早く成功した日本仏教のあり様は、中国の仏教学者たちを刺激して、その歴史観や宗派意識を刷新させる。[108] 二十世紀後半の文化大革命後の精神的な空白期に、中国では鈴木大拙の著作が仏教的ヒューマニズムの思想として人気を博した。[109]

他方、日本に併合される前の韓国（李氏朝鮮）では、儒教が国教とされ仏教は抑圧されていたため、「仏教国」である日本による侵略と支配は、韓国の仏教界にとってはむしろ起死回生の好機となった。植民地支配下の韓国の仏教者たちは、ナショナリズムを動力としながら、新たな仏教儀礼の創出や大蔵経の出版等に尽力する。[110] また、敗戦による日本の撤退後には、日本仏教が持ち込んだ妻帯の風習を払拭するというポストコロニアルな意識が、韓国仏教の自覚と矜持を高めていった。[111]

本節の最後に、東アジアの大乗仏教とも、スリランカや東南アジアの上座部仏教とも異質の、チベット仏教の近代について簡単に触れておこう。十九世紀以降の西洋では、チベット仏教は釈迦の

(102) Alicia Turner, *Saving Buddhism: The Impermanence of Religion in Colonial Burma*, University of Hawai'i Press (2017)
(103) Erik Braun, *The Birth of Insight: Meditation, Modern Buddhism, and the Burmese Monk Ledi Sayadaw*, University of Chicago Press (2016)
(104) 林行夫「明治期日本人留学僧にみる日＝タイ仏教「交流」の諸局面」大澤広嗣編『仏教をめぐる日本と東南アジア地域』勉誠出版（二〇一六）
(105) 大澤広嗣『戦時下の日本仏教と南方地域』法藏館（二〇一五）
(106) 中西直樹『植民地朝鮮と日本仏教』三人社（二〇一三）、諸点淑『植民地近代という経験』法藏館（二〇一八）、新野和暢『皇道仏教と大陸布教――十五年戦争期の宗教と国家』社会評論社（二〇一四）
(107) 陳継東『清末仏教の研究――楊文会を中心として』山喜房（二〇〇三）
(108) エリック・シッケタンツ『堕落と復興の近代中国仏教――日本仏教との邂逅とその歴史像の構築』法藏館（二〇一六）
(109) Jingjing Li "D.T. Suzuki and the Chinese Search for Buddhist Modernism," in Harding, Hori & Soucy ed. *Buddhism in the Global Eye* (2020)
(110) Hwansoo Ilmee Kim, *The Korean Buddhist Empire: A Transnational History, 1910–1945*, Harvard University Asia Center (2018)
(111) Hwansoo Ilmee Kim & Jin Y. Park eds., *New Perspectives in Modern Korean Buddhism: Institution, Gender, and Secular Society*, State University of New York Press (2023)

教えの堕落した形態（「ラマ教」）だとする偏見が強まる一方で、神智学の教祖ブラヴァツキーのように、チベットに神秘主義の豊かな源泉を求めるオカルト的想像力も発達した。[112] 一九五九年のチベット蜂起を契機として流浪の民となったチベットの僧侶たちは、ダライ・ラマ十四世という屈強なリーダーの存在もあり欧米で幅広い支持を獲得し、その科学合理的かつ神秘的でもある教理と瞑想法の受容者を増やしていった。

一方、明治以降の日本の仏教界では「入蔵熱」と称されるチベット・ブームが起こり、日本では入手できない貴重な経典の獲得を目指してチベットへ旅立つ者たちが、少数ではあれ出てきた。[113] とりわけ大谷光瑞の指示を受けチベットへ渡った真宗僧侶の多田等観は、現地で十年間も修行僧として暮らし、ダライ・ラマ十三世からの厚い信頼を得ている。とはいえ、チベットに滞在した最も有名な仏教者は、やはり河口慧海だろう。その『チベット旅行記』は日本国内でベストセラーとなるだけでなく、神智学協会の二代会長アニー・ベサントの支援により英訳版も刊行された。[114] 二度目のチベット滞在からの帰国後、河口は仏典の翻訳作業に努めつつ、「ウパーサカ仏教」という新たな運動を開始する。それは、堕落した既存の宗派や僧侶による仏教に見切りをつけ、自らを含めた戒律を重んじる俗人――河口は黄檗宗の僧侶をやめて還俗――が、ブッダの根源的な教説への回帰を目指す運動であった。

四　現在進行形の世界宗教史

以上に論じてきた通り、近代仏教とは、個々の俗人や俗人に近い僧侶による国境や場所を超える思想や実践が、仏教の伝統を再編成していく過程のことだと見なせる。

もちろん、近代仏教について考える上では、スリランカや東南アジアの上座部仏教の僧侶をはじめ、俗人とは明確に差別化された主体の意義も決して見過ごせない。だが、近代仏教の全体像を把握するには、まずもって俗人のプレゼンスが前近代にはありえないレベルで拡大した、という要点をおさえておく必要がある。これは日本の歴史を顧みれば一目瞭然の事実であり、そもそも僧侶の少ない欧米については自明だが、上座部仏教圏の場合も決して例外ではない。

宗教の世界に見られる俗人の力の伸張については、プロテスタンティズムの改革運動から後、キリスト教では長きに渡る趨勢となっており、[115] 日本の内村鑑三(かんぞう)による無教会主義はその極みである。[116]

(112) Donald S. Lopez, *Prisoners of Shangri-La: Tibetan Buddhism and the West*, University of Chicago Press (1998)
(113) 高本康子『近代日本におけるチベット像の形成と展開』芙蓉書房出版（二〇一〇）、同『チベット学問僧として生きた日本人――多田等観の生涯』芙蓉書房出版（二〇一二）
(114) 奥山直司『評伝 河口慧海』中公文庫（二〇〇九）、高山龍三『河口慧海――雲と水との旅をするなり』ミネルヴァ書房（二〇二〇）
(115) 深井智朗『プロテスタンティズム――宗教改革から現代政治まで』中公新書（二〇一七）
(116) 赤江達也『「紙上の教会」と日本近代――無教会キリスト教の歴史社会学』岩波書店（二〇一三）

イスラム教でも近年は、説教師などの活動に「俗人化」の進行が見られるという。[117] 十九世紀半ばから興隆してきた新宗教では、その発生の当初から、信徒全員が同時に布教者であるという認識が明瞭だ。[118] これら諸宗教の事情を踏まえると、俗人の活躍する場の拡がりという近代仏教の特徴は、近現代の宗教に通底する傾向性が、仏教の領域にも現れ出たものと理解してよさそうだ。

一方、国境や場所を超える思想や実践というのは、「世界宗教」である仏教にとって、既に前近代から確認できる特徴ではある。[119] しかし、交通手段や通信技術の発達する近代以降には、その「超える」速度が徐々に加速していき、インターネットやSNSが普及した現在、「超える」ことがむしろ常態化しているのは周知の通りだ。そして本章で概説してきたように、近現代の仏教はその時々のメディアや国際情勢に乗じるかたちで、おそらくは世界宗教史上でも突出したレベルの多様性と豊穣さを誇る、場所を超えた思想や実践の数々を生み出してきた。

そうした思想や実践は、現在進行形で創出され続けており、仏教の伝統の再編成も、今日なお終わりがまったく見えない。冒頭に述べたマインドフルネスの野放図な拡がりはその顕著な例であり、これは仏教をめぐる文字通り静かな革命なのかもしれない。

近代仏教学という学知の浸透もまた、仏教の今を語るのに欠かせない現象だ。近年、古代インドのブッダが説いた教えを平明に解説する仏教学者たちの新書本がしばしば刊行され、多くの読者を得ている。[120] こうしたブッダの教えを核心とする初期仏教の受容は、日本の歴史においては、実は比較的最近になって一般化したものだ。高楠順次郎を筆頭とする西洋留学経験のある仏教学者や、その影響下にある作家たちが、ブッダという人間を中心にした「新しい仏教」の意義と可能性を啓蒙していった結果、初期仏教は二十世紀の中頃になりようやく広範に受け入れられるようになった。[121] 宗派的な閉鎖性を持たないブッダの教えが支持されやすい昨今の状況は、近代仏教の歴史と現在をよく物語る。

他方で、寺院を拠点とする伝統仏教の価値を見直そうという動きも、二十一世紀に入った辺りから次第に盛んになってきている。こうした動向を後押ししているのは、インドでMBAを取得したビジネス好きの僧侶であったり、[122] 仏教シンパの宗教学者、僧籍を有する社会学者であったりする。[123] 今日の場所を超える仏教的主体は、大学と寺院のあいだを行き来しながら、伝統仏教の底力を社会に向けてアピールすることに熱心だ。

現代に盛んな近代仏教の一例として、最後に宮沢賢治の文学に触れておこう。教科書に頻繁に掲載されることもあり国民的な人気の絶えない賢治の詩や童話だが、[124] それらの作品には『法華経』

(117) 八木久美子『グローバル化とイスラム――エジプトの「俗人」説教師たち』世界思想社(二〇一一)
(118) 塚田穂高「新宗教の展開と現状」高橋典史、塚田穂高、岡本亮輔編『宗教と社会のフロンティア――宗教社会学からみる現代日本』勁草書房(二〇一二)
(119) ジャン＝ノエル・ロベール『仏教の歴史――いかにして世界宗教となったか』今枝由郎訳、講談社選書メチエ(二〇一三)
(120) 馬場紀寿『初期仏教――ブッダの思想をたどる』岩波新書(二〇一八)、清水俊史『ブッダという男――初期仏典を読みとく』ちくま新書(二〇二三)
(121) 碧海寿広「学術としての仏教」『高楠順次郎』(二〇二四)
(122) 松本紹圭、遠藤卓也『地域とともに未来をひらく――お寺という場のつくりかた』学芸出版社(二〇一九)
(123) 島薗進『日本仏教の社会倫理――正法を生きる』岩波現代文庫(二〇二二)、大谷栄一編『ともに生きる仏教』ちくま新書(二〇一九)、櫻井義秀『これからの仏教 葬儀レス社会――人生百年の生老病死』興山舎(二〇二〇)

を根本とする大乗仏教の思想や理想が込められている。[125] 賢治は、真宗信仰の豊かな家庭や自ら選んだ日蓮主義の影響下で、仏教の教理や倫理を独自の信念を通して受け入れていた。[126] そうした賢治の言葉や物語に親しむ読者らは、作品の背景にある仏教のことは必ずしも意識せず、されど、その仏教的な世界観に感化される。それは仏教的な由来を知らずにマインドフルネスを実践する人々の心性に近いといっていい。その意味で、宮沢賢治の文学は、現代日本で最も近代仏教らしい近代仏教の一つなのである。

(124) 構大樹『宮沢賢治はなぜ教科書に掲載され続けるのか』大修館書店（二〇一九）
(125) 北川前肇『宮沢賢治 久遠の宇宙に生きる』ＮＨＫ出版（二〇二三）
(126) 牧野静『宮沢賢治の仏教思想――信仰・理想・家族』法藏館（二〇二三）、深田愛乃「宮沢賢治の日蓮主義「受容」――『摂折御文／僧俗御判』の分析を通して」『近代仏教』二九号（二〇二二）

A　学知・精神・国家

第1章　吉田久一と清沢満之

はじめに

清沢満之（一八六三～一九〇三）は日本の近代仏教を代表する人物の一人であり、彼に関する研究の蓄積も分厚い。[1]その内とりわけ重要なのが、吉田久一（一九一五～二〇〇五）による研究だ。日本における近代仏教研究の確立者であった吉田は、浄土真宗を中心に歴史を叙述し、なかでも真宗大谷派の僧侶である清沢満之を高く評価した。[2]代表作『日本近代仏教史研究』（一九五九）の二年後に、同じ出版社（吉川弘文館）から評伝『清沢満之』（一九六一）を刊行している。吉田は、明治を生きた清沢の思想や実践に、日本の近代仏教の理想や限界の典型的なあらわれを見た。

（1）清沢に関する研究動向としては、碧海寿広「〈近代真宗〉の形成――清沢満之論の系譜」『近代仏教のなかの真宗――近角常観と求道者たち』法藏館（二〇一四）、同「近代仏教のなかの清沢満之と哲学」『現代と親鸞』三七号（二〇一八）、名和達宣「清沢満之研究の道程――没後百周年という交差点」『近代仏教』二三号（二〇一六）

（2）碧海寿広「真宗中心史観（近代仏教）」大谷栄一、菊地暁、永岡崇編『日本宗教史のキーワード――近代主義を超えて』慶應義塾大学出版会（二〇一八）

本章では、吉田による清沢満之論ついて考察する。吉田は清沢をどのように評価し、あるいは批判したのか。この点について考えることで、吉田が自身の近代仏教研究をどのように構想し、その研究に何を託したのか、これを鮮明にしたい。その作業は、吉田が一つのレールを敷いた近代仏教研究とは何であったのかを問い直す試みとなるはずだ。

近代仏教研究は現在、吉田がおもに活躍した二十世紀後半の時代とは、少なからず異なる方向に進んでいる。[3]吉田の念頭にあった問題関心とはまったく異質の課題を掲げた研究が激増し、また、吉田の歴史観や宗教観ではうまく把握できない多種多様な事例が、積極的に取り上げられている。そうした現状を確認した上で、ここでは吉田が彼の清沢満之論を通して示した、二十世紀後半の近代仏教研究の性格や、意義や問題点について一考したい。加えて、今後の近代仏教研究が何を問うべきかを、吉田の清沢に関する立論を参考にしながら検討する。

一　『清沢満之先生』と『清沢満之』

吉田の『清沢満之』より以前に刊行された清沢の評伝としては、西村見暁（けんぎょう）の『清沢満之先生』（一九五一）が、最も重厚で重要な成果である。吉田の評伝自体も、特に構成面で、西村の著書から一定の影響があったと指摘されている。[4]

西村は、清沢の愛弟子の暁烏敏（あけがらすはや）（一八七七～一九五四）の弟子であり、つまりは清沢の孫弟子にあたる。自己の師の師についての評伝ということで、西村の著書には、一貫して清沢を礼賛する姿勢が顕著である。それに対して、吉田の評伝は、基本的に客観的な歴史学者による著述という性質を有する。

ただし、西村の著書は、単に清沢を礼賛するだけの偉人伝というわけではない。清沢の生涯と思想が、実に綿密に記述されており、学術的な価値もきわめて高い。西村の著書は、吉田のそれと同じく、清沢に関する特定の視点からの優れた研究といえる。

したがって、西村と吉田の、清沢に関する著作の内容を比較考察し、とりわけ後者の特徴を浮き彫りにすることで、近代仏教研究――吉田がレールを敷いた二十世紀後半のそれ――とは何であったのかも、ある程度は理解できるはずだ。近代仏教研究とは何であり、何ではないのか。その線引きの基準を、西村と吉田の著作の比較から以下に考察してみたい。

西村も吉田も、清沢を徹底した信念の人と見る視点では共通する。近代的な知性のもとに把握し直された仏教の信仰に基づき、独創的な思想や運動を進めた人物として、清沢を理解するのだ。ただし、その信念の人をどう学問的に位置付けるかについて、両者は明白に異なる見方を持っていた。

たとえば、清沢に対する批判的な見解を述べる際、西村は、清沢の思想が彼の考える仏教の信仰から見て、どれだけ深いところまで届いているか、といった観点からの自説を示す。清沢の比較的若い頃の著作『宗教哲学骸骨』（一八九二）について、西村は同書を高く評価しながらも、内容的に

（3）本書の序章を参照。
（4）福島栄寿「甦る清沢満之」山本伸裕、碧海寿広編『清沢満之と近代日本』法藏館（二〇一六）

不十分な点も指摘する。それは、宗教において「道理」と「信仰」が矛盾するような場合、まずは「道理」を尊重すべきだとする清沢の意見に対する疑義である。絶対的な「信仰」は、あらゆる学問や理知の世界を凌駕すると考える西村は、こうした清沢の意見に関して、「未だ境位の若さが感ぜられる」と、やや否定的な評価を下す(5)。

それに対して、吉田による清沢への批判は、もっぱら、清沢の思想が社会的な広がりや有効性を十分に持ち得なかった、という点に集約される。「満之によって形成された精神主義を支える社会的基盤は、主として僧侶や知識層などの中間層であって、一般民衆ではなかったことにも問題があった」といった語り口である(6)。清沢の思想やその宗教運動(精神主義)は、知的レベルや生活水準の低い民衆にまで届くものではなかったので限界があった、というわけだ。

西村と吉田の著作に見られる、こうした論調の違いは、両者が目指した学問の性格の違いを端的にあらわす。すなわち、西村のほうは、自身の清沢論が持つ「二つの意図」を次のように説明している。

一つは先生の信境展開の過程をあとづけること、二つは先生の世界文化史上の地位を明かにすることです。これは共に私が私自身の信心の源流をたづねようとする要求のあらわれです。その意味でこの書物は私の信心の表白であります(7)。

清沢の信仰の遍歴を解明し、それを歴史的に位置付ける。この点については、吉田のも含めた多くの清沢論のねらいと大差ない。注目すべきは、その後に続く「私の信心の表白」としての著作の展開という、西村の学問のスタンスだ。彼は、自らの師のさらに師である清沢の信仰について論じながら、同時に自己の信仰を確認する作業を行ったわけである。すなわち、清沢から暁烏を通じて自己に伝わっているはずの信念の確証こそが、西村による清沢論の要点であった。

対して、吉田の研究の主眼は、清沢の思想や信仰を近代社会の広い文脈のなかに位置付けることにあった。吉田は、自身の清沢評伝の冒頭近くでこう述べる。一般に、「政治や経済と異なって必ずしも時代に拘束されない宗教思想」を、近代社会の脈絡で説明するのは、とても難しい。とりわけ「反近代性を多分に持つ満之の思想」の場合はそうである。そのような困難を認めながらも、吉田は、清沢の生涯や思想を跡付けた上で「日本近代社会の諸問題と満之の関係を探る」ことが、自身の清沢論の内実だとした[8]。

こうした自著のねらいの説明からも明確な通り、吉田は、清沢を単に仏教の思想や信仰の歴史のなかでのみ理解しない。たとえば、キリスト教者の内村鑑三（一八六一～一九三〇）や植村正久（一八五八～一九二五）に言及しながら、彼らは清沢と「その個人的資質の相違点を除けば、その歴史的状況や思想形成の仕方が著るしく似かよっている」と指摘する[9]。清沢は明治のほかの有力な宗教家

（5）西村見暁『清澤満之先生』法藏館（一九五一：九六）
（6）吉田久一『清沢満之』吉川弘文館（一九六一：一八五）
（7）西村（一九五一：三六八）
（8）吉田（一九六一：三）

や思想家たちと同様の歴史的な課題に向き合った、と吉田は評価するのだ。

他方、西村も清沢を同時代の宗教・思想状況に照らして考えないわけでは決してない。とはいえ、その種の思索は西村において、常に清沢の素晴らしさを称える結論へと帰着した。たとえば、西村は清沢の『宗教哲学骸骨』の著述や『阿含経』への着目を、明治の仏教界で盛り上がった「大乗仏教諸宗派の論理的統一」や「大小二乗の実践的統一」の一種と見なし、井上円了（一八五八〜一九一九）、村上専精（一八五一〜一九二九）、姉崎正治（一八七三〜一九四九）、高楠順次郎（一八六六〜一九四五）など、同様の課題に取り組んだ他の仏教者たちの名前を列挙する。その上で彼は、「しかし清澤先生のように、身をもつて仏教を体解せられた方は他にその比を見ない」と断言し、清沢こそが「明治統一仏教の潮流の中にあつて、核心的な地位を占められる」と主張する。[10]

西村はまた、この群を抜いて偉大な明治の仏教者である清沢の精神が、その弟子たちにも正しく継承されたことを強調する。次のような調子だ。

> 先生の綜合円満な人格は、所謂清澤門下の三羽烏にあらわれている。清澤先生の智的面が佐々木月樵氏に、その感情的面が暁烏先生に、その意志的な面が多田鼎氏にそれぞれ伝つていると見てよい。清澤先生はこの三人を抱括した方であった。[11]

繰り返しになるが、西村は暁烏の弟子である。西村は、清沢とその弟子たちの師弟関係を語りながら、自身と清沢の信仰の連続性も確かめようとした。

それに対し、吉田は、清沢とその弟子たちの精神性を、必ずしも連続したものとは見ない。むしろ、両者の思想や信仰のあり方を意識的に切断しさえする。清沢が築き上げた思想の峻厳さが、彼の弟子たちには欠けていたのではないか、と。たとえば、清沢が生涯を通して悩み続けた宗教と世俗道徳（俗諦）の関係を、彼の後継者たちは、信仰の絶対性を根拠にして軽視したように思える、といったように。

満之以後は意外に俗諦の説明が苦しく、むしろ俗の堕落としか思えないような議論も登場する。後継者は満之のような現実的苦闘や自力修道のたくましい現実的要請が前提になく、安易に他力の「信」を持ち出した為かも知れない。(12)

西村が、清沢とその弟子たちの関係を切れ目なくとらえるのに対し、吉田は、清沢とその弟子たちを、それぞれ別個の主体として近代社会のなかに批判的に位置付ける。西村のほうは、その関係の切れ目のなさの延長線上に自身の存在を感得し、吉田のほうは、清沢をはじめとする仏教者たちが、過去の歴史状況において何をなしえ、何をなしえなかったのかを、彼らとは別の歴史状況を生

(9) 吉田（一九六一：五三）
(10) 西村（一九五一：二〇四）
(11) 西村（一九五一：二二五）
(12) 吉田（一九六一：一八四）

きるまた別の主体として確認していく。

こうした過去の主体に向けた歴史的な態度の相違が、西村と吉田の学問を分ける決定的な部分である。そして、それは後者の学問が近代仏教研究であり、前者の学問がそれとは違う何かである要因の一つだ。過去の人物の事績を現在の自己の立場と直結するのは、むろん研究ではない。それは「私の信心の表白」に過ぎない。そうした信仰告白的な学問から距離を取り、過去の仏教者たちを、それぞれ自己とは異なる他者として理解するところから、近代仏教研究ははじまる。吉田の学問から導き出せるのは、まずもってそのような認識だ。

二　釈迦と親鸞の系譜

以上のように、同じ清沢を論じても、両者はだいぶ異なる歴史叙述のスタイルを採用していたことがわかる。とはいえ、双方に共通する歴史の描き方もあった。それは、仏教の開祖である釈迦や、浄土真宗の宗祖である親鸞を意識しながら、清沢の事績を記述する手法である。つまり、清沢を仏教の伝統のなかで考えるという志向性が、仏教者の西村だけでなく、歴史家の吉田にも分け持たれていたわけだ。こうした、近代的な現象や人物を単に近代社会の内部の問題としてのみ完結させず、仏教の伝統への配慮のもとに記述する志向性も、近代仏教研究を成立させるための要件なのだろう。

西村と吉田はいずれも、清沢が自らを「外俗内僧の身」だと評した事実に意を注ぐ。親鸞の自己規定である「非僧非俗」という生き方を、清沢が近代にどう受け止め直したのかという点に、両者は強い関心を抱いたのだ。西村は、この清沢の「外俗内僧」は親鸞の場合と「丁度逆」だとし、次のように解説する。

聖人では形は僧だが、心は俗だといゝ、先生では、形は俗だが、心は僧だといわれる。真宗にあつてしかも真宗的方向を逆にしておられるところに、親鸞聖人を通して更に釈尊にまでさかのぼらねばならなかった清澤先生の内的必然があつたのである。これによつて、釈尊と親鸞聖人との綜合としての清澤先生の仏教が生れ出てきたのである。[13]

心に「僧」を据えた清沢は、「非僧」の信心に生きた親鸞を介することで、むしろ釈迦の理想を体現していた。西村はそう明言する。彼はまた、「釈迦如来かくれましまして二千五百年、正像末の三時は終つて、新しい仏陀が生れましたのである。その名は清澤満之先生であった」[14]とまで述べている。清沢を、親鸞をステップボードにして釈迦の境地にまで到達した人物として称えたわけだ。

一方、吉田も同じく清沢の「外俗内僧」は「親鸞の方向とは逆」と把握するが、その捉え方は西村のそれとはだいぶ異質で興味深い。清沢は「親鸞を通じて社会の途を求めた」とした上で、その内なる「修道精神」に基づく社会実践を、吉田は「福田行誡（ぎょうかい）の系譜」へと接続する。

（13）西村（一九五一：一二七）
（14）西村（一九五一：二〇六）

満之は直接には行誡と関係はない。しかし満之がよく真宗篤信者の妙好人と対比されるが、学問的背景のない妙好人よりも、むしろ真宗宗門外の高徳であった行誡と類似しているといってよい。[15]

福田行誡（一八〇九〜一八八八）は、戒律復興に尽力した近代の浄土宗僧侶である。吉田は、戒律の護持者ではないが内省の深さにおいて道徳的に真摯であった清沢を、清沢よりも少し世代が上の戒律僧と結びつけたのだ。ここで、吉田が清沢を、真宗の伝統的な信仰の体現者である「妙好人」から遠ざけている点も注目に値する。吉田は、清沢が真宗僧侶だからという前提により即座に真宗の伝統には連ねず、場合によっては真宗以外の仏教の伝統とのつながりを発見するわけだ。

近代仏教研究は、特定の宗派の歴史を描くための学問ではない。西村のように、釈迦から親鸞へ、親鸞から清沢へ、清沢から自己へ、といったような単線的な宗派史観を採用しない。後述のとおり、吉田の近代仏教研究は、事例のみならず価値観においても真宗に偏っていた。それでもなお、彼の学問は狭隘な宗派史とは明らかに一線を画す。

もちろん、清沢の思想を説明するにあたって、親鸞からの系譜を引くのが適当であれば、吉田はそうする。清沢の実践を読み解くにあたり、釈迦のそれとの重なりを示すのが妥当であれば、やはりそうする。ただし、それらは宗派を大前提とした歴史の描写とは異なる。

たとえば、吉田は清沢とその同志たちが先導した大谷派の宗門革新運動[16]を、次のように肯定的に評価する。

宗門革新運動は失敗に帰したが、この運動は実質的には教団にとっても、満之にとっても必ずしも失敗とはいえないだろう。教団には自己反省の機会となったし、満之にとっては真の敵は本願寺ではなく、個々の宗門僧侶であり、その個々の精神の開発が重大だと認識したことになったからである。原始仏教における僧伽、そし親鸞における御同胞(ママ)・御同行の再認識がそれで、それこそが満之の回心や精神主義運動の重要な前提となるものであった。[17]

体制改革の試みとしては失敗に終わった宗門革新運動だが、教団や清沢の意識を変える契機としては功を奏したはずだと吉田はいう。とりわけ、釈迦が開拓した「僧伽」や親鸞が提示した「御同胞・御同行」の価値を、清沢に再発見させたことに、この運動の大きな意義があったと吉田は強調する。

このように、近代の思想や運動に、それ以前にさかのぼる仏教の伝統の再生や再編を読み込むのは、近代仏教研究の基本的な方法の一つである。あるいは、逆に近代の思想や運動に見られる、仏

(15) 吉田(一九六一:八六)
(16) この運動の詳細については、森岡清美『真宗大谷派の革新運動——白川党・井上豊忠のライフヒストリー』吉川弘文館(二〇一六)
(17) 吉田(一九六一:一三三〜三四)

教の伝統の再生や再編の失敗について考察するのも、近代仏教研究の眼目の一つだろう。この点について、吉田の清沢論における「悪」の問題という観点から、次節で検討しよう。

三 「悪」をめぐる問い

吉田はその清沢評伝のほぼ終盤で、清沢の思想における独特の「慈善」観について考察している。明治以降、キリスト教（プロテスタント）が先導した慈善事業に、仏教もやがて追従するようになる。資本主義の生み出す諸種の社会問題に、仏教も前近代とは異なるかたちで対応し、各種の施策を打つようになったのだ。そうしたなか、清沢が仏教者として示した慈善に関する考えは、吉田にとって特筆すべき独自性を持つものであった。

満之は慈善は宗教的根基に立たなければ成立しないと考えていた。それは慈善はともすれば国家の政策を代替しかねない一面をもっていたからで、満之はこの両者をきびしく弁別したのである。彼は「教界回転の枢軸」で、慈善や海外布教は利他済世の事業で、それは仏教の旧守性を打破する要務ではあるが、利他行の前にまず自行の満足がなければならない、自己の信仰の上にこそ慈善等が展開されるべきであるといっている。特に彼の獲信が進むにつれて、慈善の持つ自力性が否定されて行く。満之は人間は慈善などできるものではない、世の慈善の多くは偽善であるといったといわれる。(18)

清沢の周囲には貧民救済等に熱心に取り組む仏教者たちがいたが、彼はそうした周囲の動きに対し疑問を感じていたようだ。このような清沢の姿勢について、吉田は「満之には何処までも信仰が優先し、慈善も否定はしないが、時としては信仰確立の障害とさえなると考えたと思われる」と指摘する。

吉田はそもそも、近代仏教よりも社会事業や福祉の歴史の専門家として著名な研究者だ。その彼が、慈善事業に対して必ずしも肯定的でなかった清沢に共感を抱いていたという事実が、まずは素朴に興味深い。これは吉田の福祉思想の内実を掘り下げる際にも考慮すべき点だろう。

ただし、前記の引用文からもわかるとおり、清沢は慈善そのものを否定したわけではない、と吉田は考える。そうではなく、慈善に取り組む上での個々人の信仰のあり方に、清沢は強いこだわりを示した。

吉田の見るところ、「自力による慈善や、雑修としての慈善の否定」が、清沢の基本的な立場である[19]。人間が自らの意志で弱者救済に励もうとするのは、他力の思想に反するというわけだ。それゆえ清沢の考えからすれば、「資本家が一方において金を儲けながら、一方で施与をするというその差別観や自力相も、自己矛盾として指摘され」ることになる[20]。

(18) 吉田(一九六一：二四八)
(19) 吉田(一九六一：二五三)
(20) 吉田(一九六一：二五三)

では、そうした清沢的な立場から正当化される慈善とは、いかなるものだろうか。吉田によれば、それは何より「監獄改良・教化矯風等」に対する清沢独自のスタンスに見出せる。清沢は「悪人正機に立脚」しながら犯罪者の内心に共感し、「監獄教誨師達が囚人に道徳的教誨を行っていることをきき、それは罪に泣く犯罪者に残酷な鉄槌を加える者だと非難」した。悪に対して善を説くのは誤りであり、囚人の罪悪にはまったく別の対処法が必要だと、清沢は考えたのだ。その対処法とは、囚人という他者ではなく、まずは自分自身の罪悪を見つめた上で、そこから自らの実存を犯罪者と同じ立ち位置に移す、という方法である。吉田は、清沢の精神主義の思想に魅了された犯罪者の例を挙げた上で、次のように述べる。

自己を犯罪者と自覚し、宗教を犯罪者の味方と考えれば、精神主義の中に死刑否定の考え方が生まれるのは当然であろう。教誨師の中にも精神主義の影響をうけた人もある。無論満之の精神主義がとる罪悪感や悪人正機観は、自己の内側から出発しているのであるが、自己を犯罪者と同列の立場においていることは、監獄教誨が通常刑政の一翼として倫理の上に立脚していたことと対比的で、教誨史上注目されることであった。[21]

犯罪者を道徳や倫理から外れた存在と見なし、これを道徳や倫理の内側へと回収する通常の教誨ではなく、自分自身を「自己の内側」において道徳や倫理の外側へと移行させ、同じ外側に追いやられた犯罪者と向き合う道を切り開くための「教誨」。これこそ、清沢が提示した慈善思想であったと吉田は評する。

一見してわかる通り、吉田は内面的な精神性の強度という点において、清沢の慈善思想を高く評価している。ひるがえって、その強度ある思想が社会的にどう機能するのかについては、あまりはっきりと論じていない。こうした欠落は、吉田の研究の難点というよりは、清沢の内省主義的な思想そのものの問題だろう。しかし、内省を重んじる清沢の思想に深く共感するがゆえに、吉田の立論にも、どこか矛盾を含んだような内容がときに見られる。

吉田は、清沢の慈善思想を次のように総括する。

満之の慈善思想には、慈善対象を生み出した日清戦争後の異常な世相に対して無常や罪悪を感じている面が強い。この点救済対象を生み出しているさまざまの原因を考えずに、救済対象だけを社会から切りはなして、主観的動機で捉えて救済してきた従来の宗教的慈善より一歩抜きんでている。しかしその慈善思想は日清戦争後の社会に無常や罪悪を感じて出発しているといっても、具体的な社会的契機を媒介としたものではなく、強い個人の主観に支えられているところに特徴があった。[22]

(21) 吉田(一九六一:二五四~五五)
(22) 吉田(一九六一:二五六)

既述の通り、清沢の慈善思想に対する吉田の高い評価は、具体的な慈善事業にどう取り組んだかよりも、犯罪者のような「悪」に生きる人々に対する自己内省を通した共感の心を、清沢が確かに所持していた点にあった。だが、そうした思想が「具体的な社会的契機」に基づいておらず、ひたすら「強い個人の主観に支えられている」のだとしたら、それがどう社会と切り結ぶのか、よくわからないと言わざるを得ない。この点、清沢の考えが曖昧なら、吉田の見解もまた把握しにくい。

他方で、吉田はまた別のところでは、清沢の「悪人」への対し方について批判的に論じている。そこで焦点となるのが、清沢と親鸞の相違である。親鸞が活躍した鎌倉時代と、清沢が生きた明治後期の時代には類似性があるとしながら、吉田は次のように述べる。

もし、この時期〔筆者注―明治後期〕の親鸞の意味する悪人層は何かといえば、新しい生産層として形成されて行く労働階級とか、資本主義の波にゆられつつ市民化する農民であろう。しかし、満之は罪悪感に立つことによって、自他平等観を形成し、愚民観の克服を打出したが、それが知識層の苦悶に対して答案をだしただけで早逝した。[23]

もし親鸞が明治後期に生きていたなら、「労働階級」や「市民化する農民」といった「悪人層」を、自らの思想によって導いたに違いない。対して、清沢は親鸞と同じく自他の罪悪を見つめはしたが、その思想は「知識層」にしか有効でなかった、というわけだ。ここで吉田は、親鸞思想の再生や再建の失敗例として清沢を論じている。これは近代仏教研究者としての吉田の一つの見識だとはいえる。

しかしながら、吉田は清沢を、社会的な問題ではなく個人の内面への沈潜によって「悪」を熟慮した人物として描いたのではなかったか。自らがそう描く清沢に対し、社会性の面で不備があると批判するのは、どこか矛盾しているように思える。

吉田は、「荘園制封建期における親鸞の悪人への対し方と、帝国主義出発段階における満之の悪人層への対し方は、親鸞の場合には東国民衆があるが、満之の場合は大概悪人の問題は自己の内心の問題に停止される」とも述べている。[24] 親鸞には「東国民衆」という「悪人層」がいたが、清沢にはその種の「悪人層」がおらず、「自己の内心」だけで不十分であったのだと。果たして、吉田は清沢を、内省の深みから道徳や倫理を超えた「悪」の探究を進めた偉人として称揚したいのか、それとも、社会構造が生み出す具体的な「悪」の問題に応答し損ねた半端者として貶めたいのか。

おそらくは、その両方だろう。吉田のなかには、社会を超越した価値観を追い求める出家的な精神への敬意と、それとは一見したところ逆行する、俗界に生きる一切衆生の救いを希求する意欲の、双方が共存していたように思える。その結果、とらえようでは、どこか矛盾した感じもする吉田の清沢論が成立していた。

そして、吉田以降の近代仏教研究における清沢論も、おおむね、清沢の思想に見られる超越性の

(23) 吉田久一『日本近代仏教史研究』吉川弘文館(一九五九:二九一~九二)
(24) 吉田(一九五九:三二一~二二)

強さと社会性の弱さのいずれかを語ってきた。特に、清沢を批判することに性急な研究者は、後者の側面を強調したがる傾向がある。清沢の社会性の弱さを、現体制を容認する反動的な思想と読み替え、それは釈迦や親鸞の開示した仏教（真宗）とは異なると評する批判だ。[25]

近年では、思想史研究者の繁田真爾が、吉田の清沢論が抱え込んだ内面性と社会性の矛盾を調停するため、「部分否定」という概念をもとに新たな立論を展開している。[26] 清沢の思想には、確かに内面へと沈潜する傾向が強く見える。しかし他方で、清沢の人生の歩みには、目前に広がる現実への批判的な関与も十分に見られ、また彼の生涯を通して繰り返された自己修練の厳しさには、現体制を全肯定するのではない「部分否定」の力があった。これが繁田の清沢に対する見立てだ。

清沢を安直に肯定するのでも否定するのでもない、繁田による是々非々の議論は、きわめてリアリスティックな人間／社会認識に基づいており、説得的である。ただし、その議論の大枠自体は、吉田のそれの明らかな延長上にある。清沢の思想のポテンシャルを一部の教誨師の活動に見て取る点など、繁田の研究は吉田の清沢論を正しく継承し発展させたものと理解すべきだろう。

繁田の研究では、自他の「悪」を内省的に突き詰めた清沢独自の思想に関しては、吉田のそれから議論が質量ともに強化された。他方で、社会構造上の「悪」の問題に関して清沢がどう考えたかという、吉田が問題にした点については、あまり扱われていない。それは清沢の思想に欠けた部分として放置されたままだ。

そもそも、清沢を通して社会的な「悪」について考えること自体、困難なのかもしれない。吉田は親鸞を持ち出しながらこれを検討し、この点では清沢を批判したが、もとより議論の前提がおかしいようにも思える。清沢は「労働階級」や「市民化する農民」といった「悪人層」に向き合うべきであったという前提だが、そこに垣間見えるのは、社会の階層分化によって割を食らう人々には誰もが必ず手を差し伸べるべきだという、吉田の信念あるいは正義感である。それは吉田の利他的な人格を証明しこそすれ、清沢の思想と人生の内在的な分析にはなりえていない。

もし、清沢を通して社会的な「悪」の問題を考えるのであれば、おそらく、吉田とは異なる観点やアプローチが求められる。たとえば、清沢が示した「万物一体」の思想などから、仏教的な社会倫理のあるべきかたちを問うといった方向性だ。哲学者の今村仁司や真宗学者の安冨信哉が、晩年にこうした試みに着手していた[27]。清沢の生きた時代の歴史的・社会的な文脈はいったん脇へ置き、彼の哲学・思想が示す縁起的な存在論や世界観に、あらゆる他者に向けた倫理的な関与の可能性を見出す、といった趣向の取り組みだ。こうした方向性であれば、清沢の思想から社会的な「悪」のあり方を考えるのも可能だろう。とはいえ、この種のアプローチは「日本近代社会の諸問題と満之の関係を探る」という吉田の問題意識からは乖離しており、本章の主題からも、ややズレてくる。

吉田の業績の分析に話を戻そう。吉田は、労働者や農民などの「悪人層」もまた、清沢のような近代の仏教者からの救いの手が差し伸べられるべきだと、強く信じた。だが、そうした近代の「悪

(25) 久木幸男『検証清沢満之批判』法藏館（一九九五）
(26) 繁田真爾『「悪」と統治の日本近代――道徳・宗教・監獄教誨』法藏館（二〇一九）
(27) 今村仁司『清沢満之の思想』人文書院（二〇〇三）、同『清沢満之と哲学』岩波書店（二〇〇四）、安冨信哉『現代思想としての清沢満之』法藏館（二〇一九）

人層」についての吉田の理解の仕方には、疑問に感じられる部分がある。この点について、最後に節を改めて論じたい。

四　近代仏教と現世利益

吉田は清沢を、その内省の深み以外の次元でも高く評価している。それは、現世利益に対する清沢の批判的なスタンスだ。仏教界に蔓延する現世利益の信仰と実践――民衆による除災招福への祈りや葬儀を実利的に行う寺院など――を批判した内村鑑三に言及した上で、仏教界における現世利益批判の代表格として、清沢を取り上げたのである。吉田は次のように清沢を評する。

清沢の所属する真宗が、一向専修の立場から現世利益的祈禱を排したのは当然であるが、真宗では、個人祈禱を排しつつも、なお、朝家のため国民のための祈禱を容認していた。清沢は、祈禱を迷信としてきびしく拒否している。(中略) 清沢の後継者達の中には、明治天皇の病気回復の祈禱も宗教としてはなすべきでなく、国家安穏の祈禱をする代償として、仏教が、国家によって保護されるのは間違いだと論じている者もいる。現世利益的祈禱によって、国王や国家の安全をはかることを拒否したのは、さすがに師清沢の名を辱めなかったものといえるであろう。[28]

清沢は、現世利益の祈願の迷信性を拒絶し、国家のために祈ることもよしとせず、その態度は弟子たちにも受け継がれた。吉田はそのように清沢を肯定的に論じる。ここで吉田は、清沢による現世利益の拒否を、真宗の「一向専修の立場」から説明している。そして、近代の真宗教団が天皇や国民のための祈禱を容認したのとは異なり、清沢とその弟子たちは、真宗の現世利益否定のスタンスを徹底させたと好意的に評価する。

吉田は明らかに、現世利益や加持祈禱に対し否定的な認識を持っていた。それは、彼の近代仏教への見方を規定する認識の一つでもある。仏教の近代化は、祈禱のような「迷信」を払拭し得なかったために失敗したのだと、吉田は考えた。次のように述べている。

内村や清沢が叱責するように、迷信や個人的な祈福が残存してしまった。それは廃仏毀釈を受けながら、それを梃子にして仏教は自力で宗教革命を行ない、自己変革を行なうことができなかった理由による。[29]

改革の不徹底ゆえに「個人的な祈福」が残存した近代の仏教は、吉田の好むところではなかったようだ。こうした吉田による発言の裏には、彼の仏教に対する価値観が透けて見える。つまり、現世利益への希求を克服してこそ、仏教は正しい方向に生まれ変われるという価値観だ。

(28) 吉田久一「廃仏毀釈と国益活動」日本仏教研究会編『日本宗教の現世利益』大蔵出版(一九七〇:三四五)
(29) 吉田(一九七〇:三五九)

だが、こうした価値認識に基づく学問に、労働者や農民などの「悪人層」に関する正確な理解ができるのか、甚だ疑問である。神仏に「個人的な祈福」や現世利益を求めるのは、一般的に知識層ではなく、労働者や農民などの社会層だからだ。宗教をもっぱら現世利益の方面で受容する彼らの俗情を、吉田はあまりにも軽視していたように思える。

また、そうした現世利益を人々に提供する僧侶たちの心情についても、吉田の視野はだいぶ狭い。密教系の僧侶など、祈禱を生業とする仏教者たちの立場が、ほぼ顧みられていないのだ。そうした現世利益の祈りの担い手となる僧侶たちは、廃業して仏教界から退場すべきだと、吉田は考えていたのだろうか。

このように、吉田の近代仏教研究は、現世利益を軽んじる真宗に、事例の選択のみならず、信念や価値観の面でも傾斜し過ぎていた。そして、こうした学問的な偏向は、吉田のみならず、柏原祐泉（一九一六～二〇〇二）や池田英俊（一九一九～二〇〇四）ら、二十世紀後半の近代仏教研究を支えた主要な学者たちにも、多かれ少なかれ共有されていた。

近代仏教における「自戒精神の系譜」の頂点に清沢を位置付けた柏原については、本人が真宗僧侶ということもあり、あからさまな真宗中心主義者であった[30]。これに対し、池田は曹洞宗の僧籍を有しており、吉田や柏原とは方向性がやや異なる。しかし、「自戒自律」の世俗倫理の確立や、近代のヒューマニズムに応える信仰心の精錬を重んじる池田の姿勢は、吉田や柏原の研究とも十分に通じるものがある。そして池田もまた、清沢の「清純な信仰と思想」を高く評価した[31]。

すなわち、吉田に代表される近代仏教研究は、清沢を近代仏教思想のモデルにしながら、その対極にある現世利益的な宗教世界を、否認ないしは蔑視したといえよう。あるいは、そうした俗情に満ちた信仰や実践の克服こそが、近代仏教の理想や使命だと考えた。それゆえ、知識層ではない民衆の愛した現世利益的な宗教世界の実態や論理を、二十世紀後半の近代仏教研究は、およそつかみ損ねてきた。古代から現代までの日本宗教史を貫く、その広大な宗教世界の領域を。

視点を少し別のところに向けてみれば、近現代の宗教のこうした領域については、もっぱら新宗教研究が担ってきた。民衆主体の宗教運動である新宗教に関する戦後の研究は、現世利益的な宗教世界を、批判的に認識するにせよ、そこに伝統宗教とは異質の可能性を読み取るにせよ、その実態と論理の把握に努めてきた。[32] 創価学会をはじめ、新宗教には仏教の近代化により生成してきた教団が多数存在する。吉田らの近代仏教研究では、それら仏教系新宗教の歴史が十分に考慮されてこなかった。[33] ゆえに、その宗教運動の基盤として強固に存続する現世利益の論理にも、ほとんど理解が行き届かなかったのだ。

現世利益的なものを蔑視する吉田らの研究は、対象の選択において祈禱や密教が除外されてしま

（30）柏原祐泉『日本近世近代仏教史の研究』平楽寺書店（一九六九）
（31）池田英俊『明治の新仏教運動』吉川弘文館（一九七六：二九九）
（32）塚田穂高「新宗教の展開と現状」高橋典史、塚田穂高、岡本亮輔編『宗教と社会のフロンティア――宗教社会学からみる現代日本』勁草書房（二〇一二）
（33）吉田が新宗教についてまったく扱っていなかった、というわけではない。たとえば、『近現代仏教の歴史』（ちくま学芸文庫、二〇一七［原著一九九八］）では、仏教系新宗教について一定の紙幅が割かれている。ただし、その知見が清沢を主要なモデルとした吉田の近代仏教像とどう関連するのかは明らかでない。

うだけでなく、対象として視野に入るような事例についても、見方を狭めてしまうという問題がある。

たとえば、清沢と並び称される近代的な真宗僧侶の一人と目される、近角常観（一八七〇～一九四一）だ。近角は、清沢と同様、西洋哲学の教養やキリスト教からの学びをもとに、仏教思想を刷新した。一方で、彼の回心体験は信仰獲得による心身の回復を伴い、彼の信者にも、近角の教えとの出会いがもたらした「病気治し」の効能を語る者がいた。[34] 近角の宗教運動を駆動したのは、近代的に洗練された仏教思想だけではなく、そこに現世利益のニーズも伴っていたことは疑いの余地がない。

あるいは、清沢にせよ近角にせよ、彼らの思想や運動に賛同した人々は、煩悶の解決――精神的な苦痛の解消――を求めて仏教に親近したのである。つまり、近代的な真宗思想の世界では、精神的なレベルでの現世利益への期待も高かったわけだ。もしくは、メンタル面を強化する「心理利益[35]」を欲する人々が、清沢や近角のような宗教家のもとに集ったと見なすこともできよう。精神や心理への現世利益の提供元として、清沢や近角らの宗教運動はよく機能した。広い意味での現世利益について考慮せずに、近代仏教の全体像も個別の事例の性質も、うまく見通せないのは明らかだ。吉田らの近代仏教研究は、この点でまったく不十分であった。

今後は、現世利益的な宗教世界を視野に入れながら近代仏教研究を進める必要がある。というより、そうした研究は既にはじまっている。たとえば、いわゆる霊術や民間精神療法と称される宗教的な病気治療の当事者には、禅や密教の関係者が多くいたことがわかっている。[36] 仏教が昔から伝えてきた現世利益的な実践を、科学的に検証ないしは応用する営みの系譜も明らかになってきた。[37]
また、伝統仏教が提供する儀礼実践の近代化にも、現世利益への強い期待が見え隠れする。[38]この種の儀礼ないしは民俗的な仏教の近現代史をどう把握するか、これから大きな課題となるだろう。
こうした近代仏教の現世利益的な側面をきちんと踏まえた研究を進めてこそ、清沢がアプローチできなかったと吉田が評する「悪人層」とは何だったのかを、はじめて正確に理解できるようになるはずだ。そして、そのような理解が深まったとき、清沢の思想のどこに問題と可能性があったのかも、改めて鮮明に見えてくるだろう。

(34) 碧海『近代仏教のなかの真宗』(二〇一四:七六)
(35) 「心理利益」の概念については以下に詳しい。堀江宗正「パワースポット体験の現象学――現世利益から心理利益へ」『ポップ・スピリチュアリティ――メディア化された宗教性』岩波書店(二〇一九)
(36) 栗田英彦、塚田穂高、吉永進一編『近現代日本の民間精神療法――不可視なエネルギーの諸相』国書刊行会(二〇一九)
(37) 碧海寿広『科学化する仏教――瞑想と心身の近現代』角川選書(二〇二〇)
(38) 武井謙悟「近代日本における仏教儀礼の変遷――仏教系雑誌に着目して」駒澤大学博士学位論文(二〇一九)

第2章　清沢満之と近角常観

はじめに

日本の近代仏教研究において、「近代」という言葉は、ただ単に明治から昭和の敗戦ごろまでの時代区分を漠然と指すのではない。そこには常に、「近代とは何か」という問いが含み込まれている。したがって、具体的な歴史研究に基づき仏教にとっての「近代」の意味や内実を解き明かしていくことは、すべての近代仏教研究者にとって不可避の課題としてある。

日本仏教における「近代とは何か」。あるいは、日本仏教が「近代化」していくとはいかなることか。そうした本質的な問題について、本章では、清沢満之と近角常観という、近代日本において自己省察を究めた二人の真宗僧侶の比較考察に基づき検討する。

前章で論じた通り、吉田久一は近代仏教を代表する人物として清沢を高く評価し、その限界を認めながらも、内なる自己への向き合い方の先鋭性において、清沢を仏教史上に稀に見る人物として位置付けた。本章では、そうした近代仏教の頂点の一つとされてきた清沢の歩みを、近角という、清沢と近いところで活躍しながら、やや異なる手法で仏教近代化を成し遂げた仏教者の事績と並べて再検討し、これを「近代仏教とは何か」を考える上での一助としたい。

一　プロフィールからの比較

清沢も近角も、真宗大谷派の僧侶であった。しかしこの両者には、僧侶になるまでの経緯にも、僧侶として生きた時代や社会のあり方にも、少なからぬ相違が見られる。

清沢は、尾張藩士の徳永永則の子として、一八六三年に生まれた。下級士族の長男である。母は熱心な真宗門徒であり、清沢も出生時から真宗の宗風のもとで育った。十四歳のときに「本山の金で充分学問さして呉れる」ということで得度。つまり、大谷派教団が進学に必要な学資金を支援してくれるという理由から、彼は僧侶になったのだ。

近角は、滋賀県の西源寺の住職、近角常随（じょうずい）の子として、一八七〇年に生まれた。大谷派寺院の長男である。彼は父の指導のもと、幼少期から仏教の学習を徹底的にたたき込まれた。[1]「我信仰は全く父上の授け玉ひし所也」というのが、彼の生涯を通して変わらぬ信念であった。[2] その真宗寺院という「家」において代々伝えられてきた信仰に基づき、彼は生まれてから死ぬまで宗門の子として生き続けた。

清沢は、東本願寺育英教校から東京大学予備門、そして同大学の文学部哲学科へと進学した。東大ではアーネスト・フェノロサ（一八五三〜一九〇八）や井上円了の影響下で、西洋哲学の研究を行った。西洋哲学を単に学問的に受容するだけではなく、自己の宗教哲学の構築のため、独自に咀嚼することにも精魂込めた。[3]彼にとって「西洋」とは、何よりも学知として受け入れられるべきものとしてあった。

近角は、京都府尋常中学校から第一高等学校、東大の文学部哲学科へと進学した。円了や清沢に導かれて、彼らの後を追うように哲学の研究に努め、特に西洋哲学と仏教との比較考察的な研究に意を注いだ。しかし、大学院生のときに仏教思想に関する理論的な論文を多少ものすも、独自の宗教哲学の開拓には向かわなかった。学究生活に見切りをつけた後、宗教事情の視察のために西洋へ渡り、そこで現地の社会に息づく宗教（キリスト教）の意義を実感した。[4]彼にとっての「西洋」は、学知である以上に、そこから仏教の未来に関するヒントを得るべき現実社会としてあった。

清沢は、一八九四年に肺結核を発病。それをきっかけとして「今までの徳永はこれで死亡した」という認識を得ながら、療養中に他力信仰への主体的な関与を強めていった。この自力から他力への方向転換の過程こそ、彼にとっての「回心」であった。

近角は、一八九七年に悩ましい人間関係に煩悶した末に、筋炎を患った。療養中の病院からの

（1）近角が満七歳のときに書写した阿弥陀経が現存している。
（2）近角常観「父の示寂によりて教へられし真実証の霊境」『求道』一巻三号（一九〇四：五）
（3）藤田正勝『清沢満之が歩んだ道——その学問と信仰』法藏館（二〇一五）、Bernat MARTI-OROVAL「清沢満之の宗教哲学における霊魂滅否論について——西洋思想の影響を中心に」『近代仏教』一九号（二〇一二）、村山保史「日本における西洋哲学の初期受容——東京大学時代の清沢満之を中心にして」『現代と親鸞』三七号（二〇一八）
（4）碧海寿広「近代真宗とキリスト教——近角常観の布教戦略」『近代仏教のなかの真宗——近角常観と求道者たち』法藏館（二〇一四）

帰り道、天空をあおいだ際に「これまでは心が豆粒の如く小さであつたのが、此時胸が大に開けて、白雲の間、青空の中に、吸ひ込まれる如く思はれ」、それまでの仏教観が一変し、病気も治った。この劇的な出来事が、彼の「回心」であった。

清沢は、明治国家が立ち上がっていく時代を生きた。日本における近代国家に並走して、伝統仏教の諸宗門もその相貌を変化させ、また近代的な「宗教（religion）」が構築されていく時代のまっただなかを、明治を代表する仏教者の一人として駆け抜けていった。

近角は、明治後期から大正期、そして昭和の大戦の半ばまでの時代を生きた。近代国家の確立とともに、近代的な宗門体制や「宗教」の枠組みも成立した明治後期から大正期に華々しく活躍し、それから昭和の戦時体制が本格化するよりも少し前に、自らの病気（一九三一年）や長男の戦死（一九三八年）を経て、徐々に歴史の表舞台から退いていった。

以上、まずは清沢と近角のプロフィールを対比的に記述してみた。両者とも、東大で哲学を専攻したという学歴や、病を契機として回心に至ったという経緯など、共通する部分が少なくなさそうである。しかし他方で、在家／寺院生まれという出自や、西洋体験の性質、生きた時代の宗教的・社会的背景など、明らかな相違点もある。

また、両者の学歴には重なるところがあるにせよ、彼らの学問に対する情熱には大きな落差があった。清沢の方が学知に対するこだわりがずっと強い。近似した感じのある両者の回心の事情についても、清沢の場合はいつどこでと明確には特定できない過程的なものであるのに対し、近角の場合は、時と場所を特定できる決定的な出来事として当人が把握している。近代史に名を残すエリート的な真宗僧侶として、遠目に見ると似たところがあるが、しかし近づいて細かく見てみると、だいぶ違う二人であった。

二　布教・教化の方法とその影響

清沢の門弟の一人、安藤洲一（しゅういち）による証言を引く。

絶対帰依といふ点になると、清沢師も近角師も同じ事で、共に歎異鈔の絶対帰依の精神を渇仰する。しかし近角師の説く所は、非常に熱を帯んで居るのと、通俗の説教の気分を含んで居るので、野人俗耳に入り易い、これが明治三十四五年頃、君の信仰が世間に歓迎せられた所以である。清沢師の信仰に耳を傾くる者は、ほんの知識階級の一部であつた[5]

知識人に好まれる理論派の清沢と、俗人受けしやすい情感派の近角――安藤の証言からは、そうした対照的な位置づけを読み取れる。この対比的な評価の妥当性は、両者の宗教家としての歩みや、周囲の人間への対し方、そして後世への影響がいかにあったのかを検討すれば、より確証に近づく。

清沢はある時期、戒律厳守の精神に目覚め、「ミニマム・ポッシブル」（可能な最小限）を掲げた禁

（5）「浩々洞の懐旧」『資料清沢満之〈資料編〉』同朋舎出版（一九九一：一九五）

欲修行に取り組んでいる。その厳しい自戒の生活が原因となり身体を壊したため、修行をまっとうすることは叶わなかった。しかし、清沢が一時的にではあれ「自力」の仏教者として生きようとしたという事実は、注目に値する。また、清沢は比較的多くの日記を書き残しているが、そこには日々の終わることなき内観と自省の跡が記されている。さらに、死の直前に執筆された清沢の代表作の一つは、「我が信念」と題された。彼は常に自己の生活や内面のあり方を反省し続けることを習慣化した、「求道者」型の宗教家であった。

近角は、明治期の宗教界の大騒動である巣鴨監獄事件や宗教法案反対運動において、その巧みな演説力を発揮して実力を高く評価され、気鋭の真宗僧侶として頭角をあらわした。本格的な宗教活動の開始後も、東京を中心に全国各地でひたすら布教活動にいそしんだため、日ごとの自分を振り返るために日記を書く習慣はなかったようだ。[6] 晩年に至るまで『歎異抄』の講義を続け、親鸞の教えを語ることを自己の本分としており、彼は自らが奉じる宗教を世に広めることを本望とする、「布教者」型の宗教家であった。

清沢は、私塾「浩々洞」において大谷派の寺院子弟らとの濃密な師弟関係を結び、また真宗大学（現在の大谷大学）でも宗門指導者の養成を行った。彼が直接的に指導した弟子や学生の多くは、宗門の寺院子弟であったといってよい。寺院子弟を教育する際、清沢が好んで取り組んだのは「ソクラテス的な対話」であった。それは、「右といえば必ず左という様に、〔清沢が〕他の見を打破するのが大なる楽しみだった」（常盤大定）などと語り伝えられている通り、[7] 論理的な説得性やレトリックの技術を重んじる、議論を中核とした教導の方法であった。

近角は、学生寄宿舎である「求道学舎」において、第一高等学校や東京帝国大学の学生など、次世代の国家や社会を担うエリート学生との共同生活を実施し、彼らを最も身近な信徒として教化した。寺院出身の者たちは、そこから基本的に排除された。近角は寺院僧侶の再生産よりも、優秀な在家信徒が立身出世することで、真宗の信仰や道徳が一般社会に拡がっていく未来をより強く願っていた。また近角が学生や信徒を教化する際によく採用したのは、自らの回心の経験を繰り返し語る体験談であった。彼は議論に議論を重ねながら内省を深めるよりも、他力に救われた自己の信仰のリアリティを、体験談を通して信徒たちと共有することを重視した[8]。

こうした両者の他者との付き合い方の相違は、彼らについて語る後世の言説のなかにも反映されている。たとえば、両者はともに、明治後期における『歎異抄』の普及者として歴史的に位置付けられることがある。だが、「清澤満之師一派や近角常観師等の、新進の信仰家の鼓吹に由り、歎異鈔流行時代とでも称すべき時期」が来たという大正時代の回顧があるように[9]、真宗の師弟関係を重んじた清沢が「一派」として認識されやすかったのに対し、僧侶と信徒の区分けが比較的はっきりとしていた近角のほうは、あくまでも個人による活動として捉えられていた。

(6) 宗教活動に邁進していた時期の近角の日記は確認できない。それに対し、彼の側近として近角の活動を支えていた弟の常音は、同時期にかなり綿密な日記を書き残している。
(7) 大竹鑑「浩々洞――議論と大笑いのサンガ」藤田正勝、安冨信哉編『清沢満之――その人と思想』法藏館(二〇〇二)
(8) 碧海寿広「哲学から体験へ――近角常観の宗教思想」『近代仏教のなかの真宗』(二〇一四)
(9) 西谷順誓『歎異抄講話』興教書院(一九二三:五〜六)

こうした相違は、両者の後世への影響力のあり方の違いにも直接的につながってくる。すなわち、清沢は真宗大谷派における「近代教学」の起源であるという通説があり、また同派が戦後社会に展開した同朋会運動の基礎を築いた人物として、清沢が位置付けられることも多い[10]。後に宗門の権威となる僧侶たちを弟子に持った彼は、とりわけ没後において、宗門の内側において絶大な影響力を持つ人物となっていた。

近角は、狭い意味での宗教界ではなく、文学、哲学、精神医療、超国家主義など宗教以外の他分野に属する人々に対して様々な影響を与えた[11]。寺院子弟ではなく一般社会の特にエリート的な青年知識人の育成に尽力した彼は、宗門の外側において、仏教に限定されない各界の重要人物たちの思想や実践に多大なインパクトを及ぼしたわけだ。

内省を好み議論を愛した清沢と、体験を基盤とした理屈に惑わされない信仰を尊んだ近角。一見すると、後者の方がより伝統的な真宗のあり方——自力修行よりも他力救済を信じる——を踏襲しているように思える。しかしながら、徒弟制的な環境のもとで寺院出身の弟子を育てていた清沢が、その後の歴史のなかで真宗の伝統により顕著に回収されていくのに対し、布教者として在家信徒に対する教化活動に努めた近角のほうは、真宗教団の外部にこそ多様な影響を与え、宗門の伝統には残りにくくなっていったという逆説は、注目すべきことだろう。

三　二つの「革新運動」

清沢は明治の中頃、近角は昭和初期に、それぞれ宗派の革新を目ざした運動を主導している。この二つの「革新運動」は、大谷派という宗門の現状を批判し体制変革を唱える、という趣旨は重なりこそすれ、その動機や帰結はかなり異なっていた。

清沢は一八九六年から翌年にかけ、「白川党」の宗門革新運動に主導者の一人として参加した。これは、教団の財政改革や議会開設などの制度的な改良をまずもっての目標とし、そこからさらに「教学振興」の達成を願うものであった。その運動は、「財政学や議会制度論など近代的学知に裏打ちされた「革新」論を展開し、他方では雑誌発行による言論活動や同盟会の組織、そして演説会や建白運動など、近代の新しい運動形態（政治文化）をほぼ全面的に導入」していた[12]。つまり、西洋的な政治文化を真正面から取り入れた、伝統教団による先駆的な体制改革の試みであった。

近角は、一九二九年からの数年間、自らが組織した「宗門革新同盟会」の運動を導いた。これは、

（10）安冨信哉『近代日本と親鸞――信の再生』筑摩書房（二〇一〇）、水島見一『近・現代真宗教学史研究序説――真宗大谷派における改革運動の軌跡』法藏館（二〇一〇）

（11）岩田文昭『近代仏教と青年――近角常観とその時代』岩波書店（二〇一四）、石井公成「親鸞を讃仰した超国家主義者たち（一）――原理日本社の三井甲之の思想」『駒澤短期大學仏教論集』八巻（二〇〇二）

（12）繁田真爾「日清戦争前後の真宗大谷派教団と「革新運動」――清沢満之「精神主義」の起源」『近代仏教』第一五号（二〇〇八：七二）

金銭問題等でトラブルを起こした前法主（親鸞の末裔で本願寺の住職）、大谷光演の僧籍削除の取り消しと、彼の僧籍削除を「断行」した教団の体制改善を要求するものであった。近角の熱烈な訴えと幅広い人脈により、全国の僧俗から広範な支持や署名が集まった。そうした圧倒的な支持を後ろ盾にして、近角は文部省を動かして宗派への圧力をかけさせる一方、「忠孝」の道徳を強調して法主の絶対性を説くなどした。

清沢による革新運動について論じた研究によれば、清沢は真宗教団の「リフォーマー」であり、この運動の渦中で彼が提示した理念は、さらに徹底した教団民主化を目指した戦後の同朋会運動に接続する、宗教の内在的な近代化の指標であったと評価される。[13]そこには時代的な限界があったにせよ、真宗教団を縛り付ける家制度的な構造を打破していく上での端緒として、この運動が位置づけられることは間違いない。[14]

他方、近角はむしろ宗門内の平等性を唱える教団当局に対して非難の言葉をあびせ、法主という特別な存在を頂点に仰ぐ宗門の伝統の維持を求めた。教団当局は「共同利益団体」の意義を主張しているようで、実際には「専制圧迫を極むる横暴政治」を押し付けようとしているというのが、近角の意見であった。[15]その革新運動の趣旨は、宗派の伝統を侵害する昨今の新勢力の流れを変えるという意味での「革新」であり、捉えようでは、むしろ「保守」ないしは「反動」と解釈したほうが適当なものであった。

こうした両者の運動の特徴の大きな相違は、彼らの法主に対する認識にも見て取れる。清沢は、革新運動のさなかに執筆した「師命論」において、「公人としての法主」論を唱えた。[16]それは、真宗僧侶の理想的なモデルを示す（べき）人物として法主を定位するための論理であった。法主の特別性を認める一方、それは法主が法主であるがゆえに無条件に特別なのではなく、真宗僧侶が見習うべき立派な言行をする「公人」であるがゆえに、その特別性が認められる、という主張である。

近角の法主に対する態度は、法主に「公人」としての自戒を迫るような清沢の自由度の高い論理とはまったく異質であった。すなわち、法主の絶対的な権威性は親鸞の血筋を引くというその出自に根拠を持ち、「兎に角我等の善知識〔法主〕に対する態度は、絶対の信順であらねばならぬ」とするのが、近角の譲れぬ信念であった。[17] こうした血統重視の法主信仰は、明治以降に強化された天皇崇敬の心性とも極めて親和的なものである。

以上、やはり対照的といってよい両者の「革新運動」について簡単に論じた。教団の民主化を志した清沢と、法主信仰に基づく運動を展開した近角。西洋的な民主主義の導入を仮に近代化の一つの指標とした場合、前者のほうがより「近代」に適応した言動をしていたように思える。だが、当時の歴史状況において、前者の試みが失敗に終わった（清沢らの主張は十分に通らなかった）のに対し、民主化に反するかのように思える後者の運動は成功した（前法主の僧籍復帰が達成された）。かくして、

（13）岡田正彦「近代における宗教伝統の変容――真宗大谷派の宗務機構の近代化」『宗教研究』二八六号（一九九〇）、同「清沢満之と真宗大谷派――リフォーマーとしての清沢満之」『大正大学大学院研究論集』一五号（一九九一）
（14）森岡清美『真宗大谷派の革新運動――白川党・井上豊忠のライフヒストリー』吉川弘文館（二〇一六：四六一）
（15）近角常観「純真の宗教家たれ」『信界建現』二号（一九三〇）
（16）寺川俊昭『清沢満之論（新装版）』文栄堂（二〇〇二：九六～九）
（17）近角常観『大谷派本願寺前法主僧籍削除事件の真相及宗務当局者の責任問題』私家版（一九二九）

運動の結果だけを見るならば、後者の方がより「近代」に適合した実践だったとも評価できそうだが、果たしてそうなのだろうか。

両者が実現した「近代（化）」とは何だったのか。本章の最後に、この点に関して少し掘り下げて考察してみよう。

四　仏教近代化の多様性

日本仏教の世界において清沢が達成した「近代化」とは何であったか。先行研究において示されてきたその代表的な見解として以下の三つをあげ、考察の糸口としたい。

まずは、前章でも論じた吉田久一による、内面を深く掘り下げる自己省察の徹底という位置付け（A）。次に、宗教学者の脇本平也（つねや）が提示した、「自由な批判の精神」「信仰における個人主義への傾向」「非神話性」「表現の新しさ」という四つの明解な指標からの評価（B）[18]。そして、赤松徹真（てっしん）、福島寛隆（ひろたか）ほか西本願寺の歴史研究者らが批判的に述べる、天皇制国家への従属の論理という観点からの検証である（C）[19]。

いずれも清沢の思想や実践に見える近代性に対する一つの妥当な捉え方だと思われるが、こうした見解を近角の思想や運動の分析に対しても応用してみたとき、その妥当性はまた違った視点から見直される。

（A）については、清沢の専売特許ではむろんなく、近角も清沢の後に少し異なるかたちで反復した。特に、近角はこの自己省察の試みを信徒のあいだで普及させるための手法として、体験談を積極的に活用した。これにより、彼は仏教に依拠した自己省察の運動を、エリート的な僧侶による「内観」のみに頼った清沢よりも、広範な層へと届けることに成功した。二人とも個々人による内省こそ仏教の刷新には不可欠な営みだと考えていたが、その普及においては近角のほうが巧みであったといえる。

（B）については、個人の信仰の重視や体験談などの表現の新しさという点では、近角にも当てはまる部分がある。しかし、「自由な批判の精神」という点に関しては、親鸞の末裔である法主への絶対的な崇敬の態度から明らかな通り、宗門に固有の伝統を批判することの「自由」さを、近角は十分に持ちえなかった。あるいは、「非神話性」という点に関しても、超越的な如来の実在が人間を救済するという説法を好んだ近角が[20]、「神話」から抜けきっていたとは、とてもいえない。

ここで重要なのは、そうした伝統に縛られることの「不自由」や、如来の説法をめぐる「神話性」に彩られていたはずの近角の思想や実践が、一部の知識人や僧侶に対してしか影響を及ぼさなかった清沢よりも、同時代的には多数の人間を感化し動員しえた、という紛れもない事実である。日本仏教における「近代化」とは、伝統や神話を否定することで達成されるものでは必ずしもなく、

(18) 脇本平也『評伝清沢満之』法藏館（一九八二：二二三～三三）
(19) 福島寛隆『歴史のなかの真宗――自律から従属へ』永田文昌堂（二〇〇九）、宇治和貴、斎藤信行編『真宗の歴史的研究』永田文昌堂（二〇一一）、近藤俊太郎『天皇制国家と「精神主義」――清沢満之とその門下』法藏館（二〇一三）
(20) 碧海寿広「人格の仏教――近角常観と明治後期大正期の仏教言説」『近代仏教のなかの真宗』（二〇一四）

ときには伝統や神話の力を借りてこそ円滑に推進されうるものなのではないか。

（C）については、近代国家を担う人材を仏教の立場から育てていた近角もまた、「天皇制国家」に対しては基本的に従順であった。国家意識の強まる対外戦争の時期には、「専修念仏の思想は、天に二日なく、地に二君なき純忠至孝の精神である」などと述べている。[21] 前記の革新運動の最中にも、宗派の「家長」である法主に対する信仰と、日本という国の「家長」である天皇に対する崇敬を重ね合わせながら、双方をともに肯定していた。「天皇制国家」に自らの思想や実践が包摂されることの「近代性」を、近角が疑問視することはおそらくなかった。

そもそも、こうした国家への従属の仕方は、近角のみならず真宗にかかわる大多数の仏教者が共有していたものであり、清沢やその一派に特別なものではまったくない。たとえば小河原正道による近代日本の戦争と宗教に関する包括的な歴史研究でも示されているように、明治から昭和の敗戦に至るまでのあいだ、多くの真宗（者・教団）は「真俗二諦」の定番の理論として国家への奉仕活動に尽くし、また阿弥陀如来と天皇を同一視するような説教を、他の浄土系の仏教者たちと共に積極的に行った。[22]

すなわち、宗教は「天皇制国家」に従属するのが定石、という日本仏教における「近代化」のあまりにも普遍的な原則に、清沢一派や近角もまた従っていた、ということになる。

以上、清沢満之と近角常観の比較考察から、日本仏教の「近代化」をめぐる諸見解について若干の再検討を行った。近似した真宗僧侶を二人取り上げて比較するだけでも、近代仏教の形態が一様でないことは明らかだろう。近代仏教には無数のかたちが存在し、それは仏教の伝統の多元性と、それを受け止める個の多様性の相乗による。

(21) 近角常観「対立と妥協を排す」『信界建現』二九号(一九三四)

(22) 小河原正道『近代日本の戦争と宗教』講談社選書メチエ(二〇一〇)、同『日本の戦争と宗教 一八九九―一九四五』講談社選書メチエ(二〇一四)

第3章　青年文化としての仏教日曜学校——大正期における「子ども」の仏教

はじめに

近代仏教にはユースカルチャー（青年文化）としての側面がある。[1] 従来にない新しい何かを創作しようと試みるのは一般に若い世代だが、二千五百年前から存在する仏教についても、それは例外ではない。むろん、鈴木大拙（一八七〇〜一九六六）のように八十代になってから米国で禅（ZEN）ブームに火をつけた老練の仏教者もいるが、[2] これは稀な例であり、また大拙に魅了された一九五〇年代の米国人は、もっぱら若者である。近代仏教の性格を見通すための視座の一つとして、その青年文化としての側面に着目することには一定の有効性がある。

青年文化という視点に依拠する上で必ず考慮すべきこととして、世代の問題がある。当然の話だが、人が青年でいられる時間は限られており、その限られた時間に繰り広げられる青年文化は、同

（1）大谷栄一「明治期の「新しい仏教」の形成と展開——仏教青年たちのユースカルチャー」『近代仏教という視座——戦争・アジア・社会主義』ぺりかん社（二〇一二）

（2）山田奨治『東京ブギウギと鈴木大拙』人文書院（二〇一五）

年代の者でなければ共有できない。そして特定の世代がつくりあげた青年文化は、次の世代にとっての青年文化ではもはやなく、この世代間の文化的な落差こそが、青年文化を論じていく上での一つの勘所となる。[3] したがって、ある仏教運動を青年文化として見つめる際にも、それが先行の世代とのいかなる隔たりのもとに成り立っているのか、これを明らかにしないと、視点の有効性を十分に活かせない。

本章が対象とするのは、大正期における青年文化としての仏教である。明治期には、清沢満之に師事する者たちによる精神主義や、近角常観の求道運動、「旧仏教」批判を究めた新仏教（本書第9章を参照）など、若い世代を中心とした仏教運動が世間の評判を呼んでいた。そうした明治期から大正期へと移り変わる過程で、どういった変化が生じたのか、本章ではその実態の解明を試みる。具体的には、大正期に顕著な盛り上がりを見せ始めた仏教日曜学校という文化・運動を取り上げ、その当事者であった青年たちが創造した仏教の内実に迫りたい。

仏教日曜学校、すなわち毎週日曜日に子供たちに対して仏教を教えること。日曜日という近代的な制度に規定された布教教化の方法として、それは近代に特有の仏教文化であった。また後述するように、「子ども」のための仏教、というそこに込められた意図からも、仏教日曜学校という実践は、近代性を深く刻印されていた。その新しさが大正期の仏教青年たちにとって持つ意味とは何であったか。

以下、仏教日曜学校の歴史と先行研究を概観し、また教本類の変遷を簡単に分析した後、資料に基づき一つの日曜学校の具体相を詳しく紹介する。さらにその当事者の思索の歩みをたどった上で、最後に、大正期における青年文化としての仏教の意義を考える。

一　仏教日曜学校の歴史と研究

明治初頭における廃仏毀釈、神道優位の大教院体制下での不遇といった仏教界の危機の時代の後、これに対処するための仏教復興運動の一環として、「少年教会」が出現した。(4) 少年教会は、おもに青少年を寺院に集めて、仏前礼拝、読経、法話、仏教唱歌等を行うというもので、内容的にみて仏教日曜学校の前身をなすといってよい。法話としては、釈尊伝、祖師伝、本生譚、教義の簡単な解説等が語られており、開教の先駆者には、博多萬行寺の七里恒順（しちりこうじゅん）や芝増上寺の福田行誡などがいた。

少年教会は、明治二十年頃から全国的に普及し始め、日清戦争後に特に増えたようである。また、当時新たに勃興してきた少年文学の利用がすすみ、多くの会で童話の読み聞かせが行われた。

明治三十年代の末頃になると、「少年教会」に代わり「日曜学校」の名称が広く用いられ始める。また数年後には専門誌である『日曜日』（道光寮同人）が発行され、讃仏歌および教化用のカードの編纂なども開始された。仏教日曜学校の基礎が確立してきたのは、この辺であるといえよう。

一九一五年、浄土真宗本願寺派が大正天皇の御大典を記念して日曜学校令を発布し、翌年には宇

（3）坂田稔『ユースカルチャー史』勁草書房（一九七九）
（4）以下の歴史記述については次の文献を参照した。神根哲生『日曜学校組織及実際』興教書院（一九三〇：五一～五五）

野円空らが機関誌『日曜教園』（後に『日曜学校研究』に改題）を創刊。仏教大学（龍谷大学）の学生らが中心となり、大規模の日曜学校運動が展開された。[5] 本願寺派ではこれに先立ち、一九一一年の「宗祖六百五十回大遠忌」に向けた布教活動の刷新の一環として日曜学校奨励の気運が高まっていたが、新天皇の即位を奉祝するという名目のもと、以前からの清新な伝道への意欲が、これを契機に本格的に現実化されていった。[6] 一方、真宗大谷派も一九二一年に機関誌『児童と宗教』の発行を開始し、日曜学校事業に力を入れ始めた。一九二五年の時点で、大谷派では全国に七百三十六の日曜学校が運営されるようになっている。[7]

大正期末から一九三三年ごろまでの約十年間、仏教日曜学校は最盛期を迎えた。その原因としては、大正期に都市の大学等で日曜学校の取り組みを経験した青年らが、住職になるため自分の寺院に帰ってからも、地元で日曜学校を運営するようになったことが大きい。[8] 仏教日曜学校の全国的な伝播である。だが、日曜学校は戦時中の混乱のもと下火となり、戦後は以前ほどの活気はなくなった。[9] ただし現在もなお、全国各地の寺院等で実施されている。

以上に概観したように、仏教日曜学校は近代日本における仏教革新運動の一部としてあり、とりわけ大正期以降のそれは、学生などの青年仏教徒たちが、新しい仏教のあり方を世に問うていくための実践の場としてあった。

では、その仏教としての「新しさ」の核心は、いったいどこにあったのか。それは、この運動に参与した若き仏教者たちが、「子ども」という「新しい」存在に向き合ったというところにある。決して豊かな蓄積があるとはいえない仏教日曜学校に関する先行研究のうちのいくつかも、この点に注意を向けている。

明治政府による小学校教育の整備、児童を対象とした読み物の普及などによる児童文化の発展は、援助・保護の対象者としての「子ども」という社会的認識を高めた。仏教者が日曜学校の重要性を意識化し始めたのは、こうした社会変化を受けてであり、特に公教育では圏外におかれた「宗教心を有する円満な人格形成」の育成を企図したことが、仏教日曜学校の促進要因としては大きかった[10]。

仏教者が自らの教化の対象として「子ども」を明確に位置づけたのは、それまでになかったことである。むろん、寺院の僧侶が檀家や門徒の子弟に対し仏法を説く、という局面は近世からもあっただろう。だが、「大人」とは異なる教化の仕方が求められる存在として、またその存在のために特別な教化システムを創造すべき相手として、仏教者が「大人」になる以前の人々に向き合うのは、未曾有の事態であった。「日曜学校を通して仏教は、おそらく初めて「子ども」を認識することに

(5) 高島幸次「仏教日曜学校史序説龍谷大学生の活動を中心に」千葉乗隆編『日本の社会と真宗』思文閣出版(一九九九)
(6) 高島(一九九九:二四三〜四八)
(7) 真宗大谷派社会事業協会『大谷派本願寺社会事業調査参考資料』大谷派社会事業協会(一九二五)。同資料によれば、日曜学校は東京の三件、京都の十五件、大阪の十八件に対し、滋賀の百六十五件、岐阜の百二十五件、石川の六十四件、愛知の四十一件、新潟の三十五件と、日曜学校は都市部を中心に始まるも、やがて地方で花開いていったことがわかる。
(8) 高島(一九九九:二五七)
(9) 内山憲堂『仏教布教体系一二　宗教々育とその資料』仏教文書伝道協会(一九五一)
(10) 石坂公俊「昭和戦前期における仏教日曜学校の実践——群馬県安中市「板鼻和光学園」を事例として」『立正社会福祉研究』一〇巻一号(二〇〇八)

もなった」というわけである。[11]

このように仏教日曜学校が前提とした「子ども」という対象把握の方法は、はじめ都市部で発達し、次いで日曜学校の地方進出に伴い農村部へも伝播していった。仏教日曜学校の地域的展開は、「子ども」という対象認識の方法の全国的な拡散にも寄与したのだ。[12] 近代日本に誕生した「子ども」という存在、認識、観念。[13] それを自らの課題として受け止め、「子ども」のための新しい仏教をどう構想し実現していくかという問いが、日曜学校の実践に関与した青年仏教徒たちの間で徐々に浸透していった。本章の後の記述では、その問いの内情にまで踏み込むことを通して、日曜学校という文化を生きた若者たちの心意の軌跡を掘り起こしてみたい。

だがその前に、大正期が仏教日曜学校にとってはいかなる時代にあたるのか、これを先行研究よりも仔細に確認しておきたい。大正期において、浄土真宗の東西両派の若手僧侶が中心となり日曜学校が盛り上がってきたことは前記の如くだが、ではその教化の方針にはそれまでとは異なる性質が見て取れるのか。これを、教本（日曜学校の教師のための教科書）の内容的な変化という観点から、次節で検証してみる。

二　教本の変容

管見の限り、仏教日曜学校の教本で最初に出版されたものは、一九〇五年の安藤正純（まさずみ）による編著『仏教少年修身読本』である。本書の趣旨は、児童を「大聖釈尊の偉大なる人格」によって感化するため、「最古の仏典中より五六を抄出して、大聖が涯底なき慈悲の一端を窺はしめしもの」である。その前提として「仏教の教ゆるところと、世間道徳とは、全然一」というのがあり、釈尊の教説を児童の脳裏に刻み込むことが、そのまま「世路の指針」を彼らに与えることにつながるという。そしてここでの「世俗道徳」とは、イコール「教育勅語」の教えにほかならず、「この勅語の御話を聴き、朝に夕に己の行を省みて、悪しきことは直し、善きことには精出して、日本帝国の立派な人民とならねばなりません」という規範が、本書の冒頭に近い部分で強調されている[14]。

こうした国民道徳としての仏教教育論は、これに続く一九一一年の高楠順次郎編『統一日曜学校教案』にも同様に観察できる。同書は、「内外各所に於ける仏教各派の日曜学校をして、同じ日曜に、同じ教案に依り、同教目を教へしむるを目的」として出版され、実際に日曜学校の教本としてはかなり読まれたようだ[15]。そのおもな意図は、「仏教的国民教育を統一」することで、「仏教的国民道徳の統一」を目指すことにあった。ここで言われている「国民道徳」の内容を見てみると、「孝は日本の国風で最上の善であるが、仏教の教義でも至上の道である」といったように、やはり

(11) 磯部孝子「仏教日曜学校の成立と口演童話活動」『文化科学』六一二(一九九五)
(12) 持田良和「日本における〈子ども〉概念の定着と展開——浄土真宗本願寺派日曜学校運動を中心に」『龍谷大学大学院紀要』一〇号(一九八九)
(13) 近代日本の「子ども」観の変遷を児童文学における表象の解読から検証した研究として、河原和枝『子ども観の近代——『赤い鳥』と「童心」の理想』中公新書(一九九八)。同書では特に、大正期に「童心」理念の投射対象としての「子ども」観が台頭したことを重視している。
(14) 安藤正純編著『仏教少年修身読本』東光社(一九〇五)
(15) 本章で後に検討する「求道日曜学校」でも、同書が参照されていた形跡がある。

仏教は国家的に是とされるモラルに合致すべきことが当然視されている[16]。

すなわち、これら明治後期に出版された代表的な教本は、教育勅語を模範とする国民道徳の教導をその至上の目的として掲げており、表面的には児童に向けて仏教をわかりやすく説くための指南書となっているが、実質的には勅語教育の亜流、その仏教版でしかない。仏教の生き残りと宣布のためにも、国定の倫理に迎合し、児童教育の役割を分担させてもらおうという意志は看取できるが、そこに「子ども」の教化方法に関する仏教日曜学校に独自の方策を読み取るのは難しい。

これに対して大正期の教本では、必ずしも国民道徳に還元されない仏教の教え方が幅広く記されている。たとえば大関尚之の『仏教日曜学校教案』(一九二四)では、「自己の修養、社会へ対する徳義、そして最後に自己の信仰と云ふやうに漸次世俗の道徳から宗教の真論への過程を辿る」ための児童の教化法が推奨される。世俗倫理とは区別される宗教の意義が明瞭に認められるのだ。また具体的な教案としても、仏典から引いてきた教理の平易な解説や、理想的な生き方のモデルとしての高僧伝とともに、数々の童話が取り入れられており、「子ども」の教化方法に明らかな進歩が見られる[17]。

あるいは、これとほぼ同時期に出版された鈴木積善の『児童宗教々育の理論と実際』(一九二二)においては、日曜学校の組織の仕方や教授のテクニックなどが論じられ、また教師心得といった項目もあるなど、教科書としての精緻さが如実に上昇している。加えて同書では、児童心理学の知見を紹介しつつ、児童に特化した宗教教育のあり方が力説されていることも特筆に値する。

輓近児童研究なるもの漸く盛にして、その結果として、児童は単に形の小さい男子婦人であるのではなくして、それとは非常にかけ離れてゐるものであるといふこと、(略)此処に於て児童の宗教々育にありても大人が信仰理解してゐる宗教を、その儘、子供に教へこれを強ふるといふ様な態度は許されなくなって来た。[18]

「子ども」は小さな「大人」などではない、それ固有の性格を有する存在であり、だから彼らに宗教を教える際も、固有の方法論を確立する必要がある。こうした主張には、日曜学校の当事者となる仏教者の「子ども」に対する認識の仕方を、よりレベルの高いものへと向上させていこうとする意欲が込められていよう。

このように、仏教日曜学校の教本は、明治後期と大正期のそれとでは、ねらいにも内容にも、はっきりとした断絶があった。その変化をもたらした要因としては、もちろん、新しい教本を開発していく過程での質的な洗練や、児童に関するアカデミックな知識の摂取といった事柄も大きかっただろう。だがそれ以上に重要なのは、この間に多くの若き仏教者たちが現実の日曜学校に挑戦し、その試みのなかで既成の教本の趣旨を超え出る知識や経験を得てきたという歴史的経緯である。そうした実体験に基づく叡智の蓄積が、教本の変容を促したことはほぼ疑いない。

(16) 高楠順次郎編『統一仏教日曜学校教案』統一日曜学校教案発行所(一九一一)
(17) 大関尚之『仏教日曜学校教案』中外出版株式会社(一九二四)
(18) 鈴木積善『児童宗教々育の理論と実際』宗教大学社会事業研究室(一九二一:一五)

つまり、青年仏教徒たちが日曜学校という場で「子ども」という新しい対象に向き合いつつ、今後の仏教や宗教教育のあり方を模索していた最盛期が、大正期であったと思われるのだ。

では、具体的にどのような実践が行われ、当の青年たちは何を考え感じていたのか。次節では、筆者らが独自に収集した資料の解読から、この問いに対し一定の解答を与える。

三　求道日曜学校について

「求道日曜学校」(以下、求道日校)とは、東京本郷で近角常観[19]が主宰した求道学舎・求道会館において実施された、青年仏教徒らによる日曜学校のことである。一九一四年十一月に始まり、一九一九年の十一月頃[20]まで約五年間にわたって存続した。東京の中心地で、最盛期には毎回五十人以上の児童(就学前児童と小学生)を集めていた。ほかの日曜学校との連携はなく、規模的にも決して大きいとはいえないが、その活動の実態をよく見てみれば、それは当時の仏教界における最先端的な児童教育の場であったことがわかる。

求道日校については、現在の求道会館(東京都文京区)に関連の資料が多数所蔵されている。[21]それらについては以下の論述中に言及するが、なかでも重要なのは、求道日校の企画者の一人であった塚原秀峰[22]がおもに執筆した、「求道日曜学校記事」である。これは求道日校での活動や出来事、教師たちによる勉強会の模様を事細かに記録したノートであり、当時の日曜学校の具体相を浮かび上がらせるための資料として、とても価値が高い。その執筆期間は、一九一四年十一月から一九一六年の半ばまでと、残念ながら、それ以後の求道日校については記述が及ばない。[23] しかし、少なくともこの期間の求道日校の実態に関しては、この一冊だけでかなりの部分を復元できる。

求道日校の発端は、近角常観の弟である常音（じょうおん）が[24]、幼馴染の井口乗海（じょうかい）[25]らとともにこれを発案したことにあった。一方、求道学舎の主である常観も、かねてより自分の息子たちのための宗教教育の場を欲していた。そのため、弟たちから日曜学校の立ち上げという企画を打ち明けられると、「当学舎に於てかゝる企てをなす上は、随分世の注目を引くにも至るべく、各自最も真摯の態度を以て事に当らざるべからず」と即座にこれを了承した。それから、基本的には常観の指導下で、ただし運営上はあくまでも弟の常音や彼と同年代のより若い仏教者らが主体となり、活動を推進していく

（19）近角常観については本書第2章のほか、以下の拙著などを参照。碧海寿広『近代仏教のなかの真宗――近角常観と求道者たち』法藏館（二〇一四）、岩田文昭『近代仏教と青年――近角常観とその時代』岩波書店（二〇一四）

（20）同月発行の『求道』一五巻三号まで、近角のもとで発行されていた雑誌には日曜学校の案内が掲載されている。ただし、求道日校の終結の理由は定かではない。

（21）筆者らは、二〇〇八～二〇一〇年度の科学研究費補助金基盤研究「近代化の中の伝統宗教と精神運動基準点としての近角常観研究」（研究代表者・岩田文昭）の一環として、求道会館から発見された近角の関連資料の整理と分析の作業を進めてきた。本論で使用する資料も、その一部である。

（22）生没年不明。東京帝大哲学科（宗教学専修）在籍時に求道学舎に寄宿、卒業後、学校教師に。

（23）ただし、後に言及する近角常音の日記から、これ以降の求道日校の実情についてもある程度は把握できる。

（24）近角常音（一八八三～一九五三）は、常観の弟として兄の宗教活動をサポートし続けた真宗大谷派僧侶。歌人でもあり、伊藤左千夫や三井甲之との交流があった。著書に『書簡抄・法話抄』。

（25）一八八三～一九四一。真宗大谷派通覚寺（滋賀県西浅井郡朝日村）の住職を務める一方、医師・衛生学者としても著名。警視庁防疫課長も務めた。

ことが決定された。

求道日校の教師となる五人、すなわち井口乗海、竹鼻尚友、近角常音、塚原秀峰、小澤一の連名によるその「設立趣意」にいわく、

少年の時代より宗教に御縁を結ばしむることは、他日信仰開発上最も必要なることゝいふべし。然るに我求道会にては未だ此種の設備なく、吾等竊に遺憾に感じ居りしに、近時諸方面より、日曜学校設立の要求に起り、又吾等の間にても何となく機縁純熟せしやに思はるゝを以て、今度微力を顧みず、十一月十五日より求道日曜学校なるものを設立し、先生の指導を仰き、各自の信念に基き、極めて開発的に少年の宗教々育に当らんと欲す。願はくば仏天の冥祐の下に徐々に効果を収め得んことを。


かくして青年仏教徒を主体とする新しい日曜学校が一つ、近代的な教育制度の先進地帯である本郷の一角で開校した。

求道日校は、常観による日曜講話（説法）が終った後の午後一時頃より二時頃まで、ほぼ毎週行われた。一九一五年十一月からは講話前の午前中の時間（午前八時から九時頃）に変更されたが、いずれにせよ、一回に要する時間はだいたい一時間ほどであった。段取りとしては、まず児童と教師が仏間に整列して三帰依文で礼拝の後、常観による短い講話がなされた。それから教室に移動して児童が着席すると、教師たちがお伽噺などを行い、次いで仏教唱歌を皆で歌った。最後に日ごとに

異なるいろいろな遊戯をし、解散した。

こうした普段の授業以外に、年中行事として特別な会が定期的に催された。二月の太子会、四月の花祭、十一月から十二月頃の幼少年向け報恩講（親鸞の命日を縁とした法要）などがそれであり、またときには遠足（行き先は本願寺浅草別院や上野の報恩寺など）も実施されていた。

開校にあたり、いくつかの用具が準備された。唱歌の際に必要なオルガンは、常観の妻の生家である八十嶋家より借用、講話の際の板書に使うボードは常観が寄付、後述する求道カード作成のための印刷器は、教師らが出資して購入した。

そのほか運営に必要な経費の財源は、はじめ教師らの拠出に加え各所から寄付金を募ることが企図されたが、この案を聞かされた常観は、「寄付金を募集するとのことハ、以ての外に不可なり」とこれに反対。なぜなら「仏教の会の成功せざるは、直ちに此考を交ふるが為なり。……今回の挙が、やくもすれば事業的にかたむかんとするは頗る警戒を要する」からである。けっきょく、全ての費用を当事者の負担でやっていくこととなった。

求道日校の生徒となった児童の顔ぶれは、残されている生徒名簿を見る限り、近角家の息子や娘に加え、常観の熱心な信徒の子弟らが中心であった。一般に仏教日曜学校は寺院の檀徒（門徒）子弟をおもな対象とするが、寺檀制度から脱した求道学舎・会館においては、そこに足しげく通う信徒の子供たちを教化することが、まずは基本的な目標となったわけだ。

当初は「随分世の注目を引く」ものと強く期待された求道日校だが、開始からしばらくして、生徒の集まりの悪さに直面する。毎回多くとも二十人足らずという不興ぶりで、約半年後の一九一五年五月二日には、「今日は出席生非常に少く、放課後悲観説大に起る」という窮状にまで追い込まれた。そうしたなか、もっとたくさんの児童を誘い出し、通学させ続けるための、さまざまな方策が練られた。

たとえば遊戯の充実。はじめ「目かくし」や「鬼ごと」といった即席の遊びだけであったのが、次第に「輪投げ」や「花がるた」等の道具も取り入れた遊戯へと移行し、さらにこれにも不足を感じたので、「闘球盤」や「幻燈（機）」など[26]、より高級な遊具の導入へと進んだ。教師たちのなかには、娯楽ばかりに力を入れて肝心の教育がおろそかになるのではないか、という懸念の声をあげる者もあったが、背に腹は変えられぬというべきか、児童を喜ばせるのに役立つものは次々と積極的に導入されていった。

あるいは、繰り返しの通学を促進するための動機づけとして、「生徒勤惰表」（大樹園発行。会館に現物が残る）による出席確認がなされ、出席のスタンプを一定数以上あつめた生徒には、「アルバム」を授与し表彰する、というアイデアも実現された。

一方、教師たち自身も教育方法の改善による授業の魅力の向上をはかった。各教員が「児童学、並に児童教育法、お伽噺作り方等につき現に世に流布せるものを一応研究し又他の日曜学校をも参視し、大に力を研究に注ぐ」ことを心がけただけでなく、通常の日曜学校以外にも「生徒会」や「夜会」といった集まりを催し、教育機会のバリエーションを増やす努力もした。この「生徒会」では、子供たち自身にお伽噺を語らせてみる、という実験的な試みも実施されている。

また、授業の補助教材として活用された「求道日曜カード」にも工夫がほどこされた。これも現物が求道会館に残るが、釈尊伝や浄土経典から文章の一部を抜粋したものや、「姥捨山」の物語の一場面を描いたもの、あるいは教師自作の物語の一部を表現したのであろう、涙する児童を阿弥陀如来がやさしく見守っている様子をあらわしたイラスト等々、「子ども」の仏教理解を助けるための教材として、様々なデザインのカードが創作された。なお、日曜学校の教材用カードは、欧米のキリスト教日曜学校による導入が最初であり、こちらは日本でも、一八七六年までには発売されていたようだ。[27]

こうしたもろもろの施策が功を奏してか、あるいは日曜学校の会場が、一九一五年十一月に完成しその建築様式の新鮮さもあって脚光を浴びた求道会館にうつり、これが多くの児童とその親たちを魅了したからか、やがて生徒不足は解消されていく。一九一六年六月十一日には出席者「八十五六名、未曾有の盛況なり」というほどで、生徒数は安定に向かっていった。

日曜学校の運営上、生徒の確保とともに大きな課題となったのは、児童を宗教教育するにあたり、宗教性をどれだけ前面に出すべきか、ということであった。当事者の間でもこの点、いくつかのかなり異なる立場があったようで、彼らの意見対立に関する記録が残っている。

たとえば、「あまりに熱烈なる説話は小児に一種の感傷を与へ純潔なる自然的発育を害する傾き

(26) 前者はビリヤードに似た家庭用のボードゲームで、昭和期に全国的に流行した。後者は、今日のスライド映写機ないしはプロジェクタにあたるもので、これを使ってお伽噺のイラストを映したり仏教説話の絵解きを行ったりしていた。

(27) 佐野安仁「明治初期の日曜学校――揺籃期の特色」『キリスト教社会問題研究』第三一号（一九八三）

に非ず。故に一方よりは又成るべく平易単純なる説話を要求する向きもあ」ると、教師の側の宗教的な情熱を押し付け過ぎると児童の健全な発育が阻害されるのでよくない、という意見があった。他方でこれとは逆に、現状ではまだ児童に対して示すべき「信仰」が十分ではない、とする見解も出された。

これまで試みたる同人の説話は、仏陀の慈悲を説くを以て根本とせざるはなけれども、其方式ハ何れも一種の話材を撰びて、強いて之れにお慈悲の話を付加するに過ぎず、説話者に於てかかる人工を加ふるの結果は、之れが聴者たる児童の心理に受納せらるるところも、単に説話の筋道のみに止まり、肝腎の信仰談は、いつも同じ事の様に聞き流しとするの憂なきにあらさること。

「子ども」に仏教を伝えるにあたり、教師が自ら体得している「信仰」をどの程度まで顕示すべきか、こうしたまったく新しい問いをめぐり葛藤する青年たちの姿が、そこにはあった。

また、荻野仲三郎[28]という、近角兄弟の相談役的な人物からは、日曜学校そのものについての反対説も浴びせられた。

日校は児童に消化され難き宗教的訓話を与ふるの結果、彼等長じて中学に入る頃は尽く惨憺たる反抗心を抱くに至り弊害少からぬことを以て基教徒も実際大に日校にもてあまし、多くはたゞお伽噺位を試むることになりおり、而して多数の生徒を得んとする結果児童を煽動するの傾向あり、卿等何の為に之を行ふか、況んや事業的のことを企てゝハ求道全般の本領に異なるに於てをや。

児童への宗教教育は長い目で見れば悪影響しかもたらさず、それどころか日曜学校という営為そのものが、誠実な宗教活動にとっては好ましくないのではないか、と。やや極端な反対意見かと思うが、この批判をうけて教師たちのあいだには動揺が走り、求道日校の存続をめぐって深刻な話し合いの場がもたれた。常観のとりなしもあり、今後も反省を重ねながら日曜学校を続けていこう、という結論となったが、この際、仏教者が「子ども」を教育することの難しさという現実を、当事者たちが改めて痛感したであろうことは、想像にかたくない。

このように、求道日校は数々の課題や困難に直面しながら、少しずつ前進していった。そして、日々やってくる課題や困難は、これに誠実に対応した当事者たちの仏教に対する思念、「子ども」への向き合い方を、少しずつ、だが確かに再編していく。

四　青年仏教徒の思惟世界

日曜学校の運営に精進した青年仏教徒の思惟とはいかなるものであったか。求道日校の中心人物、近角常音の日記を読み説くことから、その一断面に迫ってみよう。

(28)　一八七〇～一九四七。歴史学者。求道会館設立発起人総代の一人。

常音の求道日校に掛ける意気込みの大きさは、その開校の直前に「今度ノ思ヒ立チ、信仰ヲ基礎トスル事業ナルモノニ付、（略）予ノタトエ一人デモコノ事業ヲ完成サセネバナラヌ」（一九一四年一一月四日）と自らに言い聞かせていることから、明確にわかる。学校が開始されてからも、「例ニヨリ学校ノ事ニ全心ヲトラレ、仕事ニウツリガタイ程デアル」（同年一二月七日）と、単に片手間でこの事業に取り組んでいるわけでないことを明言している。また、「児童ノ気分ニ今一歩立チ入レヌ感ジアル」（一九一五年二月五日）と、自らの力不足をときに反省的に意識しつつ、「日校ノデキノヨキニ少シク元気ヲ快復シタ」（一九一六年六月二十五日）といったように、教育の成果があがっていくことを、自己の心身の活力源としていた。

日曜学校をよりよくしていくための学び、これが求道日校を始めて以降の彼の日常生活の少なからぬ部分を占拠した。たとえば、「夜フレーベルヲ読ム。小児ノ遊戯ノ事が大分アキラカニナリタ。教室ノ設備ナル事ハ考フベキ問題デアル」（一九一四年十二月二十七日）、「児童ノ本性ヲ理解スルタメ少年雑誌ヲヨム大ニ必要デアルヲシッタ。種々昂奮シテ、今夜ハ睡眠不穏」（一九一五年二月四日）と、夜の時間をたっぷりと使い「子ども」を理解し教導するための方法を模索している。あるいは、「夜塚原兄トトモ日曜学校ノ参考ニスルタメ中央会堂ノクリスマスニ出カケタ。青年男女ノ集マレルモノ多キ。日曜学校ニツキテハ、却テ我等ノ方ガ自信ヲエテキタ」（一九一四年十二月二十五日）というように、機会をみつけては求道日校のためになる対象に接近することを心がけた。

こうした学習の対象は、児童に説くべき仏教の知識にも及んだ。たとえば、「今日ハ日曜学校次回ノ準備。聖人伝ヲ初メヨリ考究ヲココロム。夕方迄ソレニ耽テイタ。佐々木『釈尊伝』『正統伝』

『御伝鈔』『小正教伝』ナド比較研究シタノデアル。聖人ノ時代ノ如何ニモ尋常ナラザルニオドロイタ」（一九一五年一月二十七日）といった具合に、日曜学の教材作りのための教祖伝の吟味が、彼の仏教史観をふいに刷新することもあった。

そして現実の日曜学校の実践は、教化の対象としての「子ども」に対する彼の認識、あるいは向き合い方を、絶えず問い直していった。当初は「日曜学校ニ関スル話ヨリ大ニ兄ニ児童ノ生活ナルモノヲキカサレ、児童ハ児童トシテ全力ヲ上ゲテ生活セルニ、大人ノ小児ヲ不真面目ニ見ル兆ヲシラサレタ」（一九一四年十一月十八日）などと、この頃にはまだ本人に子供がいないこともあって[29]、兄の助言から初めて「子ども」の理解の仕方を熟慮するような状態であった。しかし、やがて「親シク親シク児童ニ接触シナケレバナラヌ。塚原兄ノオ話ヲキイテ児童モ御慈光ガナケレバナグサメラレザル部分現存スルコトヲ痛感シタ」（同年十一月三十日）といったように、積み上げられ始めた自己の経験に、教師仲間から受け取った意見を加味しつつ、徐々に「子ども」への認識や態度を深化させていった。

その過程で彼がまず気を遣うようになったのは、「子ども」が自己の内側に閉じこもり過ぎないよう、うまく導くことであった。すなわち、「児童ヲ小哲学者ニシテハナラヌトノ事ヲ切ニ感ジタノデアル。ソレニハ信仰基礎トシタ積極的ノ話モ必要カト思ハレル。感情的、又ハ思索的傾向ニ堕セシメテハナラヌ」（一九一五年四月一日）ということで、内的な思索や感情にとらわれた児童が「小

（29）日記によれば、常音の第一子、隆子が生まれたのは、一九一五年五月十八日である。

哲学者」になってしまうことを、彼は何より警戒した。そうではなく、大人やほかの子供たちに対して開かれた素直な心の発育を、という意図からだろうが、そのような発育を実現するためには、「信仰ヲ基礎トシタ」教導が重視される、という思いが彼の心をとらえた。

そこでいう「信仰」とはいかなるものか。ひとつの案として、「児童ニ御慈悲ヲ知ラセル上ニ於テ各自信ヲ語リサヘスレバ直覚的ニ何カ与ヘラルトイフ小澤兄ノ説ハ、予ノタメ大ニ問題ヲトイテクレタ」（同年四月十八日）と述べるように、教師である青年仏教徒たち自身が会得している信心の実況こそ、「子ども」に対して示すのに好ましい宗教的メッセージの一つとして評価された。

このような認識の深まりを経つつ、彼は自身の宗教教育の実践に一定の自信を得てきたのだろう。「世間ノ教育ハ何程精神的ヲ主張シテモ結局理解ニ止ルノデアル。サレバ信仰ニハ自ラ他ニカワッタ教育法ガナケレバナラヌ。――究極ハ大慈大悲ノ事実ヲ信仰セシムル事デアル」（一九一六年九月十日）と、世俗的な教育の枠組みを超えた「信仰」の伝達を志す児童教化の存在意義を、強く自覚するようになった。

とはいえ、それは確固たる信仰心を児童の内面に構築させるようなものではない。そうではなく、仏教の信仰に生きる教師たちの言動を通して「子ども」を善く感化することが、まずは教育の目標とされた。

予ガ実験ニ省ミテ。教化ナルモノノ真相ガ初テ明ニナッタ。長日月ノ間ニ一言デモ真ニ児童ニノコルコトアレバ教化ノ目的ハ達シエタノデアル。一言ニテモ真ニ聞コエタ教訓ハ人格上必ズ偉大ナル感応ヲ及ボサズニハヤマヌ。斯ク考へ来ル時ハ、日校教育ハ決シテ失望スベキデナイ。

（同年九月二十日）

世間的な教育にはできない信仰による教化、といっても、目の前の「子ども」にそれがどのように正しく伝わっているのか、これは教える側にとってもおそらく不確かなことであっただろう。だから、さしあたり「子ども」の「人格」の向上に役立っているという、こちらも実はそれほど確かな証拠を得にくいものだが、されど児童の素行からある程度の実感が得られる要素に思惟を傾けることで、彼は自らの教育の正当性を肯定していたものと思われる。

求道日校の開始から約三年弱、一九一七年八月二十四日の日記には、それまでに獲得してきた知見や、適切な教育方針のあり方をまとめるような書き込みがある。

（1）宗教教育ハ先ヅ信仰ヲ正面ヨリ与ヘルヨリモ、信仰ヨリ顕現スル絶対道徳ノ付与ヲ追求スルヤウニスベキデアルベキ事。

（2）ソウイフモノヲ与ヘルニハ（タトヘバ童話ノ如キ）物語風ノモノニヨラネバナラヌ事。

信仰という、宗教教育が最終的に達成すべきはずの要目はひとまず脇に置き、「絶対道徳」を与えることの重視、そしてその手段としての「物語」の活用、というところに、彼の日曜学校論は集約された。この「絶対道徳」なるものが意味するところは漠然としているが、それは真摯な宗教者が身につけた信仰から湧き出てくる、世俗倫理とは一線を画した徳性のことを指しているのだろう。その育成につながるはずの言葉を、多彩な「物語」のなかに織り交ぜて「子ども」に受け渡すという営みが、仏教日曜学校の、ひとつの理想的なかたちとして見出されたのである。

五　大正・青年・仏教文化

以上、限られた事例ではあるが、大正期の東京における仏教日曜学校の具体相、そしてその当事者となった青年の心中を、できる限り鮮明に浮かび上がらせてみた。最後に、この事例から理解できる当時の仏教文化の特質を、近代仏教の歴史のなかに仮説的に位置づけてみたい。冒頭の課題設定に戻ろう。

近代仏教には青年文化として側面がある。その先駆的な形態が世間に認知され始めたのは、明治二十年代に入ってからだ。この頃には、全国各地の青年仏教徒により各種の仏教サークルが組織され、また書籍や雑誌の出版を主とした仏教系メディアの整備も進んだ。そうした制度的な基盤のもと、既成の宗門仏教への異議申し立てとそれにかわる新しい宗教の創生を説く言説が、広く流通するようになった[30]。

これに引き続く明治三十年代には、青年仏教徒たちによる清新な仏教改革運動が、都市東京を中心として、さらによく目立つかたちで表現されるに至った。通説に従えばその双璧は、「自由討究」を旗印とした新仏教と、清沢満之ひきいる精神主義の二者であるが、近角常観による求道運動もまた、青年主体の新しい仏教として影響力が大きかった。これらはいずれも、先行世代が築き上げてきた宗教体制のあり方を否定しようとする、青年の主張、青年の仏教であった。

そして、こうした明治中後期における新しい仏教の盛り上がりの後を受け、その一回りかそれ以上に若い世代の者たちがつくる、また新しい仏教運動が、大正期に勃興してくる。だが、同じニュータイプの仏教運動といっても、彼ら大正青年たちによる活動には、明治中後期における新しい仏教において顕著であった、旧体制から脱却し新型の宗教の創造へ、といったような力みはもはやそれほど強くない。むしろ、先行世代の努力によって確保された社会的な足場に立ちながら、さらに新しい取り組みが模索されたとみるのが妥当なところだろう。

青年仏教徒による日曜学校の試みは、その一つの実践例であった。日曜学校の当事者たちはおおむね、本職とは別にいわばボランティアとしてこの児童教育に携わっており、「仏教改革」といった闘争的な構えよりむしろ、自己が属する仏教文化の外延を拡張していこうという穏健な意欲のもと、その宗教・教育実践はなされていた。

実際、若き仏教者らによって創作された「子ども」のための仏教講話、お伽噺、カード、唱歌、年中行事や生徒会といったもろもろの言葉や行為やイメージの集合体は、仏教史上、それまでになかった類の新しい文化の創造であり、仏教大衆化のための戦略としても、それがどこまで成功したのかはひとまず置いても、非常に斬新なものであった。

(30) 大谷（二〇一二）

その斬新さゆえに、というべきだろう、日曜学校は「弊害少からぬ」と批判する先行世代に属する人物もいたことは、先述の通りである。公教育とは異なるやり方で仏教者が「子ども」を自覚的に教化するという新奇な実践、その成果は未だ不透明であり、だからこれに反発する年長者は当然のように出現したわけだ。そうした反感をかわしながら、青年たちは「子ども」のための仏教を模索していった。

その過程で青年仏教徒たちが抱え込んだのが、「子ども」に仏教を伝えることの難しさであった。自らが所持している信仰を、どれだけ「子ども」に対して示したらよいのか、この点が議論の的になっただけでなく、そうした信仰によって彼らをどういった方向に導いたらよいのか、その方針の決定も悩みの種となった。自分たちのように、既にして信仰に生きることが自然となっている仏教徒ではまったくない、計り知れない可塑性と可能性を感じさせる存在に対して、いったい何を教えるのが適当なのか。日曜学校に取り組んでいるあいだじゅう、これが応答すべき問いとして繰り返し投げかけられていた。

「子ども」は青年仏教徒にとって、いわば「他者」であった。向かう相手が自分たちよりも経験豊富な「大人」や、同年代の「青年」であれば、その共通体験や共有される言語への信頼から、信仰の伝達にもそれほどの困難さを突きつけられることはない。むろん、信仰を同じくしない者たちとの対話や、彼らからの理解の獲得というのは大きな難題だが、少なくとも、彼らに信仰が伝わっているのかいないのか、その判断をすること自体はそれほど難しいことではない。まして、信仰を分かち合うことができたと信用できる同志たちとは、その信仰の真価や効果をめぐって、さらに深い語り合いも可能だ。

それに対して「子ども」という存在は、自分たちと同質の言語をいまだ所有しておらず、であるからして、そもそも信仰が伝達されたのか否か、判別がきわめて困難な相手である。仮にもし、彼らに信仰が伝わったという感じが得られたとしても、その意味するところを彼らの発言や態度において確認するのは、やはり容易なことではない。

このように、「子ども」は、その存在としての未成熟さと、言語的な懸隔からして、ひとつの「他者」であり、そうであるがゆえに、彼らとなおも対話しようと試みる仏教者たちの反省的な思考を、強く喚起し、常に再編成させる。[31] 日曜学校という新しい仏教文化の時と場は、新時代的な仏教のさらなる拡大のための挑戦意欲に満ちた青年たちに、こうした「他者」に問い直される思考の時空を提供した。

その問い直しの暫定的な結論としてあったのが、「子ども」に対しては信仰それ自体よりもまずは「絶対道徳」の教導を、そして「物語」の有効活用を、という、大正時代後期の教本に見られる趣向とも矛盾しない、いうなればありきたりの発想であった。しかし、その平凡な発想に到達するまでに、ひとりの青年が、仏教がなしうる世俗的な教育とは水準を異にする人格涵養の可能性を確

（31）仏教を再構築するためにも「他者」に注意を向ける意義、とりわけ「死者」と対話することの可能性を力説している代表的な論として、末木文美士『反・仏教学――仏教 vs.倫理』ちくま学芸文庫（二〇一三）。「死者」は「他者」の典型だが、しかし同書でも論説されているように、自己の了解を超え出るがゆえにこそ自身の思考の根本的な問い直しを迫ってくる存在は、みな等しく「他者」である。

信し、また、いまだ仏教から遠い幼い人々に向けて仏教を語るための方法を発見していったことは、意義深い出来事であっただろう。これと同様の出来事が、日曜学校に携わったほかの個々の仏教者たちのあいだで継続的に起きたことで、「子ども」のための仏教は、徐々に彫琢されていったのである。

先述したように、仏教日曜学校の最盛期は大正末から昭和初期であるとされている。これは、本章が扱った時代よりもさらに少し後の時期にあたり、そこで青年文化としての仏教日曜学校がどのような変移を見せたのか、この点については本章の考察の域を超える。だがいずれにせよ、大正期に発展し昭和初期に隆盛し切った仏教日曜学校という児童教化のシステムが、明治中後期における新しい仏教の社会的な流通、その世間的な認知度の高まりをうけて発生してきたことは、おそらく間違いないだろう。

すなわち、伝統的な宗門仏教のあり方を抜け出た伝道のスタイルとして、明治期の青年仏教徒による改革運動と、「子ども」という「他者」とともに進行した大正期の仏教日曜学校運動は、おおよそ連続的であったと思われる。両者の落差は、目前の世の中における新しい仏教の浸透度の違い、つまり、その普及に奮闘した世代と、普及後になお「新しさ」を模索する世代との、意識の持ちようや具体的な行動のギャップにあったといえる。

求道日校の教師たちは、学校の解散の後、学校教師（塚原）や医師（井口）、宗教家（常音）など、実社会におけるそれぞれの本職に身をささげていく。あくまでもボランティアとして児童の宗教教育に携わっていた彼らにとって、日曜学校は青年期における期間限定の文化活動であったに過ぎず、それが一種のライフワークとして引き受けられることはなかったのだ。しかし、そうした実践の期間限定性こそ、むしろ仏教青年による諸活動の目立った特色の一つだともいえる。また、彼らの活動が同時代の仏教文化に新鮮な彩りを添えたことは確かなのだから、その一連の過程こそ、青年文化としての近代仏教の歴史の断片そのものであった。

第4章　近代仏教と神道

はじめに

昭和の戦時下の仏教は、神道であった。いわゆる「国家神道」であった。当時の日本仏教は、総じて天皇という「神」を称えるための教えと化していた（新野二〇一四）。たとえば禅宗では、坐禅の修行によって得られる境地は「天皇道」への目覚めであるとし、仏道修行を通して我執を消滅させた地点から、天皇のために身命を尽くすことの尊さが説かれた。浄土宗では、阿弥陀如来への信仰と天皇を仰ぐこととは同一であると唱えられ、天皇のために全国民が身を捧げることこそ、仏教の理想の実現であると主張された。

こうした戦時下の仏教界に広く見られた神仏一致の思想は、真宗大谷派のカリスマ的な布教者であった暁烏敏によって、かなり際だったかたちで表現された（近藤二〇一三）。後述する通り、浄土真宗は従来、日本の神と仏を同一視する風潮に対して、他宗派よりも否定的な立場を取る傾向にあった。しかし、こうした傾向は戦時下の暁烏によってラディカルに転換される。

暁烏によれば、神の道と仏の道は同じであり、また、それは天皇のために尽くす臣民の道とも重なるものだ。天皇は、この世の生ける神であると同時に、この世に顕現した生きた仏でもある。そこに違いを認めるのは、正しい信仰とはいえない。

私に、あんたのやうに神様のことやら仏様のことやら云はれると、どつちを信ずればよいやらわからぬ、どつちを信じたらいいのですか、と聞いた人がある。どつちも両方とも信ずるのです。仏様の教によつて神様のお心を知らしてもらふのである、さうすれば神様におまゐりするやうになる、中心点は天皇陛下の仰に顧ふのである。これは日本の宗教である。仏様はたのむけれども天皇陛下の御真影にはまゐらぬといふのは日本の宗教でない。（暁烏一九三五）

こうして神仏と天皇を崇拝する立場を鮮明にした暁烏は、自身の寺院に神棚をしつらえ、そこに天照大神をはじめとする日本の神々を祀り、柏手を打ち、『教育勅語』を奉読した。真宗の信徒たちには、天皇の御真影に向かって念仏を唱えよと指導し、日本の神々を前にして跪くことのない人間など日本人ではないと断言した。

真宗の教義的な独自性を否認して、仏教と神道に変わりはなく、そして両者はともに国民が天皇に奉仕するためにこそ存在するとした暁烏の言動は、もちろん、戦時下の時局に強いられた部分が少なくない。とはいえ、それを単に時代状況に翻弄されたがゆえの迷走と捉えるだけでは、おそらく不十分である。

近代の仏教には、自ら積極的に「国家神道」へと変容していく要因が、潜在的に存在していたのではないか。本章はそうした視点から、特に真宗を中心として考察する。本来、神道との距離感に対して意識的なはずの真宗が、けっきょくのところ神道に呑み込まれてしまったのはなぜなのか。その理由を検討することが、近代における仏教と神道の関係を探究する上では、きわめて重要だと考えるからだ。

一　真宗vs神道

真宗には、宗祖の親鸞から続く「神祇不拝（じんぎふはい）」の伝統が存在するとされる（柏原一九六一）。いわく、真宗の僧侶や信徒にとって何よりも大事なのは、阿弥陀如来という唯一無二の仏だけを拝むことである。それに対して、ほかの雑多な神々を拝むことは、人間の煩悩が導く余計な行為だ。真宗の教えを正しく信じる人間にとっては、煩悩に惑わされて神々に祈るのではなく、ただ一途に仏に帰依していくことが正解なのである、と。

この真宗に特有の「神祇不拝」の伝統は、時代ごとに微妙な変遷を遂げてきており、親鸞の時代から何ら変わることなく遵守されてきたものではない（小林二〇一五）。だが、自らの第一の信仰対象である仏と同じような態度で神を拝むことに対して、真宗の僧侶や信徒たちが積極的でなかったことは確かだろう。

こうした真宗の「神祇不拝」の伝統は、日本の近代仏教の形成にあたっても、少なからぬ影響を及ぼした。近代日本に政教分離や信教の自由の制度をもたらした最大の立役者である島地黙雷（一八三八〜一九一一）は、知られているように、西本願寺の僧侶であった。島地は明治初期の頃、神道を近代国家の支柱をなす宗教として位置づけようとした勢力に抗い、神道は道徳の一種であって、仏教のような宗教とはまったく異なると主張した。そして、個々の宗教に対する個人の信仰の自由を護るためにも、天皇や神道に向けられる崇敬心を宗教の外側へと追いやり、これを国民的な道徳として位置づけた。

かくして、近代日本における「宗教」とは何であり、何でないかを定義した島地の念頭にあったのは、まずもって真宗であった。真宗では近代以前より、「王法（おうぼう）」という政治的領域と「仏法」という宗教的領域の相違を明確化させつつ、なおも両者の相互依存関係を重んじる習慣を形成していた。また、繰り返しになるが、神と仏の明確な違いに対する意識を持っており、と同時に、もっぱら阿弥陀如来を拝むからといって他の神々に対する敬意を失ってはならない、とも説かれてきた。

政治と宗教は別のものだが、他方で宗教による国家・政治への貢献は惜しまない。あるいは、神道は宗教ではないが、国民の道徳であるから尊重はする。こうした近代日本の政教関係や道徳的ルールの背景には、島地ら真宗関係者たちの宗教観が色濃く反映している（Krämer 2015）。そうした基本的なルールに、真宗以外の諸宗派の人々も従っていったことで、日本の近代仏教の思想や実践の方向性が、おおよそ定まった。

このような仏教（宗教）と神道（道徳）の分離的な共存の関係性については、時代が下るにつれて、さらに厳格な弁別を要請する議論が行われるようになる。大正期の比較的自由な言論が許容される時代状況のもと、宗教ではなく道徳のための施設であるはずの神社において、相変わらず祈禱儀礼や神札の授受などの宗教的な活動が行われていることに対し、批判的な意見を繰り返す人々が出てきたのである。

そうした批判的な意見の提唱者には、やはりと言うべきか、真宗関係者が多かった。その勢いは次第に増していき、一九二六年には真宗十派の管長が政府に対し、神社が宗教施設なのか否かを明確にすべきとの要望書を提出するに至る。以後、一九二九年に内務省に神社制度調査会が設置され、神社の宗教性をめぐる検討が活性化していった。一方で、翌年早々には、再び真宗十派が政府に対し「卑見」を提出。「一、正神に参拝し邪神には参拝せず　二、国民道徳的意義に於て崇敬し宗教的意義に於ては崇敬する能はず　三、神社に向つて吉凶禍福を祈念せず　四、此の意義を含める神札護札を拝受する能はず」などと主張し、神社での宗教的活動を停止すべきことを、政府に求めた。

これら一連の動向を受け、宗教系新聞の『中外日報』では、神社問題に対する各宗教界の識者の意見を集約した『神社と宗教批判』を緊急出版した（中外日報社編輯局一九三〇）。その内容をいくつか見てみると、まず、真宗大谷派の教学部長であった下間空教（しもつまくうきょう）は、「儀式は総て道徳的崇敬たるに止り、宗教的礼拝、祈願たるべからず（殊に迷信行為は厳重に之を処罰すべし）」として、道徳を伝える施設であるはずの神社での、迷信的な宗教儀礼の禁止を強調している。これは当然のごとく、先の「卑見」と共通する趣旨の見解だ。

一方、真言宗山階派勧修寺門跡の和田大圓（だいえん）は、「自己の真宗のみを以て正信として、上古中古の美風と敬神祈禱の情操とを軽々に迷信圏に入れんとする、軽挙無謀とおもふなり」と真宗側の意見を批判しつつ、「神社則神ながらの道は憲法中の「信教自由」の内の「教」には含まず国民一般に敬ひ且つ祈るべきものとす」として、神道は仏教と同列に扱えるような宗教ではないことを強調している。

これに対して、真宗大谷派で得度しながらも後に「無我愛」に目覚めて真宗からは離れた伊藤証信(しょうしん)は、「生ける神霊として尊崇し供養しつゝある神社を批議し、強ひてそれより宗教的意義を排除し、単なる道徳的崇敬に止めしめんとするが如きは、宗教家たる自己の使命を没却するの甚だしきものでは無いか」として、和田と同じく真宗側の見解を退けつつ、むしろ神社の宗教性をもっと評価すべきであると主張した。

このように、神社での祈禱儀礼などを、迷信じみた宗教行為であるとしてその禁止を求める真宗勢力に対し、神社による活動は迷信などでは決してなく、国民がすべからく敬うべき尊いものだとする別の宗派の僧侶や、神社での活動を立派な宗教として認めるべきだとする宗教家らが立ちはだかるという構図が、ここには垣間見える。神社による活動に制限を設けることに熱心な真宗勢力と、それを押しとどめるためにも真宗とは別のロジックによって神社の活動を評価し、神道を守護しようとする勢力との対立である。

だが、こうした一九三〇年代初頭にあった対立の構図は、本章のはじめに見た暁烏のような影響力の大きな真宗僧侶らの言論によって、ほんの数年後には解体される。天皇の神聖性のもとで、仏教と神道は同等の宗教性を発揮すべきだという思想が、真宗勢力の内側から提示されるようになるのだ。

いったい、なぜなのか。単に時局の要請では済まされない諸要因がそこに関与していると思われるが、一つのヒントは、哲学者の井上哲次郎（一八五六〜一九四四）が先の『神社と宗教批判』に寄せた、次のような私見のなかに見出せる。

浄土宗は長く神道化しなかつたけれども、真宗は夙に神道化し、その肉食妻帯は既に吾が民族の習俗に融合したが、特に本願寺などの世襲制度即ち血統系統に至つては、畏くも萬世一系の皇室に模した感がある。（中略）これなどは明らかに日本化であり、達観すれば神道化である。

真宗の伝統である肉食妻帯の風習は、仏教の神道化である。さらに、本願寺に代表される真宗寺院の世襲制度は、皇室と同じモデルを採用しており、やはり神道化の道を選んだものだ。真宗と神道はその宗教性をめぐって対立する、のではない。むしろ日本仏教の様々な宗派のなかでも、真宗こそ最も神道に近いのではあるまいか。この井上による穿った意見は、よく考えるに値する。

二　真宗＝神道

昭和の戦時下においては、天皇の神格化が進み、遂には天皇を現人神（あらひとがみ）として仰ぐ風潮が蔓延していった。天皇は生き神であると同時に生き仏でもあるとした暁烏の思想も、そうした風潮に依拠するかたちで構築された。

この戦時下の天皇に対する現人神信仰は、実は、それに先立つ真宗の法主生仏（いきぼとけ）信仰の焼き直しなのではあるまいか。そのような啓発的な説を真宗大谷派の研究者が示しており（菱木一九九三）、この説は神道学系の近代史研究者にも肯定的に受容されている（新田二〇一四）。

法主生仏信仰とは、親鸞の末裔であり東西本願寺の住職である法主を、阿弥陀如来の代理人とみなして崇拝する風習のことだ。近世において確立し、東西本願寺に属する真宗の僧侶や信徒に対して強烈な影響を及ぼしたとされる。信徒たちがその死後に極楽浄土に往生できるか、あるいは地獄に堕ちるかの決定権は法主にあると観念され、ゆえに来世の幸福を希求した人々は、いかなる神仏をも凌駕する絶対的な存在＝生仏として、法主を仰いだ（児玉一九七六、奈倉一九九〇）。

この真宗の法主生仏信仰を、戦時下の天皇に対する絶対崇拝の念へとスライドさせることで、天皇の現人神信仰が生み出されたのではないか――こうした仮説は、近代における真宗と神道の関係を考える上で、示唆に富む。

すなわち、「神祇不拝」という真宗の一つの伝統が、戦時下の特異な環境において後景に退き、かわって法主生仏信仰という真宗のまた別の伝統が、形を変えて前面に出てきた。この真宗の伝統をめぐる交代劇のなか、暁烏が居丈高に主張した、仏と神と天皇を一致させる新たな思想が生成してきた。そのような理解が可能になってくるのである。

だが、法主生仏信仰は、なぜ天皇の現人神信仰という副産物を生み出し、さらには仏と神と天皇を一致させる思想の基盤となり得たのだろうか。それは、先に見た井上哲次郎の指摘にある通り、真宗教団の頂点をなす東西本願寺をはじめ、真宗という宗派が、宗祖の親鸞から以降ずっと皇室と同じような世襲制度や血統主義を広く採用しており、ある意味では「神道化」していたからだろう。

法主生仏信仰という真宗の一つの伝統が、何の脈絡もなく、戦時下の天皇崇拝を下支えする理論となったのではない。その伝統は、真宗教団と皇室に共通する世襲制度や血統主義といった要素を通して、もともと天皇を神聖化するのに適した理論として存在していた。そのように考えるのが妥当なのではあるまいか。

ただし、近世の真宗において頂点を極めた法主生仏信仰と、昭和期の天皇を念頭に置きつつ暁烏が語っていた天皇＝生き神＝生き仏の思想には、微妙だが決定的な差異があった。この点を見逃してはならない。

近世の法主生仏信仰において何よりも大事なことは、信徒が死後に往生できるか否かという問題であった。死後の往生を現世で保証してくれるのが法主であるからこそ、法主に対する熱烈な信仰が成立し得たのだ。これに対して、戦時下の暁烏においては、人間の来世での往生という点は、もはやさほど重要な問題とはなっていなかった。

> 娑婆にあつては皇国の臣民となり、未来は安養浄土に往生するといふ。さういふものは信心も何にもないのである。信心とは自力の心がすたつて、天地の誠と一つになつたことである。信心の信と神仏の神とは一つです。神様がわが心に宿られたときに信心の信になるのです。
>
> （暁烏一九四〇）

戦時下の暁烏にとって、神仏と天皇のための道が一致して実現される場所は、この現世にほかならなかった。彼によれば、死後の往生のことなど考えながら生きる人間は、信仰を欠く。そうではなく、この現在において自分の心の中に神仏の一致を感じながら、天皇のために尽くすことこそ、真の信仰者に要求される使命なのである。

この徹底的な現世主義の立場には、幸福な来世を夢見て法主に傾倒した近世の真宗信徒との大きな断絶を見て取れる。そこには、師の清沢満之から暁烏が継承した、素朴な浄土信仰に対する拒絶の態度も影響していたかもしれない。いずれにせよ、浄土往生の願いをほぼ完全に放棄して、現世の天皇にすべての宗教性を集約していった戦時下の暁烏に、真宗の伝統に対する敬意は、ほとんど残っていなかったように思える。

法主生仏信仰という真宗の伝統は、天皇崇拝の姿勢を強固にした暁烏によって応用されるなか、その骨子を破壊され、固有性を喪失し、「国家神道」へと溶解していった。かくして近代の真宗は、自己が有する伝統の一端を戦火に煽られながら歪に展開させていくことで、自ら積極的に「国家神道」と化した。

おわりに

敗戦後の真宗教団は、阿弥陀如来という一仏に対する信仰を再生させ、「神祇不拝」の伝統を回復していった。戦時下における「国家神道」への留保なき迎合という、伝統からの大いなる逸脱の時代への反省を経て、たとえば靖国神社の国家護持に向けた動きに対して率先して反対運動を行うなど、真宗の信仰を阻害しかねない神道支持者の動きに対して常に警戒するようになった(福嶋一九七七)。

だが、戦後社会の真宗は、ほんとうに神道から自由になったのだろうか。なるほど、かつて天皇の現人神信仰を生成する際の原動力となった、真宗の法主生仏信仰は、そもそもの法主制度の解消を経て、その成立根拠を失った、ようにも思える。しかし他方で、真宗教団を構成する寺院がほとんど世襲制で成り立っていることは、戦前と戦後とでほとんど何も変わっておらず、親鸞の末裔である大谷家の人々に対する血統主義的な尊崇の観念――むろん差別思想――も、完全に消失しているとは言いがたいように思える。かつて井上哲次郎が述べていたような意味での真宗の「神道化」の問題は、いまだ何ら解決されていないのではあるまいか。

こうした問題は、何も真宗だけに限った話ではない。なぜなら、他宗派も近代を通して現代に至るまで「真宗化」を進め(中村二〇一一)、それゆえ「神道化」してきているからである。真宗の伝統である肉食妻帯の風習を、近代以降は他宗派も徐々に受け入れ、寺院の世襲制度や血統主義を少なからず採り入れてきたのだ。

たとえば、皇室に次の天皇となりうる男子が生まれるか、この問題をめぐる当事者たちの悩みや期待は、寺の僧侶夫婦が住職後継者となる男子を授かるか、この問題をめぐる当事者たちの不安や希望と、近しい構造を持っている。そうした構造の近似性は、日本仏教が「神道化」しているからこそ成立するのであり、もし日本仏教が戒律を遵守し仏教に固有の宗教性を発揮しているのであれば、このようなアナロジーが成り立つはずもない。

戦時下の仏教は、神道であった。いわゆる「国家神道」であった。現代日本の仏教は、「国家神道」ではないだろうが、別の意味では今も神道なのではないか。そして、その神道的性格が、再び仏教を「国家神道」へと変容させていく動機とはなりえないだろうか。仏教の固有性が曖昧なこの国で、人はそうした疑問から決して自由にはなれない。

参考文献

暁烏敏『神道と仏道』香草舎（一九三五）
暁烏敏『国体と佛教』香草舎（一九四〇）
柏原祐泉「親鸞における神祇観の構造」大谷大学編『親鸞聖人』真宗大谷派宗務所（一九六一）
児玉識『近世真宗の展開過程』吉川弘文館（一九七六）
小林准士「近世真宗における神祇不帰依と「神道」論の特質」島根大学法文学部紀要社会文化学科編『社会文化論集』一一号（二〇一五）
近藤俊太郎『天皇制国家と精神主義――清沢満之とその門下』法藏館（二〇一三）
中外日報社編輯局『神社と宗教批判』中外出版（一九三〇）
中村生雄『肉食妻帯考――日本仏教の発生』青土社（二〇一一）
奈倉哲三『真宗信仰の思想史的研究』校倉書房（一九九〇）
新野和暢『皇道仏教と大陸布教――十五年戦争期の宗教と国家』社会評論社（二〇一四）
新田均『「現人神」「国家神道」という幻想――「絶対神」を呼び出したのは誰か』神社新報社（二〇一四）
菱木政晴『浄土真宗の戦争責任』岩波書店（一九九三）
福嶋寛隆『神社問題と真宗』永田文昌堂（一九七七）
Krämer, Hans. Martin. *Shimaji Mokurai and Reconception of Religion and The Seculer in Modern Japan*, University. of Hawai'i Press, (2015)

第5章　日本回帰の思想構造——亀井勝一郎におけるキリスト教と親鸞

転向といふ現象は、輿論のつくりあげたものであつて、要するに想像力の産物にすぎない。それは想像であつて、心情ではないのである。転向したと自分で想像してゐるだけで、ものの考へ方や発想方法や表現は同一である。天性同一のものが仮装したにすぎぬ。(1)

はじめに

詩人・萩原朔太郎は、日中戦争の時代に日本への回帰を歌った。

少し以前まで、西洋は僕等にとつての故郷であつた。昔浦島の子がその魂の故郷を求めようとして、海の向ふに龍宮をイメーヂしたやうに、僕等もまた海の向ふに、西洋といふ蜃気楼をイメーヂした。だがその蜃気楼は、今日もはや僕等の幻想から消えてしまつた。(中略)この半世紀に亙る旅行の後で、一つの小さな玉手箱を土産として、僕等は今その「現実の故郷」に帰って来た。

(1)『亀井勝一郎全集』(以下『全集』)二巻、講談社(一九七二:四二一)

そして蓋を開けた一瞬時に、忽として祖国二千餘年の昔にかへり、我れ人共に白髪の人と化したことに驚いているのだ。[2]

萩原は論じる。明治以降、日本人は死に物狂いで西洋文明を学び、その結果、軍事や産業のすべてにわたり、白人が支配する強国に対抗できるだけの実力をつけた。したがって、いまや従来の誤った西洋崇拝から脱却し、民族としての自覚を取り戻すべき時がきたのだと。[3]

この種の日本回帰の思想は、萩原のみならず、同時代の多くの発言者たちによって量産された。戦時下にはナショナリズムが高揚するので、いわば当然の流れだ。真珠湾攻撃から後に「西洋との戦争」が始まると、日本回帰の波はますます勢いを増していく。[4]

そうした日本回帰の流行は、一見すると、欧化主義から国粋主義への一大転換のようにも思える。だが、西川長夫が的確に指摘するとおり、「日本回帰の主な原因は、むしろ彼らの若い頃の欧化主義の構造自体に含まれている」。[5] 日本回帰の思想は、その前提となる欧化主義を基盤にして生産されるというわけだ。

この点は、西洋文明への対抗意識を燃料にして発火する、各種の民族主義運動や宗教的原理主義の諸相にも共通する特徴だろう。晩年のドストエフスキーが唱えた汎スラブ主義や、西洋的な世俗化に敵意を示し時として暴力に訴えるイスラーム復興運動などがそうだ。これらは、いったんは西洋文明に影響を受けた者たちが、自文化（宗教）の固有性への回帰を求めた動きである。そもそも反西洋の民族主義は、市民革命を成し遂げたフランスへの差別化を試みたドイツ・ロマン主義のように、西洋の内側から始まっている。[6] 日本回帰の思想もまた、近代以降の世界でグローバルに発生する、西洋文明の受容と反発のダイナミズムのもとに展開された。

本章では、文芸評論家の亀井勝一郎（一九〇七〜六六）を主人公として、昭和初期の日本回帰の思想について一考する。以下に詳しく述べるとおり、亀井は、キリスト教への親近や、西洋の文学や美学への耽溺、マルクス主義への傾倒などを経て、昭和期に入ると、奈良の仏像や親鸞や聖徳太子といった、日本に独自の文化や宗教を礼賛する書き手へと転身する。亀井は、典型的な日本回帰の思想家の一人であったといえるだろう。

政治学者の中島岳志は、特に親鸞思想との関係で、亀井の日本主義をその成立経緯とともに論じている。中島は、一九三七年の秋に始めた奈良への古寺巡礼を契機として、亀井は仏教に接近するようになり、その延長上で親鸞を発見し、やがて天皇や祖国を重んじる日本主義へと帰着した、という筋書きを描く。[7]

こうした理解は大筋では間違っていない。だが、奈良への旅をきっかけとして亀井が一気に仏教や日本的なものへと向かっていったかのように論じる中島の著述は、およそ不適当である。人間の

（2）萩原朔太郎『日本への回帰』白水社（一九三八：一一〜一二）
（3）萩原（一九三八：一二〜一三）
（4）イアン・ブルマ『近代日本の誕生』小林朋則訳、ランダムハウス講談社（二〇〇六：一三三〜五五）
（5）西川長夫『日本回帰・再論――近代への問い、あるいはナショナルな表象をめぐる闘争』人文書院（二〇〇八：二九）
（6）I・ブルマ＆A・マルガリート『反西洋思想』堀田江理訳、新潮新書（二〇〇六）
（7）中島岳志『親鸞と日本主義』新潮選書（二〇一七：一六〇〜七三）

考え方は、それほど急に変わったりはしない。亀井の思想変遷について議論するには、より精緻な検討が必要となる。

亀井は、確かに奈良への古寺巡礼から後、仏教や日本文化への関心を高めた。しかし他方で、彼は以後も西洋の思想や宗教から学ぶ意欲をまるで失っていない。むしろ、日本と西洋それぞれの文化の相違と共通点について考えることが、その後の彼のおもなテーマとなった。たとえば、内村鑑三について考え直そうとする意欲の強さに、当時の亀井の心意がよく見て取れる。亀井が明確な日本主義者となるまでには、それまでの彼の人生や思想にあまりにも大きな影響を及ぼしてきた西洋的なもの、とりわけキリスト教に、改めてどう向き合い直すかという課題や葛藤があったのだ。

以下では、まず亀井の生涯の歩みを決定づけた、幼少年期の彼を取り巻く宗教文化について確認する。その上で、彼が欧化主義に染まった文人から日本主義者へと転じていく過程を、おもに当時の彼がつけていた日記から明らかにする。亀井の思想変遷を理解するには、時期ごとの彼の考えが時局に応じて理路整然と提示された出版物を参照するより、数々のひらめきや迷いが生のまま記録された日記を見たほうが、実態を把握しやすいからである。

かくして亀井による日本回帰の歩みを再検討した後、その回帰の構造について、さらに突っ込んで考察する。すなわち、日本に回帰せずとも日本主義的でありえた保田與重郎（やすだよじゅうろう）（一九一〇〜一九八一）と、日本に回帰はしたが日本主義者にはならなかった家永三郎（一九一三〜二〇〇二）の例を比較対象として、亀井における日本回帰の思想の特徴を、より鮮明にする。

一　愛読書は『聖書』

亀井の妻である斐子の回想録『回想のひと亀井勝一郎』（一九七六）は、亀井に関する最も優れた評論の一つである。亀井がどのような人物であったのか、本人の自伝を読むよりもむしろ理解の進む部分が多々ある。彼女にそなわった人間観の鋭さと文才のおかげだろう、伴侶の人物像を至極明快に伝えてくれる。

特に、知識人としての亀井の心性の根底にキリスト教があった点を、適切に指摘しているところが大事である。

一般文人が文学書をむさぼり読む文学青年の歴史を持つのに対して、亀井少年は聖書の物語によって育っている。そこからくる富裕な生家に対する「富める悩み」が彼の告白の出発になっている。富める家を支配する家長に対する反感は、どこの家にもある父と子の問題というだけでなく、根底にある宗教の「こころ」が大きく違っている。(8)

函館で多くの公職に就いた名士の子として生まれた亀井は、同世代の貧しい家の子供たちと自ら

（8）亀井斐子『回想のひと亀井勝一郎』講談社（一九七六：八）

の境遇を比較し、「富める者」である自分に悩むようになる。その果てに、彼はマルクス主義を信奉するに至った。これは、単に生まれによる経済格差に対する疑念ではなく、『新約聖書』に見える貧者への共感的な視点——および富者への否定的なまなざし——に起因するのだろう。斐子はそう示唆するのだ。

亀井の生まれ育った環境には、キリスト教が満ち溢れていた。生家は、函館の大三坂と呼ばれる広い坂に面した旧外国人居留地にあり、そこは教会が群れのように立ち並ぶ場所であった。家のすぐ隣にはフランス人の神父がいるカトリック教会があり、その隣にはロシアの正教会。この二つの教会堂には五十メートルに及ぶ塔がそびえており、それらは色とりどりの教会の屋根とともに、町のシンボルとなった。大人になった亀井は、実家に帰るたびに「この故郷の象徴のような教会の塔を眺めて微笑を見せた」という[9]。

さらに、ロシア正教会の前にはイギリス系の聖公会があり、坂を下ったところには、アメリカ系のメソジスト教会があった。亀井はこのメソジスト教会の主催する日曜学校に、幼少期から少年期にかけて通う。

こうしたキリスト教の香りに満ちた亀井の生育空間には、同時に、仏教も存在した。生家の目の前に、東本願寺別院が門を構えていたのである。亀井は、この別院で葬式があるたびに、そこへ急いで飛んで行った。そして「じっと式次第を眺め読経をきき、飽きなかったという」[10]。

すなわち、幼少年期の亀井は、函館の人々の暮らしに根差したキリスト教と仏教（浄土真宗）の文化に、ひたすら親しみ、感化を受けながら、自身の心の核を作り上げたのである。彼の妻は、その環境のあり方を次のように鮮やかに記す。

隣の教会の鐘の音は、なにぶん隣の楼上で鳴るのだから、亀井家の隅々にまで鳴り響いた。皆はガンガン寺と呼んでいた。一方、門前の東本願寺でも殷々と諸行無常の鐘を打つ。／つまり亀井少年は、寺と教会のはざまで育ったことになる。[11]

ただし、若い頃の亀井の心をより強くとらえたのは、間違いなく、仏教ではなくキリスト教のほうである。少年時代に文学には興味をひかれなかった彼は――亀井家には小説の類は一冊も無かったらしい――、ただただ『聖書』の物語に愛着した。小学校時代の六年間、日曜学校で学び、彼にとって「聖書はいわば小学校時代の副読本」であったという。[12] 教会には続けて中学三年生まで通い、机の上にはいつもその本が置かれていた。ただし、洗礼は最後まで受けなかった。

少年時代の亀井の心のなかに、『聖書』の物語がいかに刻まれていったのか。それは、たとえば次のような本人の思い出話からわかる。

(9) 亀井（一九七六：一二）
(10) 亀井（一九七六：一四）
(11) 亀井（一九七六：一三）
(12) 亀井（一九七六：二〇）

我々の小学生時代には、歴史の時間に歴代天皇の名を暗記したものだが、同じやうに私は創世記の中の、「アダム、イヴ、カイン、エノク、イラデ……」などと棒暗記したものだ。最も印象ふかかつたのは「出エジプト記」であつた。これは小学生のとき、日曜学校の先生からお噺のやうに聞かされたのだが、中学生時代にはじめて読んで、その壮大なロマンに感動した。[13]

一九二三年、山形高等学校文科に入学してからの亀井は、より一般的な文学にも目覚める。外国の作家では、ゲーテやストリンドベリに親しんだ。ただし、「くりかへし読んでそのたびに感動したのはやはりトルストイの「復活」であつた。「復活」にみられる彼のキリスト教精神であつた。小説なら「復活」にかぎると思ってゐた」[14]という。また、仲間と作成した同人雑誌で、小説や戯曲を書いてもいる。一九二六年には東京帝国大学文学部美学科に入学。西洋美術の教養を深めるとともに、社会主義（マルクス主義）に開眼していく。

亀井はこの社会主義との出会いによる感動を、「新しい神の出現」という表現によって自伝に示した。

少年時代に耶蘇に出会った僕は、いま新しい神に出会い、その審判の庭に立たねばならぬことになった。（中略）耶蘇の言葉は厳しく、「無理」ではあったが、耶蘇は隠れて在す。しかるにこの新しい神の若き司祭たちは、現に僕の眼前に在り、生活をともにしている生身の人間である。隠れて在す神の言葉よりも、生身の人間の口をついて出る言葉の方が、いかに峻烈に聞こえたか。[15]

幼少期から身近にあったキリスト教の神を超える新たな超越性を、彼は社会主義の運動に感じ取り、それに身をささげることを決意したというわけだ。『聖書』に説かれる神は、目に見えず、実感しにくい。対して、社会主義の教えを説く者たちは眼前に存在し、リアリティのある言葉を自分に届けてくれる。そう痛感した亀井は、宗教を重んじる青年から、社会主義の活動家へと転身する。

とはいえ、かくして亀井はキリスト教に由来する心性を切り捨てた、と考えるのは早計だろう。そもそも、彼がマルクス主義に接近したのは、先に彼の妻による説明を引きながら述べた通り、『聖書』の愛読によって培われた感受性が、彼のなかに強くあったことが大きい。亀井による社会主義の受容は、キリスト教への共感の延長線上で理解するのが適当である。

たとえば、帝大生を中心に組織された「新人会」の合宿に参加した際、亀井はその「共産主義の修練道場」に漂う厳格な雰囲気を肌で感じた。そこで得られた刺激的な経験の思い出を、後世の彼は次のように語っている。

いま思い出して興味ふかく感ずることは、若い者が大ぜい集まっていたにもかかわらず、女の話

(13)『全集』六巻、(一九七一：四二九)
(14)『全集』六巻(一九七一：三一)
(15) 亀井勝一郎『亀井勝一郎——我が精神の遍歴』日本図書センター(一九九九：三三)

をすることは全くなかったし、酒を飲むことも堅く禁ぜられていたことである。それは革命家たろうとするものの組織的訓練上不可欠であり、犯すことは裏切り的な罪悪とみなされた。破戒者は査問委員会に付され追放される。あたかも厳しいストイックな修道院の生活を彷彿せしむるものがあった。これは無神論という一種の宗教生活であったかもしれない。(16)

亀井が社会主義に魅入られたのは、貧者への憐みなど、その発想にキリスト教と通じる部分があったから、だけではない。身近な社会主義者たちによる禁欲的な活動の形態もまた、亀井には「修道院」のようなものとして非常に好ましく感じられたのだ。そこには、キリスト教と異なりはするが、キリスト教の精神性をどこかで維持させてくれる、彼にとっての新たな「宗教生活」の場があった。

一九二八(昭和三)年に入り、ますます社会主義の活動にのめり込んでいった亀井は、大学を中退し、その後、治安維持法違反の疑いにより逮捕、投獄される。出獄後の彼は、プロレタリア作家同盟に属して、なおも活動を続けるが、一九三五年には公判廷で転向を表明。社会主義からは完全に離脱した。

一九三五年には保田與重郎らとはかり『日本浪漫派』を創刊。そして二年後の秋、彼は奈良への古寺巡礼を開始し、日本的なものへと回帰していく。

二　彼は如何にして日本主義者となりし乎

異郷としての奈良

奈良を訪れる前年（一九三六年）の日記に、亀井は故郷の文化が人間に与える影響についての見解を書きつけている。

母となる娘たちは、日々眺めるところの風景や書物は、やがて胎内の子供に影響しその容貌と精神とにあらはれるといふ。京や奈良の古都に住む娘達は、日々古代の彫刻を眺め、古い仏像に接してゐたならば、彼らの子供たちはやがて悉く菩さつに似て生まれるであらう。さういへば奈良の友ら二三人集つてゐるところをみると、山上のぼさつの集りを思はせる。僕にはさういふ影響はない。[17]

ここでいう「奈良の友ら」とは、同県の桜井出身の保田與重郎などが念頭に置かれていよう。彼らは、母の胎内からすでに古都奈良の文化を存分に吸収しており、日本の伝統仏教に芯から染まり

(16) 亀井（一九九九：五五）
(17)『全集』二巻（一九七二：二九五）。傍点は原文ママ。

きっている。だが、自分はそういった人々とは違う。そのように述べる亀井にとって、奈良は心理的に遠い異郷であり、また憧れの地としてあったように思える。

その憧れの地を亀井がはじめて訪れたのは、一九三七年十月のことである。彼は、奈良という「美しい自然的箱庭」のなかに並ぶ古寺と仏像の芸術性に、何度も繰り返し感嘆する。薬師寺東院堂の観音菩薩像には「エジプトの貴婦人像」のような女性的な美を、法隆寺の百済観音には「美の愛としての信仰ではなく、信仰の愛としての美」を、聖観音には「東洋のヴィナス」を、興福寺の阿修羅像には「驚嘆すべき美少年」を見て取ったのだ。(18)

かくして数日間の奈良の旅を満喫した彼は、この旅の経験からいくつかの教訓を得る。まず、それまで美術品は第一流のものだけに接していればよいと考えていたが、これからはレベル的に劣る作品にもきちんと触れて、個々の作品の良し悪しを判断できる審美眼を磨かねばならない、という決意をした。仏像についても、「国宝」というレッテルをはがしてなお、自分の眼でその真偽を区別できるようにしたいのだと。

加えて、外国の文化に傾倒するばかりではなく、日本の歴史をもっと知るべきだという、学びの方向性の見直しがあった。

外国文化を論じてゐることが、何となく頼りなく空々しいものに思はれてきた。つまり、真の意味で実証的ではないのである。やはり夢みてゐる。只その夢はあまりにも屢々虚構や単純な類推によつて汚されてしまふ。この点について深く反省する必要あり。(19)

自分の行ってきた外国文化に関する議論は、「夢」や「虚構」であり、実証性に乏しい。この時点での亀井には海外渡航の経験がなかったので、それは偽らざる実感だったろう。こうした反省のもと、彼は自らが属する国の歴史にもっと詳しくなるべく、「飛鳥、白鳳、天平を知り、岡倉天心や万葉集をくりかへし勉強する必要がある」と、自らに言い聞かせた。

とはいえ、これで亀井が西洋文化を脱して日本の伝統に回帰したかというと、そんなことは断じてない。そうではなく、この頃の彼は、西洋的な教養を引き続き摂取しながら、さらに日本の歴史や文化への認識も研ぎ澄ますという立場にあった。ゲーテの『イタリア紀行』を愛好した亀井は、奈良から帰った後、イタリア旅行も計画していたらしい。「伊太利への旅を中心にして、より深く希臘・羅馬とルネッサンスを極めること、これとゲーテ、及び万葉集、仏像などの研究を相関連せしめる事」などと述べている[20]。

先に指摘したとおり、そもそも亀井にとって奈良という街は、一種の異郷であった。心理的には外国にあるローマとそう変わらない。よって、そこを一度訪問したくらいでは、日本の伝統に回帰しようがないのである。あるいは、北海道に生まれ育った亀井にとっては、奈良や京都に代表される日本の伝統そのものが、一種の異文化であったともいえる。

(18)『全集』二巻(一九七二：三三三～三五)
(19)『全集』二巻(一九七二：三三七)
(20)『全集』二巻(一九七二：三三八)

しかし、その異文化を我がものとして理解するための唯一の方法を、亀井は発見する。それは信仰である。

自分はいままで言語風習の異る外国を学ぶことは所詮不可能と思つてゐた。事実、それは一つの夢に似てゐる。しかしこれを破る只一つのものがある。それは信仰である。基督教は信仰といふ点で国際的になつた。仏教もさうである。芸術もまた信仰の形態において我々を悟達の領域へ誘ふであらう。日本の仏像——仏教と、希臘彫刻——希臘教とを融合さすべき問題、観音の研究、仏陀の研究をなすこと、及び希臘美術。(21)

亀井の直観では、信仰に国境は存在しない。したがって、何かを本気で信仰していれば、それがたとえ外国産の宗教や美術だろうと、十分に学び抜き、その核心を悟りうる。亀井にとっては、仏像もギリシャ彫刻も、あるいは仏教も、同様に外国由来の事物である。だが、それらの美術や宗教に対する信仰がありさえすれば、自分もまたその真相をつかめるに違いない。

こうした亀井の発見は、引用文にあるとおり、キリスト教が国境を越えて信仰され、多くの人々に届いてきた、という歴史的事実に導かれている。彼は幼い頃から、函館の教会で、欧米からやって来たキリスト教に心から親しめた。そうであれば、同じく彼にとって本来は異文化であるはずの奈良の仏像や仏教も、それらへの信仰がありさえすれば、我がものとできるに違いない。彼はそのように考えたはずだ。

はじめての奈良旅行の後、特に法隆寺の百済観音への信仰を強めていった亀井は、翌一九三八年の五月、奈良を再び訪れる。そして法隆寺への二度目の訪問を果たし、意中の観音像に再会した際、彼は自分にも奈良を生きる人々の心性は共有できると確信する。

忘れ難い百済観音の姿は、私にとつてもはや観照の対象ではなく、信仰の対象となつてゐた。古美術研究のためといふ名目を既に放棄してしまつた。世の善男善女と同じやうに、念仏唱へつゝ金堂のなかをへめぐつたら、それで心は満ち足りるのだ。[22]

西洋人が日本の仏像に対してするような美術鑑賞の意欲を封印し、自分はそれを純粋に信仰できるようになった——亀井はそう信じた。そうした信念のもと、同じく奈良の仏像を拝み念じてきた日本の「善男善女」に、彼は自己を同一化させた。

だが、ここで亀井が獲得したとされる「信仰」は、ほんとうに日本の庶民的な信心と同等のものだろうか。おそらく違う。彼の古寺や仏像への信仰は、むしろ、キリスト教徒にとっての唯一神への祈りに似ている。八百万の神々や仏に向けられた庶民信仰とは、性格が微妙に異なるのだ。たとえば、法隆寺に隣接する尼寺中宮寺の天寿国曼荼羅に心を動かされた亀井は、そこから故郷

(21)『全集』二巻(一九七二:三四三)
(22)『全集』二巻(一九七二:三六七)

の修道院を想起する。

自分の故郷にはトラピストの修道院がある。そこでは労働が必須の課業になつてゐるので、尼達はみな頑丈なからだをしてゐる。（中略）天寿国曼荼羅の断片を、よく眺めてゐると恐ろしくなる。あの一針一針に女の愛情と信仰がこもつてゐるかと思ふと怖ろしい。熱狂的信仰のあまりにも繊細な表現に。聖徳太子の死後に行き給うパラダイスが、この指から織り出されたのか。[23]

聖徳太子の追善供養のために織られたとされる曼荼羅と対面して、亀井はそこに込められた「熱狂的信仰」に、修道院の尼僧たちによる祈りや働きと同等のものを見出す。太子の死後の「パラダイス」を必死に描いた古代日本の女たちに、彼はキリスト教の修道女の面影を重ね合わせたわけである。

このように、奈良の古寺巡礼を契機として日本文化や仏教に目覚めたとされる亀井は、単に西洋から日本へと関心を移行させたのではない。むしろ、自身のなかにある西洋的なものを再確認しながら、日本的なものへと一歩ずつ近づいていったのだ。とりわけ、彼の心の奥底に根を張ったキリスト教のイメージを繰り返し確かめながら。

したがって、この時期の亀井が、日本文化や仏教に関する文献とともに内村鑑三を読み込んでいたことには、[24]十分な必然性があった。

内村鑑三との対話

亀井の生地である北海道は、明治期のプロテスタンティズム発祥の地の一つである。札幌農学校（北海道大学の前身）がキリスト教の精神に基づき、アメリカの宣教師やクラークをはじめとするキリスト者らを指導者・教育者として招いたことは、よく知られる。そして、内村鑑三がこの札幌農学校から輩出された近代日本の代表的なキリスト者であることも、周知の事実だろう。内村が西洋由来のキリスト教の信徒であったと同時に、日本のナショナリストであろうとしたこともまた、有名な話だ。イエスと日本は、彼にとってどちらも重要な存在であった。こうした内村の志向性が、同じくキリスト教に対する共感と日本への愛情をともに抱いていた亀井の琴線に触れないはずがない。実際、亀井の日本回帰の思想は、内村からの一定の影響下で形成された。

内村鑑三の肖像を、亀井は次のように描く。

内村鑑三は日本の生める世界的基督者であつた。明治のはじめ、とほい石狩の野に、この多感な青年ははじめて神の福音に接したのである。彼に洗礼を与へたものは何か、誰であつたか。彼にとつてのヨハネは実に北方の大自然に他ならなかつた。（中略）彼は教会や学術の堂よりも、自然の只中に在つて、自然のうちに唯ひとり神について考へたのであつた。[25]

（23）『全集』二巻（一九七二：三七三）
（24）亀井は初めての奈良訪問の後、二、三年のあいだに「内村鑑三の著作をほとんど読破した」という。『全集』六巻（一九七一：四五一）

内村を世界に誇るべき日本のキリスト者と評しながら、彼をして神の道へと誘ったのは、教会ではなく「北方の大自然」だったと亀井は論じる。聖書が伝える「神の福音」を、内村は自身の眼前や足元の「自然」を通して吸い込んだのだと。

こうした「自然」との決定的な結びつきのもとに描かれる内村の肖像は、亀井の日本回帰への歩みを後押しする強い追い風となった。西洋から輸入されたキリスト教の精神を、日本の自然や日本人の民族性のなかに融解させるためには、こうした内村像が非常に役に立ったのである。

まづ第一に自然人（ひたぶる心）の所有者なりしこと。万葉の精神をひたぶる心に在りとすれば、この風格を明治に継いだ第一流の詩人は内村鑑三であつた。彼において基督教は世界に比類なき浄化をうけた。然り、この浄化、即ち純粋を愛する心こそ日本の最も美しい誇らかな伝統であつた。彼の基督教精神、その国際主義にも拘らず、心内を貫くものは高度の意味において民族の此の清き血の流れであつた。日本の自覚のなかにこれを顧慮にいれねばなるまい。[26]

万葉の昔から日本人の血に流れる「ひたぶる心」を、キリスト者である内村が誰よりも正しく継承し、その清らかで美しい伝統を表現した。この重要な事実を自覚すべきだと、亀井は主張する。かつてキリスト教に著しく感化されながら、いまは日本の伝統に回帰しようと試みている、自らの現状も顧みてのことだろう。

さらに、神の福音を自然からの呼び声として聴いた内村を語ることで、亀井は汎神論的な宗教観の意義に気づいた。

彼〔内村──筆者注〕は神の声とともに自然の声をきいた。否自然自体のうちに神のさゝやきを聞いたのであつた。汎神論的色彩が根底にあり、その核にキリストの像がくつきり刻印されてゐたのである。唯一人キリストのみが鮮やかに刻印されてゐた。[27]

内村のキリスト教に対する献身の根底にあったのは、日本の自然に向けられた汎神論的な信仰であった。逆に言えば、そうした汎神論的な信仰が、内村においては、たまたまキリスト教のかたちをとった。亀井はそう考える。この考えは、やがて、すべての宗教を日本的なものへの信仰へと畳み込んでいく、日本主義者としての亀井の思想を導くだろう。

一九三八年三月二十七日、亀井は内村の墓に参るために多磨霊園を訪れる。内村の墓の隣には、娘ルツ子の墓があった。その純白の大理石には「再た会ふまで」と刻まれている。[28] そこに「娘を愛し、また神を愛した人間の直ぐな心」を感じて敬虔な思いを強めた亀井は、それからほどなく行っ

(25)『全集』二巻(一九七二:三六一)
(26)『全集』二巻(一九七二:三六一)
(27)『全集』二巻(一九七二:三六一〜六二)
(28)『全集』二巻(一九七二:三六五)

た二度目の奈良への巡礼の後、彼の汎神論的な宗教観をさらに研ぎ澄ます。亀井は、あらゆる宗教の本質は「宇宙に遍在する大生命を自己の内部に喚起」し、「自然の児」になることだと定義する。[29]祈禱も念仏も経典の読誦も、一切の宗教的な営みは、この生命喚起のための方法なのであると。こうした観点のもと、亀井はキリストとブッダを同じ土俵の上に位置付けてみせる。

すべての宗教は汎神論的であるが、それを最も深く体得したものを中心として崇めるとき、そこに一神論が始る。一神の背後に汎神の存在を気づかぬ使徒は亜流であり、汎神の中に一神を要せぬ使徒は鍵をもたぬ人であらう。自然の宝庫をとく鍵がキリストであり仏陀である。[30]

すべての宗教は汎神論的でありつつ、ときに一神教的なかたちをとり、それはキリストやブッダというキーパーソンを通して私たちの目前にあらわれる。だが、キリスト教にせよ仏教にせよ、その根底にあるのは、この宇宙や自然にあまねく存在する汎神論的な宗教性にほかならない。そう信じるに至った亀井は、なおもキリスト教への関心を強く持ったまま、むしろ仏教の学びへと重心を移していく。どちらの宗教も根底は同一のはずだが、とはいえ日本の伝統に親近しはじめた彼なので、仏教のほうにより熱が入ったのだろう。

こうして『観音経』(『法華経』)をはじめとする仏典の研究に取り組みながら、春秋の古寺巡礼を続けた亀井は、次第に自我の問題を深刻に考えるようになった。「日支事変以来わが友らの示した捨身の行為」に感服し、その種の「償ひ無き行為」を理想としながら、自分自身の迷妄ゆえに、そうした境地には一向にたどり着けない。「自我といふところから無我に転じなければならぬ」のではないか。[31]亀井の悩みがこじれ出す。

一九四〇年の末頃、仏陀の前生譚というかたちで自己犠牲の尊さを説く捨身飼虎の物語に没頭しながら、亀井は自己を放棄することの困難さを日記に吐露した。

捨身飼虎を熟読して更なる一歩をすゝめる。といふよりは現実そのものに沈潜する事。あつさりしてゐる――多分自己告白を抑へつくしたところから来るのだ。だが自己に関する幻想はたしかに未だ棄てきれぬものがある。「在るがまま」といふ言葉のむづかしさ。[32]

この「在るがまま」の理想を達成するために、亀井は親鸞のほうへと旋回する。

そして親鸞へ

先述のとおり、幼少期の亀井は、キリスト教の教会と浄土真宗の寺院のあいだで育った。そして

(29)『全集』二巻(一九七二：三七五)
(30)『全集』二巻(一九七二：三七六)
(31)『全集』二巻(一九七二：五一〇～一一)
(32)『全集』二巻(一九七二：五一八)

繰り返しになるが、若かりし彼にとってより愛着が湧いたのは、教会のほうである。こうした価値観は、仏典の研究に乗り出す直前の亀井のなかでも依然として維持されていたようだ。

> 総じてキリスト教徒の参堂は、みるからに敬虔である。原罪の意識に苦しめられてゐるらしく、参堂は必ず懺悔を伴ふ。懺悔のために祈る。しかし、本願寺の所謂お寺まゐりには少し異なるものがある。善男善女の楽往生を望む心には、懺悔よりも何かもつと快適なもの、享楽的なものがある。「南無阿弥陀仏」と、只来世を望んで、老人が拝み、あとは茶話で一日をくらす[33]

自己の抱える罪悪感のために真剣に懺悔するキリスト教徒に対し、真宗の信徒らは何か気安い感じで念仏を唱え、暢気に過ごしている。これは幼少期に得た印象についての亀井の想起だが、三十代となった彼はなお、前者の教会にあった神に向かう人々のひたむきさのほうを愛した。逆に、ただ念仏を唱えてよしとするだけの真宗の文化には、必ずしも馴染めないものを感じ続けていたようだ。

ところが、仏典研究を進めた亀井のなかで、念仏への評価に関する微妙な変化が起きる。

> 私は念仏を好まない。南むあみだぶつ（ママ）の称名は私に決してあかるい印象を与へなかつた。いつでも陰うつなじめじめした老衰や悲しみの調べであつた。しかし親らん（ママ）や法然のごとき人は、夫々念仏に独特の意義を与へ、これを普遍化してきた人々である。彼らの念仏はみな独創的だったと

思ふ。[34]

真宗信徒による日々の素朴な念仏には相変わらず否定的だが、親鸞や法然による独創的な念仏の思想には確かな意義を認める。念仏にも貴賤があるというわけだが、いずれにせよ、亀井は親鸞の独創的な念仏に、自らの思想的課題を突破するための糸口を求めた。すなわち、自己から徹底して解放されるための心構えの導き方を。

自己というものの離れがたさに悶え続けた亀井は、一九四一年四月、『歎異抄』を読み解きながら、決定的なひらめきを得る。彼はこう考えた。「一切放下が気にかゝるうちはまだ放下して」おらず、「それが念頭になくなるときが来なければならぬ」[35]。では、そうした気がかりや配慮をいかにして解消しうるか。彼方からやって来る他力の信仰を、心を空にして待てばよい。自己への配慮によって生じる様々な苦悩からの解放は、そのような心構えが確立した時にはじめてもたらされる。そう述べた上で、亀井は次のように記す。

「弥陀の誓願不思議にたすけられまいらせて」――この第一原理に知性人はつまづく。弥陀を信じなければならぬ――その前に救ひを求める心――嘆き訴へる心――迷ふ心――現実の苦悩（一

(33)『全集』二巻（一九七二：三四四〜四五）
(34)『全集』二巻（一九七二：四四二）
(35)『全集』二巻（一九七二：五三〇〜三一）

番根源に在るもの）――それが端的に上昇し、昇華した刹那が信である。信心――むしろ発心といった方がいい（信仰は発心にはじまり念仏に終る）[36]。

個人の知力を飛び越えた阿弥陀如来への信心。自己の心がそれを発したとき、彼や彼女を取り巻くあらゆる気がかりは消滅する。亀井はそう考えた。彼は親鸞が説いた発心から念仏への一続きの過程を、「己を棄てよ、身を捨てよ、事毎にさうなるやうに生きよとの教」として解釈したのである[37]。

こうした自己放棄の方法としての親鸞思想の解釈は、亀井が『歎異抄』の記述から直接的に引き出したものだろうか。おそらく違う。この解釈を日記に書き記す一ヶ月ほど前、亀井は「心をこめて着実に勉強すべきこと」の一つとして、「法然と親鸞（パスカル）（ルッターの信仰）、無量寿経と阿弥陀経」とメモしている[38]。理性による論証に依らずとも神への信仰に賭けるべきだと唱えたパスカルや、個人の自由意志を超えた「信仰のみ」を絶対視したルターの思想の影を、そこに認めるべきだろう。亀井によるキリスト教からの学びは、彼の親鸞思想の受容においても決して払拭されていない。

そもそも、この頃から亀井が明示し出した自己放棄の理念は、もともとは親鸞思想ですらない可能性が高い。一九四一年二月に刊行された『芸術の運命』（実業之日本社）で、亀井はマタイ伝第六章にある記述――断食に取り組む者は悲しい顔をして周囲の同情を買おうとしてはならず、普段と同じようにしていれば、その目には見えない意志を神は必ず見抜いてくれるだろう、といった趣旨

――を引用した上で、人間にとって重要なのは神との関係のみであり、ほかの一切を考慮すべきではない、と主張する。それに続けて彼は、次のように書きつけている。

> 大切なことは、自己のいのちを原始状態に、即ち彼が本来つくられて在りしまゝの姿に復帰させることだ。一切放棄して無垢の生に還元するのが目的である。釈迦も耶蘇も、人間の自然だけを愛した。(39)

亀井が親鸞について本格的に論じ始めるのは、こうした考察を積み重ねた後のことである。『歎異抄』などを典拠とする亀井の自己放棄の思想を導いたのは、むしろ、彼による『聖書』の読解であったと考えられる。

以後も亀井は、親鸞について思考しながら、キリスト教への思いを放棄せずにいた。たとえば、一九四一年八月の日記には、ミドルトン・マリーの『キリストの生涯』（訳書が実業之日本社から同年に刊行）に関する読書ノートが見える。そこには、「マルコ伝第四章の発見――「おのづから」――一仏乗に近きもの」とか、「神の国は現実にいま即座に出来るといふ信仰、主観的信念が現実を変

(36)『全集』二巻（一九七二：五三一）傍点は原文ママ。
(37)『全集』二巻（一九七二：五三三）
(38)『全集』二巻（一九七二：五二九）
(39)『全集』一〇巻（一九七一：一七二）傍点は原文ママ。

革する。その願ひは永遠である」などと書き連ねてある。[40] 亀井の仏教ないしは親鸞理解は、彼のキリスト教理解と不即不離のものであった。

そう考えてみると、たとえば太平洋戦争が始まる少し前に書かれた次の記述には、亀井のどういった心意を読み取れるだろうか。

私の半生における最大のことは、唯祈るといふことを知つたことのみである。(中略) おのづから——自然は無償也。神は在る断言そのため己が生命を賭す。[41]

ここでの「おのづから」や「自然」の概念は、おそらくは親鸞に由来するものだ。だが、そうした「おのづから」の態度のもと「祈る」べき「神」は、阿弥陀如来というより、もっと抽象的な存在だろう。だいぶ抽象的ながらも、そのモデルは明らかにキリスト教の「神」への「祈り」だったと思われる。そうした「神」のために自身の生命を賭けることを、亀井は望むようになったのだ。やがてその「神」は、長引く戦火のなかで天皇の相貌を帯びるようになる。一九四三年一月、亀井は「宣長のことに寄せつゝ」、仏教と神道が融合する日本の信仰の根底にある、皇統や天皇への純粋な帰依の心を強調した。

信仰は私事に非ず賜りたるもの也、神道と云ひ仏道と云ひ、これを分別し論争するなど不可、その純粋の形においては、日本ではおのづからである。このおのづからは言霊の美として具現される、而して之を最大限に具現したもの即ち天皇なり。天皇絶対にして、その詔のまゝに承けて謹みてある事、仏道の本意も神祇あつてはじめて純化されるのであり、この純化は皇統のいのちとして連綿たり。[42]

このように、戦時下の亀井は親鸞思想の独自解釈を経由して、「天皇絶対」を錦の御旗に掲げる国粋主義的な境地を確立した。時代の空気を適切に読みながら、彼は一人の日本主義者として再誕したのである――などと結論付けるのは早計だ。

天皇絶対の立場を明確にして以降も、亀井は自らの内に潜むキリスト教の精神や西洋風の教養を、どのように受け止めるかで悩み続けた。一九四四年四月の日記に、彼は「キリストは自分の信仰ではない、自分の詩である」と書いている。その「詩」に感じられる美は、信仰とも似ているが、完全には一致しきらない。美と信が合致した「日本人の宗教心」とは異なるのだ。こうした美と信の対立こそ、近代西洋が日本人の意中に育んだ観念である。そう亀井は指摘する。

問題はこの対立が実質上の地盤があるか否かだ。おそらく近代ヨーロッパの洗礼をうけたといふ事実の裡に一つの地盤はあるだらう。即ち現代日本人の知性の苦悩と云つてもいゝ。外国と同一

(40)『全集』二巻(一九七二:五三七)
(41)『全集』二巻(一九七二:五四〇)。傍点は原文ママ。
(42)『全集』二巻(一九七二:五四七~四八)

ではないか、しかし外国の洗礼によつてゐた一の観念、観念にすぎぬとしても厳存することは確実だ。[43]

表面上はどれだけ日本主義者としてふるまっていても、美と信の対立という「外国の洗礼」によって発育された観念が知性の内側でくすぶり続け、それによる苦悩から逃れられないのが現代の日本人である。亀井はそう考えた。これは同時代の日本人一般に当てはまる見解というよりは、むしろ亀井の自己認識であったと見なすべきだろう。

その後の亀井は、聖徳太子論を完成させるための読書と研究に尽力し、日本主義者としての横顔をますます明瞭にさせながら、やがて敗戦を迎える。しかし、そうした過程のただなかでも彼の心中では、キリストの詩の音が鳴り止まないままではなかったか。

三 土着・回帰・抵抗

『日本浪漫派』の中心人物で亀井の親友の保田與重郎は、戦時中に『万葉集の精神』（一九四二）を刊行して「皇神の道義」や「言霊の風雅」を称えるなど、ひとまず広い意味での日本主義者の一人と位置付けられる。だが、保田が体現した日本主義は、亀井のそれとは性格が大きく異なっていた。決定的な違いは、日本的なものと西洋的なもの、それぞれの文化や思想の受容の仕方の強弱にある。亀井にとっては異郷の一種であった奈良県の桜井に生まれた保田は、ひたすら奈良の風土に染まりながら成長し、古代から連綿と続く同地の古社寺に、まるで自分の庭を歩くようにして通った。彼にとって日本の伝統とは自明の前提であり、改めて発見すべき対象などではまったくなかった。

保田もまた、亀井と同じく東京帝大で美学を専攻し、西洋的な教養を一定程度は浴びている。保田の古寺や仏像への鑑賞眼には、和辻哲郎のようなギリシャ愛好家からの影響もあった[44]。とはいえ、そうした教養は保田と同時代の読書家であれば標準的に身に着けている類のものであり、彼の信念を根本的に左右するものではなかった。

また、これも亀井と同じく、保田の幼少期には身近なところにキリスト教があった。彼は日本聖公会が桜井の町に設けた教会の会館内に併設された幼稚園に入園していたのだ。ただし、この幼稚園の保育は方針としてキリスト教には依拠しなかったようである。また、教会が運営する日曜学校に保田は参加するも、「異文化に遭遇したといへるほどそれが身につくには、年端のまだいつてゐなかつた」と考えられる[45]。

長じて「西欧を知らない僕は、たゞ恥かしげもなく日本を知つてゐると語らう」と宣言するに至る保田は、亀井のように西洋的なものに強烈に影響された後、そこから抜け出して日本に復帰するような努力を必要としなかった。この辺の機微を、保田に師事した国史学者である谷崎昭男が実に的確に説明している。

(43) 『全集』二巻(一九七二:五六三)
(44) 渡辺和靖『保田與重郎研究――一九三〇年代思想史の構想』ぺりかん社(二〇〇四)
(45) 谷崎昭男『保田與重郎――吾ガ民族ノ永遠ヲ信ズル故ニ』ミネルヴァ書房(二〇一七:一九)

朔太郎が唱へた意味合での「日本への回帰」といふのは、発想として保田の持たないものであつた。保田にとつて「日本」とは、そこへ「回帰」していくやうな場だつたのではない。さうではなく、保田の身にぴつたり即くやうにして、それは始めからそこにあつたものである。[46]

保田は生まれてから死ぬまで日本とともにあり、そこに土着するかたちで自らの創作を継続したといえる。したがって、保田が表現した日本主義は、西洋とりわけキリスト教が「身にぴつたり即くやうに」あった亀井のそれとは、内実がだいぶ異質であった。

一方、亀井や保田とほぼ同世代ながら、彼ら二人のいずれとも異なる日本への関わり方を示したのが、歴史学者の家永三郎だ。家永は昭和の戦時期に、日本の古代・中世の仏教をおもな研究対象とした著書を数冊刊行している。それらは、日本の歴史や伝統文化を扱った戦時下の刊行物としては、やや異例なまでに日本主義の色合いが薄い。というより、反日本主義的ですらある。この頃の家永の著作について、仏教学者の末木文美士は「仏教という外来宗教に高い評価を与えたこともまた、日本主義への抗議と読むことも深読みとは言えないであろう」と述べている。[47]

家永はなぜ、そうした反時代的な学問を成しえたのだろうか。本人による自伝から得られる情報に基づき推論してみよう。まずもっては、「死ぬまで信仰らしいものをもた」ず、「無宗教の告別式」を希望したという、父親の影響があっただろう。[48] 神も仏も決して信じない者にとっては、国家や天皇もまた本心から信じるには値しない。

とはいえ、家永本人に言わせれば、むしろ大正デモクラシー期に受けた教育こそが、彼の思想形成にとっては重要だったようである。家永の通った東京市立余丁町尋常小学校（現、新宿区立富久小学校）の担任（岡野太郎先生）は、かなりリベラルな教育を生徒に施していたという。国体思想に貫かれた修身の教科書を使用せず、学問は世界平和のためにあると説いたこの教師に感化されたおかげで、家永は「神がかり的なイデオロギーに巻き込まれることなしに今日までくることができた」と述懐している[49]。

その後、家永は東京高等学校に入学し、マルクス主義に出会いその体制転覆的な理論に衝撃を受けるも、これを素直に受け入れはしなかった。かわりに、彼は田辺元の『科学概論』（一九二三）を読んだことをきっかけとして新カント派の哲学に目覚め、そこから「私の思想にコペルニクス的転回とでも言うべきものが生じた」という[50]。

家永は、新カント派の哲学のどこに思想的な活路を見出したか。それは、存在（ザイン）と当為（ゾルレン）を区別する二元論である。事実としてそうあること（存在）と、規範としてなすべきこと（当為）の峻別だ。家永はこの二元論を、日本が天皇中心の国家であること（存在）と、それを超

（46）谷崎（二〇一七：一二四）
（47）末木文美士『家永三郎――戦後仏教史学の出発点としての否定の論理』オリオン・クラウタウ編『戦後歴史学と日本仏教』法藏館（二〇一六：二七）
（48）家永三郎『一歴史学者の歩み』岩波現代文庫（二〇〇三：一六）
（49）家永（二〇〇三：三五）
（50）家永（二〇〇三：七八〜七九）

える価値を追求すること（当為）の区別へと応用した。その結果、彼は「従来の日本主義的国家道徳を清算し、リベラリストとして新生の道を歩み始める」[51]。

しかし、それから家永が反体制の道を突き進んだかといえば、そうでもなかった。東京帝大の国史学科に入学し、平泉澄の日本主義的な歴史観には辟易しながらも、やがて日本の価値を再評価し、国史学へ本腰を入れるようになるのだ。そのような日本回帰へと家永を誘ったのは、先述した亀井の場合と同じく、奈良の古寺巡礼であった。

一九三五年十二月——亀井の初旅に先立つこと約二年前——、家永は国史学科の関西旅行に参加し、一週間にわたり古美術の傑作に触れて心を打たれた。彼が最も感銘を受けたのは、薬師寺の仏教美術である。感動はあまりにも大きく、家永は「この偉大なる仏教芸術を生み出した歴史的根源を明らかにするために（中略）飛鳥・奈良時代の精神的状況を主題とする卒業論文を書くことになった」[52]。家永の国史学者としての人生が、ここに始まる。

ただし、どちらも奈良への古寺巡礼を契機として仏教や日本的なものへと向かったとはいえ、家永と亀井とでは、歴史や伝統への対し方が著しく異なった。戦時中の家永の主著である『日本思想史に於ける否定の論理の発達』（一九四〇）は、西洋ではキリスト教に代表される現世否定の思想を、日本では仏教に、とりわけ鎌倉新仏教に見出し、その超越性の構造を分析した書物である。同書で家永は、親鸞の思想を「念仏」の教えとせず、人間の罪業を直視した「念罪」の教えとして大胆に再解釈し、その徹底した来世主義を強調した[53]。同じく親鸞に学びながらも、それを現体制に「おのづから」服従するための方法として読み替えた亀井とは、ほとんど対照的であったといえる。

西洋哲学から日本の歴史や伝統へと回帰しながらも、大勢順応の日本主義に対しては、むしろ強固な抵抗を示すかのような家永のスタンスは、何によって可能となっていたのだろうか。それは、彼が学生時代に吸収した新カント派の二元論の哲学であったと思われる。その哲学から家永は、目の前の現実とは異なる規範を探し求める態度を確立した。そうした態度があったからこそ、彼は日本主義が自明の前提となった戦時下の日本にあっても、その外部の理念を探究し続けることができたのだ。

家永と亀井は、両者ともに西洋的なものへの親近から、奈良訪問を経て日本的なものへと接近した。だが、彼らが最も没入した西洋は、家永のほうは新カント派の哲学、亀井のほうはキリスト教というように、その性格がだいぶ異質である。ゆえに、彼らが日本回帰した後に提示した思想もまた、その内実はずいぶん異なるものとなったのだ。

もちろん、新カント派の哲学に影響された人間が自動的に反体制的な思想を築くわけではないし、キリスト教に感化された者が必ず大勢順応主義者になるわけでもない。口先だけのゾルレンを語る日和見主義の知識人は今も昔も世にありふれており、国家の暴力性や世間の価値観に抗おうとするキリスト教徒も少なくない。

ここで強調したいのは、西洋的なものからの影響を考慮しなければ日本回帰の思想構造はよく理

(51) 家永（二〇〇三：八〇）
(52) 家永（二〇〇三：一〇一～一〇二）
(53) 家永三郎『日本思想史に於ける否定の論理の発達』弘文堂（一九四〇：九八）

解できず、また、そこでの西洋的なものは、決して一枚岩ではないということだ。近代日本には複数の西洋化があり、複数の日本回帰のかたちがあった。そして、日本的なものの一種としての仏教が、そこに複数的なかたちで関与する場合が少なくない。

おわりに

最後に本章のエピグラフへと戻りたい。ここで亀井は、いわゆる「転向」というのは、きわめて皮相な物事の捉え方であって実際にはありえず、人間の考え方や発想法はそう簡単に変わるものではない、と指摘している。だが、このエピグラフの引用元で、亀井は続けて次のようにも記している。「真の転向は神による転向、即一への復帰以外にない」[54]。つまり、それまで信仰対象ではなかった何らかの「神」へと帰依する人間にとっては、確かな転向もありうるはず、というわけだ。

それでは、昭和初期の亀井は、天皇を「神」として仰ぐ日本主義者へと転向したのだろうか。おそらく違う。彼のなかでの「神」のイメージは、戦前を一貫して、キリスト教のそれから大きく変わらなかった。たとえその「神」が、法隆寺の百済観音や、親鸞の説く阿弥陀如来、あるいは戦時下の天皇の姿で顕現しようとも、亀井の心の密かな場所では、いずれもキリスト教の神としての本性を失わなかった。西洋からやって来たその神は、彼の日本主義への全面的な転向を抑止した。

（54）『全集』二巻（一九七二：四二二）

第6章　仏教ジャーナリスト大拙

一　天性のジャーナリスト

仏教についても洞察力に満ちた見識のあった作家の司馬遼太郎（一九二三〜一九九六）は、同世代の哲学者で僧侶の橋本峰雄（一九二四〜一九八四）と、清沢満之と鈴木大拙に関する対談を行っている（司馬二〇〇六）。中央公論社（当時）の『日本の名著』の付録として収録された対談で、ちょうど半世紀前のものだが、清沢についても大拙についても、依然として示唆するところが多い。特に大拙に関しては、彼を「ジャーナリスト」と評する下りに啓発される。

橋本　そういうことのできる精神は、よほど偉い精神であると同時に、すぐれた意味でのジャーナリストのセンスを持った、つまり、大拙さんのほんとうの意味は、仏教ジャーナリストではなかったかと思うんです。

司馬　ロベスピエールでも、西郷隆盛でも、大ジャーナリストですからね。問題の核心をいっぺんにつかみ出して、それをものすごくティピカルに表現できる人、それを提示する時機を考えている人、そういう意味で、大拙さんも大ジャーナリストといえるでしょうね。

続いて橋本が「司馬さんは自分のこともおっしゃっておる（笑）」と返しているのにも啓発されるが、ここでこれ以上は展開しない。大拙が「仏教ジャーナリスト」であるとは、果たしてどのような意味か。

現代の仏教界、たとえば浄土真宗や曹洞宗などの代表的な宗派の内情を評したり、あるいは寺院や僧侶が抱えている問題について多方面に取材した上で明晰に論じたりする、ということでは、もちろんない。大拙はそういった意味でのジャーナリストではなかった。そうではなく、現代の仏教をめぐる重要なテーマの核心を正確に捉え、それを多くの人が納得のいく伝わりやすい表現で、絶妙のタイミングで発表する。司馬の説明に従えば、大拙とはそのような意味での「仏教ジャーナリスト」であったといえるだろう。

橋本と司馬が大拙にジャーナリストとしての天性を見出したのは、具体的には、大拙が妙好人にいち早く注目し、その意義を強く押し出した点に関してのことだ。この点については本章でも後述する。日本仏教史上の特筆すべき存在として、妙好人にスポットライトを当て、そこに世間の注意を向けさせた大拙の功績は、今では多くの識者の評価するところである。

大拙のジャーナリスト的な才覚が発揮されたのは、妙好人に対してだけでは、もちろんない。より広く知られる事実としては、やはり禅の意義を彼一流の言葉で表現し、これを「ZEN」として世界中に拡散した業績に、彼のジャーナリストとしての真価が見て取れる。大拙の論じた禅は、東アジアに拡がった伝統的な禅とは少なからず性格が異なる、といった批判的な意見もたびたび見かける。だが、ここで大事なのは、そうした大拙の提示する禅こそが、二十世紀以降に生きてきた多くの現代人が求めた禅であったという、動かしがたい歴史の真実だ。そのような多数の人々の心に届く禅のイメージを可能にした、同時代の世界を見据えた仏教に対するものの見方と、その言葉による発信の仕方の巧みさには、彼のジャーナリストとしての強烈な天性を認めざるを得ない。

若い頃の大拙は、たとえばインド大乗仏教の魅力を西洋の人々に伝えようとして見事に失敗することもあった（佐々木二〇一六）。大拙による仏教ジャーナリズム的な挑戦は、常に必ず成功したわけではない。とはいえ、そうした失敗も経験として蓄積しながら、大拙は近現代の日本を代表する仏教の「大ジャーナリスト」として大成した。その活躍ぶりの内実について、以下では彼のデビュー作と代表作を中心に考察してみよう。

二 「新宗教」を論じる

大拙の単著デビュー作は、『新宗教論』である。京都の老舗出版社である貝葉書院から、一八九六年に刊行されている。「新宗教」と言っても、いわゆる新興宗教を扱った本ではない。従来にない新しい視点から宗教について論じるという趣旨の本である。大拙の高弟である古田紹欽（しょうきん）（一九一一〜二〇〇一）の評言によれば、「まだ二十代であった先生が宗教とは何か、宗教は現代にどうあらねばならないか、現代に宗教の存立する意味はどこにあるのか、またその意味をいわれなければならないものとして、なければならない意味は何か、といったさまざまな問題に対して真剣に自らに問いかけ、自らに答えを求めようと」した著作だ（古田一九九三）。おおむね仏教者としての立場から、ただしキリスト教の例なども考慮に入れつつ、宗教の本質論に加え、宗教と哲学、科学、道徳、教育、社会、国家の関係などについて体系的に検討している。

既に多くの研究者が指摘してきた通り、「宗教」は明治期の日本に広まり始めた、比較的新しい言葉である。もっぱらキリスト教を念頭に置いた「Religion」という概念が「宗教」として翻訳され、それまで日本で伝わってきた仏教をはじめとする「宗教」らしきものも、この言葉を通して理解されるようになった。結果、同じ「宗教」のカテゴリーに含まれる世界各地の諸宗教の、共通点と相違点を明確にする学問（宗教学）が日本でも発達すれば、他方で、特定の宗教の立場から、その宗教の他宗教に対する優位性を弁証しようとする議論も活況を呈する。大拙の『新宗教論』は、そうした当時の学問や議論の動向の一部として位置付けるのが適当だろう。同書は、いわば明治という時代の流行に乗りながら書かれた本であり、ひるがえって時代の流行を作った本では、決してない。

明治の仏教界で、その種の流行を作り上げた人物としては、啓蒙的な仏教者の井上円了や、西本願寺と関わりの深かったジャーナリストの中西牛郎（一八五九～一九三〇）らが代表格だ。このうち、近代日本の宗教史や思想史で繰り返し論述されてきた円了とは異なり、中西については、従来あまり言及されてこなかった。しかし近年、宗教学者の星野靖二らによる検証によって、その影響力の大きさが明らかにされている（星野二〇二〇）。そして、「新宗教」を論じた大拙の試みを当時の文脈をきちんと踏まえながら評価するには、この中西の論説を知っておく必要がある。

中西は主著『宗教革命論』(一八八九)で、比較宗教学的な観点から宗教の本質について考察し、その上で、仏教の将来性に期待しながら、これまでの「旧仏教」に取って代わる「新仏教」の台頭を展望した。中西が唱えたこの「新仏教」は、かなり理念的なもので、具体性に乏しくはある。既存の仏教を超克する「新仏教」の提唱に対しては、同時代の保守的な仏教者からの批判も多かった。中西自身も、後に仏教界を離れて天理教に肩入れするなど、自身の提案に対して総じて無責任であった。それでも、今後の仏教の理想を「精神的」「信仰的」「道理的」といった方向性に置く中西の熱弁ぶりに感化された、当時の若い仏教者は少なくなかった。

そうした若い仏教者たちが立ち上げた仏教運動の一つに、新仏教徒同志会がある(本書第9章を参照)。一九〇〇年に創刊の機関誌『新佛教』を基盤に、仏教改革を推進した。かなり多様な仏教関係者が参加したこの運動は、一つの方法を共有することで、一つの運動として成立していた。それは、「自由討究」という方法だ。仏教について、既存の理解や語り口にとらわれることなく、また宗派の権威や学閥への忖度も一切無しに、自由に討議し講究する。そうした「自由討究」の方法を基礎とする仏教論や宗教言説は、明治期のメディアの発達や読書文化の成長によって可能になった、ごく新しい営為であった(福嶋一九九八、大谷二〇一二)。

そして、若き大拙もまた、この新仏教運動に関与した青年仏教者の一人であった。彼の『新宗教論』に示される宗教や仏教に関する説明は、中西が掲げた「新仏教」の理念や、それを受けて出現した新仏教運動の「自由討究」の方法と、十分に通じるものがある。宗教の本質を、教団のような制度や寺院などに伝わる儀礼的な慣習ではなく、個人の精神性のあり方に見出し、あるいは、科学をはじめとする学術や理性的な営みと矛盾しない宗教の形態を模索する。また、そうした宗教の本質や今後のあるべき形態ついて徹底的に議論する。このような宗教との向き合い方は、中西の論説にはっきりと提示され、また新仏教運動の大前提となった発想だ。『新宗教論』に記される大拙の思想も、この種の発想の一部として理解するのが適当であり、それは当時の典型的な宗教言説の一種であった。

そうした明治の仏教者にありがちな発想や議論を、率先して執筆・発表し、同時代に大きな影響を及ぼした中西牛郎は、明治の優れた仏教ジャーナリストであったと評せる。対して、当時の大拙は、時代のありがちな論説を反復する、凡庸なジャーナリストに過ぎなかった。たとえば、『新宗教論』では仏教の無我説の立場から、死後も存続する「霊魂」の実在が否定される一方、個人の身体的な諸感覚や心的表象を束ねる統合作用についての考察がなされる。こうした大拙の考えは、後に彼の「霊性」論が確立していく過程の一部としては、見るべき価値があるだろう（那須二〇一七）。だが、仏教の立場から霊魂の実在の有無や個人の心身との関連性を検討する作業は、清沢満之が『宗教哲学骸骨』（一八九二）でほぼ同様の考察を試みており、大拙の考えは、清沢のそれの焼き直しのような印象を受ける。

大拙は、間違いなく近現代の日本、さらには世界を代表する仏教者の一人であり、その論説のなかには、独創的な部分が多々あった。一方で、彼の表現がすべて独創的であったわけではもちろんなく、同時代のほかの論説に照らして、きわめて凡庸な部分もある。これは当然と言えば当然の話だが、そうした当然の話が、あまりなされていないのではないか。

大拙の実に多彩な仏教論や宗教論のうち、どこが凡庸で、どこが非凡あるいは独創的なのか。こうした腑分けを丁寧にやらないと、大拙の歴史的意義はわからない。たとえば、彼の代表作である『日本的霊性』（一九四四）についても、それが何を達成した書物なのか、正確に理解できないように思える。

三　凡庸と独創の大拙

『日本的霊性』が発表されたのは、日本精神論が盛んに唱えられ、関連書が数多く出版されていた時期にあたる。日本精神論は、昭和初期のナショナリズムの高揚と対外戦争の進行に呼応した、日本人の精神性の高さに関する自慢話のための論説だ。大拙の同書は、この日本精神論の隆盛を強く意識しながら、そこに批判的な一石を投じようとした作品である。日本精神論では、物（物質）と心（精神）の二項対立を前提に、物質主義の西洋世界を凌駕する日本精神の素晴らしさが吹聴された。こうした風潮に対し、大拙は、物心二元論を越える「宗教意識」としての「霊性」の日本的なあり方について詳しく解説したのだ（鈴木二〇一〇）。

書き手である大拙の意図を配慮すれば、同書は、ナショナリズムがとめどなく強まる時流に対して非を唱えた、反時代的な書物となろう。だが、「日本民族」の「宗教意識」が、外来の仏教などとの関係で時代ごとにいかに覚醒してきたのか、といったような同書の論点は、同時代の日本精神論によくあるテーマ設定と実は大差ない。たとえば、代表的な「日本精神」論者の一人である紀平正美（一八七四～一九四九）による昭和初期の著作には、そういった類のものが数多い（『日本精神』『皇国史観』など）。思想史家の子安宣邦は大拙の同書について、「きわめて戦時期的な著作だと見る。「精神」に対する「霊性」概念を大急ぎで構成することでなされた、一九四〇年代日本の刻印を強く負った著作である」と評するが、妥当な見解だろう（子安二〇一四）。

あるいは、仏教学者の末木文美士は、大拙の反戦意識の確かさを認めながら、他方で「大東亜」の文化的中心として日本仏教を位置付けるその発想に、戦時下の日本に主流のイデオロギーとの親和性を読み取る（末木二〇一七）。大拙の意図はさておき、同書での彼の主張が世間にどう受け取られやすかったのかを考慮すれば、それは時局によく適応した作品だったと見なすほかない。そうした意味では、本書はごく凡庸な著作である。

だが、『日本的霊性』は、一冊の仏教論として読んだ時、その独創性が際立つ。同書は、「日本的霊性」の目覚めを、鎌倉時代の禅と浄土系思想、とりわけ後者に発見する書物だ。この点だけを表面的にとらえると、やはり凡庸な作品である。鎌倉新仏教、特に親鸞の思想に日本仏教史上の傑作を見出すのは、近代の仏教思想や歴史学の骨格をなす見識の一つだからだ（クラウタウ二〇一二）。他方で、同書での大拙による親鸞の論じ方には、明確な独創性があったといえる。

大拙は「本当の鎌倉精神、大地の生命を代表して遺憾なきものは親鸞聖人」であると断言する。そして、その親鸞の思想的な成熟は、北陸や関東での漂泊の暮らしによって、はじめて可能になったと主張する。

もし親鸞聖人にして地方に流浪すること幾年でなかったなら、純粋他力に徹し能わなかったのである。北国に流されて、仏法を僻地の人々に伝え得る機会を得て、ありがたいというのは、親鸞自らに対してもいうべき言葉なのである。僻地へ来たので、自らの宗教体験に深味を加えたのである。（中略）聖人の内的生活の上から見て、地方における生活、大地に親しき生活は、彼をして弥陀の大悲をいよいよ深く体認せしめたものに相違ない。

親鸞思想の真骨頂は、都市や日本の中心部ではなく、「僻地」における大地に根ざした生活が育んだ。大拙はそう考える。『日本的霊性』の大拙は、「大地」との接点という基準から、貴族よりも武家を、さらには農民の文化をより高く評価し、「宗教は親しく大地の上に起臥する人間——すなわち農民の中から出るときにもっとも真実性を有つ」と論じた。こうした価値基準から大拙は、「僻地」で農民と深く交流したであろう親鸞にこそ、宗教体験の「深味」を看取したのである。

この種の「大地に立つ親鸞」あるいは「農民的親鸞」のイメージは、社会主義者の木下尚江（なおえ）（一八六九〜一九三七）が明治末に提示し、その後、一九四八年に『親鸞ノート』を刊行した服部之総（しそう）（一九〇一〜一九五六）を筆頭に、戦後の歴史学者らが好んで論述したものである（福島一九七三、一九九五）。このうち、木下の論説は後世に直接的には引き継がれておらず、対して、戦後に人気を博した「農民的親鸞」像は、おそらく服部が大拙から受け取り拡散したイメージだ。『日本的霊性』に先立つ大拙の論文「親鸞管見」（英文が一九三六年、日本語訳が一九四二年に刊行）から、服部は大きなインスピレーションを得ていたのである（子安二〇一四）。すなわち、『日本的霊性』その他の昭和初期の大拙の著作は、戦後日本に広く流通した「新しい親鸞像」を率先して描いた業績だったと位置づけられる。

「大地」の上で思索し、信心と霊性を深めた親鸞を、大拙は次のようにも論述する。

彼が、具体的事実としての大地の上に大地と共に生きて居る越後の、いわゆる辺鄙の人々の間に起臥して、彼らの大地的霊性に触れたとき、自分の個己を通して超個己的なるものを経験したのである。法然によりていかほどの信心を喚起したにしても、京都文化以外に出る機会がなかったなら、他力本願の親鸞も伝教・弘法〔引用者註：最澄と空海〕以上に出られたかどうか、はなはだ危ぶまれるのである。「親鸞」はどうしても京都では成熟出来なかったであろう。京都には仏教はあったが、日本的霊性の経験はなかったのである。

親鸞の「親鸞」たる所以は、北陸の風土を吸収した経験から生み出された。もし京都にずっと住んでいたとしたら、親鸞は「親鸞」として大成しなかっただろう、と。大正期から長らく京都の大谷大学に籍を置いた大拙が、京都に「仏教」はあったが「日本的霊性」は無かった、と指摘しているのが興味深いが、それはさておく。ここで注目すべきは、親鸞を京都文化から遠ざけて描こうとする大拙の所作である。親鸞を本願寺から遠ざけようとしているのだ。

親鸞の逝去の後、曾孫の覚如(かくにょ)らによって、親鸞はひたすら本願寺の起源として語られてきた。明治以降、知識人による『歎異抄』の読解などを通して、次第に本願寺から自由な親鸞の語りが増えていくが、それでもなお、「本願寺の親鸞」のイメージは、現在に至るまで親鸞像の基調をなしている（大澤二〇一九）。これに対し、木下尚江らが、本願寺と親鸞の連想の切断に挑戦してきた。大拙が描く、京都の外の世界で完成する親鸞の姿もまた、この反伝統的な親鸞像の一種である。そして、それは最も多くの読者の心に届いた親鸞像の一つだろう。

このように、親鸞像という観点から見た場合、『日本的霊性』の独創性は疑いない。だが、それ以上に同書の独創性の光る部分がある。冒頭に述べた通り司馬や橋本が高く評価した、妙好人の再発見だ。『日本的霊性』は、妙好人を浄土真宗という宗派の枠組みから自由にクローズアップした書物として、近現代の仏教史上、決定的に重要な一冊である。

浄土真宗の信徒の理想的な生き方の表現者として語られる、妙好人。大拙はしかし、その妙好人を、真宗の信仰の体現者ではなく、日本的霊性の経験者の代表格、もしくは日本思想の創造者として提示する。近代の妙好人である浅原才市（さいち）（一八五〇～一九三二）について、大拙は次のように述べている。

彼の歌には堅苦しい真宗語彙の臭味がないのがありがたい。学問文字に心を取られて、経験の方に余り関心を持たぬ人々には、何かというと、概念的に物をいいたがるものである。「妙好人」にはその習性が出ないで、経験そのものに直下にぶっつかる。われらはこれを味わなくてはならぬ、そしてそれから思想大系を作り上げるのである。体系がまず出来て、それで経験を絞り出さんとしても、それは石から油を搾るようなものであろう。

学問や思想をもとに宗教経験が生まれるのではない。最初に宗教経験があり、それを源泉として思想や学問が生成する。ある妙好人の肖像を記述しながら、大拙はそのように考えた。宗教を論じる上での、こうした経験の根源性への認識は、ウィリアム・ジェイムズの『宗教的経験の諸相』(原著一九〇一、一九〇二)に触発されて以降の彼の、基本的な信念であっただろう。その信念が、ここでは著名な禅僧などではなく、真宗の一信徒の経験を例にして表明されているのだ。

宗教経験の探究の果てに大拙が妙好人の再発見に至った経緯については、哲学史家の末村正代の研究に詳しい(末村二〇一七)。一九三〇年代以降、禅と浄土思想の比較考察を進めた大拙は、禅の公案などから摘出していた宗教経験の世界を、浄土思想の関連文献にうまく見出せず、苦慮した。宗教経験という一点において禅と浄土思想は通じるはずだ、という彼の確信を実証してくれる例が見当たらず、壁にぶつかっていたのだ。そして、そうした障壁を越えさせてくれたのが、妙好人、浅原才市との出会いであった。おそらく一九四二年に、哲学者の西谷啓治(一九〇〇〜一九九〇)から才市の存在を知らされた大拙は、この妙好人の生死の軌跡に、浄土思想に彩られた宗教経験の真相を見て取る。かくして妙好人論を立て続けに発表するようになった一九四〇年代の大拙の代表的な成果の一つが、『日本的霊性』にほかならない。

日本の浄土教あるいは仏教の精髄を妙好人に見出す大拙の発想は、たとえば、大拙の教え子であり民藝運動の主導者として著名な柳宗悦(むねよし)(一八八九〜一九六一)に継承される(寿岳一九九二)。全国各地の名もなき職人たちが製造した日常的な生活道具のなかに、既存の美術品とは異質の美の世界を発見した柳の見方は、経典の文言や高僧の思想ではなく、市井の一般信徒の生き方に日本仏教の根源を求めた大拙の見方と、ぴったり重なる。日本仏教を教義の解説や高僧の伝記ではなく、妙好人という無名の信徒たち――大拙や柳の言論によって有名になるが――の経験から語った彼らの仏教論は、著しい独創性を有していた。

戦後には、五来重（一九〇八～一九九三）を筆頭とする仏教民俗学者などが、やはり教義解説や高僧伝とは異質の庶民の仏教史を描き、一定の支持を集めた（本書第13、14章）。大拙の妙好人論は、これに先立つ庶民重視の仏教思想であったともいえる。あるいは、戦後の代表的な親鸞論の一つに吉本隆明（一九二四～二〇一二）の著作があるが（吉本一九七六）、その「非知」の親鸞論には、学問や思想に先立つ一個人の経験に仏教の核心を見た、大拙の妙好人論と通じる部分がある。近現代の仏教論の系譜のなかで、『日本的霊性』などに記された大拙の妙好人論は非常に重要な位置を占めるのだ。

要するに、『日本的霊性』は昭和の仏教ジャーナリストとしての大拙の才覚が遺憾なく発揮された名著である。

四　ジャーナリストの罪

大拙による日本的霊性の評論は、日本人の仏教観に少なからぬ影響を及ぼす。その結果、戦後の日本人には見えにくくなってしまった仏教の現実もあった。その最たる例が、仏教と国家主義との結託や、戦争協力の実態である。

戦後に仏教を基軸とする「霊性的日本」の再建を志した大拙は、戦時下の急進的な国家主義や敗戦の原因の大部分を、神道に帰した。平田篤胤らが基礎づけた近代の国家主義的な神道が、「侵略主義・世界征服主義・八紘一宇主義、大東亜戦争の理念」を導き、日本を無残な敗北へ至らしめた、といった趣旨の意見を声高に述べていたのだ（鎌田二〇〇三）。こうした神道批判はだいぶ偏ったものだが、神道への責任の押し付けによる仏教の責任逃れのための方便としては、うまく機能したように思える。

実際には、戦時中の日本仏教も甚だしいほど国家主義的であり、日本政府によるアジア侵略や戦争に、各種の仏教思想を動員しながら積極的に協力した。だが、こうした事実に対する反省は、戦後しばらくのあいだ行われることなく、世間からあまり問題にされもせず、時が刻々と過ぎていった。国家主義の傾向がとりわけ顕著だった日蓮主義などの例を除けば、昭和の仏教による国家主義の全貌がよく見えてきたのは、ようやく最近の話である（石井ほか二〇二〇）。

そうした状況がもたらされたことの罪を、すべて大拙の言説に帰するつもりは、もちろんない。とはいえ、戦中から戦後の時代に移る過程での日本仏教の責任回避に、影響力のある大拙の言説が大きく貢献したのは確かだろう。

ジャーナリストは、現実の一部を切り取り、それを拡大するかたちで鮮明に世に伝える。その結果、世間の大勢には見えにくくなる別の現実もある。大拙は仏教について、どの現実を見えやすくし、どの現実を見えにくくさせたのか。大拙の生涯と業績を、偉人伝としてではなく歴史上の事実として批判的に検証するには、こうした観点が不可欠だ。

参考文献

石井公成監修、近藤俊太郎・名和達宣編『近代の仏教思想と日本主義』法藏館（二〇二〇）
大澤絢子『親鸞「六つの顔」はなぜ生まれたのか』筑摩選書（二〇一九）
大谷栄一『近代仏教という視座――戦争・アジア・社会主義』ぺりかん社（二〇一二）
鎌田東二『神道のスピリチュアリティ』作品社（二〇〇三）
子安宣邦『歎異抄の近代』白澤社（二〇一四）
クラウタウ、オリオン『近代日本思想としての仏教史学』法藏館（二〇一二）
佐々木閑「訳者後記」鈴木大拙『大乗仏教概論』岩波文庫（二〇一六）
司馬遼太郎『宗教と日本人 司馬遼太郎対話選集8』文春文庫（二〇〇六）
寿岳文章編『柳宗悦 妙好人論集』岩波文庫（一九九一）
末木文美士『思想としての近代仏教』中公選書（二〇一七）
末村正代「鈴木大拙における妙好人研究の位置づけ」『宗教哲学研究』三四巻（二〇一七）
鈴木大拙『日本的霊性 完全版』角川ソフィア文庫（二〇一〇）
那須理香『鈴木大拙の「日本的霊性」――エマヌエル・スウェーデンボルグ 新井奥邃との対比から』春風社（二〇一七）
福島和人『近代日本の親鸞――その思想史』法藏館（一九七三）
福島和人『親鸞思想――戦時下の諸相』法藏館（一九九五）
福嶋信吉「明治後期の「新仏教」運動における「自由討究」」『宗教研究』七二巻一号（一九九八）
古田紹欽『鈴木大拙――その人とその思想』春秋社（一九九三）
星野靖二「中西牛郎――「新仏教」の唱道者」嵩宣也、吉永進一、碧海寿広編『日本仏教と西洋世界』法藏館（二〇二〇）

吉本隆明『最後の親鸞』春秋社（一九七六）

第7章　高楠順次郎と親鸞――グローバル世界の仏教学者

一　仏教学者の信仰

僧侶を除けば仏教に最も詳しい人間は仏教学者だろう。ある意味では、僧侶よりも仏教に精通しているのが仏教学者だ。仏教学者は仏教を客観的に研究する人間なので、仏教という宗教を必ずしも信仰する必要はない。とはいえ、仏教の研究者は何らかのかたちで仏教を信仰している場合が少なくない。高楠順次郎という二十世紀前半の日本を代表する仏教学者もまた、浄土真宗の熱心な信奉者であった。

本章では、この高楠による真宗および親鸞に関する言説について考える。後述する通り、高楠の学者としての関心は真宗に偏ったものではない。他方で、彼は自分が大事にしている真宗や親鸞について公の場でよく語っており、親鸞の教えこそ日本仏教の核心だと理解していた。そうした真宗中心の発想は、高楠による海外への日本仏教の発信という局面にも明確に見て取れる。高楠のような国際的な仏教学者が、自身の信仰の拠り所である真宗について何をどう語ったのか、これを歴史的な文脈のなかで考えることが、本章の目的である。この作業によって、近代の代表的な仏教学者の思想や言説において、親鸞の教えがいかなる役割を果たしてきたのか、その一端を明らかにしたい。

高楠の真宗や親鸞に関する論説について検討した山崎龍明は、高楠は「信仰の場で親鸞を論ずる事が殆んど」だと指摘している。[1] この指摘はおおむね正しい。高楠は学問よりもむしろ信仰について語る場で親鸞に触れることが多かった。だが、ここでより深掘りすべきは、その「信仰」の内実だ。高楠は単に自分自身の信仰を赤裸々にするために、親鸞を語っていたのではない。あるいは、聴衆や読者を真宗の信仰に引き入れるために、その教えの要点を説いていたのでもない。高楠の親鸞論には、教育的な意図や日本仏教の高い価値の誇示など、様々なニュアンスが含まれている。高楠が親鸞について論じる際のそうした「信仰」の多層性について、精緻に解き明かす必要がある。

一方、オリオン・クラウタウは大正期の高楠による日本仏教論について検証し、高楠が「真俗一貫」「家族主義」に合致する親鸞の仏教を日本仏教の頂点に位置付けたと論じている。[2] 高楠が親鸞の教えを日本仏教の最高峰としていたのは間違いなく、その傑作たる所以を高楠がどう説明していたのかを明快にしたクラウタウの論考はとても参考になる。しかしながら、高楠の親鸞論は時期ごとに微妙な変化があり、また英語で発信する場合にはその趣向が少し異なる点を見過ごしてはならない。そのような変化の内実も検証の対象としなければ、高楠の日本仏教論の実態は決して掴めない。

以下では、高楠と真宗との関係を確認した上で、その親鸞論の変遷について考察する。特に、第一次世界大戦後に転換する高楠の日本仏教観のあり方を踏まえながら、彼の独創的な親鸞論を近代仏教の歴史上に位置付ける。

二　高楠と真宗

「先生の仏教研究は八宗兼学であったが、信仰は親鸞の流を汲んでいた。朝夕、仏前の勤行が行われた」[3]。高楠の弟子で共にパーリ仏典の研究に勤しんだ長井真琴（一八八一〜一九七〇）の証言である[4]。高楠と仏教の関係を端的に言い表していると思う。学者としては仏教のあらゆる宗派や系統を対象とする一方、親鸞を宗祖とする真宗の信仰の価値を、彼は生涯にわたり疑うことがなかった。

高楠は一八六六年、備後国御調郡篝村（現広島県三原市）に生を受けた[5]。生家の沢井家は本願寺派（西本願寺）の教えを重んじる門徒の家系であった。幼少期からの真宗との関係を、本人は次のように述べている。

（1）山崎龍明「仏教女子青年会運動と浄土真宗観」武蔵野女子大学仏教文化研究所編『雪頂・高楠順次郎の研究——その生涯と事績』大東出版社（一九七九：一二一）
（2）オリオン・クラウタウ「大正期における日本仏教論の展開——高楠順次郎の仏教国民論を題材に」『近代日本思想としての仏教史学』法藏館（二〇一二）
（3）長井真琴「厳父としての先生」『高楠順次郎全集』一〇巻（三四四）
（4）ちなみに、長井は真宗高田派の寺院出身者。
（5）高楠の生涯については、碧海寿広『高楠順次郎——世界に挑んだ仏教学者』吉川弘文館（二〇二四）

私の信仰も皆さんと同様に母の信仰から来ている。子供の時分から毎朝南無阿弥陀仏々々と唱える母の声で目が醒めた。（中略）私は長男でお経を一番よく読んだので、小さいの〔弟たち〕にお経を教えよと命じられた。小さいのを負って守をする、その間にもやはり「安心ほこりたたき」というものを教えさせられた。(6)

このように幼い頃から真宗の風習に親しんでいた高楠は、西本願寺の学僧である日野義淵の支援のもと普通教校（龍谷大学の前身の一部）に進学し、同校に在籍していた真宗関係者とのネットワークを形成する。その後、神戸の高楠家に婿入りするが、岳父の孫三郎は真宗高田派の門徒であった。娘がキリスト教に入信しそうな状態であったのを憂慮した孫三郎が、信頼できる仏教徒の青年として紹介された高楠を婿に選んだようだ。

一八九〇年に英国のオックスフォード大学に留学し、そこでマックス・ミュラー（一八二三～一九〇〇）に師事してインド学・仏教学者となる道を選ぶ、というのが、高楠の人生における最大の画期であったと思われる。当初の予定では政治学や経済学を専攻しようとも考えていたらしいが、ミュラーの強い勧めに従い、インドの古典研究に着手することとなった。高楠はミュラーと面会する際、真宗大谷派の南条文雄（一八四九～一九二七）の紹介状を携えていた。南条は高楠に先んじてミュラーの下で近代的な仏教研究の手法を学んでおり、ミュラーは高楠を「南条の後輩」と理解したのである。

西洋留学からの帰国後、高楠は東京帝国大学を拠点とする仏教学者として活躍しつつ、親鸞や真宗に関する講演や書籍の執筆を数多くこなしていく。なかでも異彩を放つのが、一九二二年に刊行の『眞宗の信仰と戯曲「出家と其弟子」』である。[7] 一九一七年に岩波書店から出版されベストセラーとなった倉田百三（一八九一～一九四三）の戯曲『出家とその弟子』の内容を、真正面から批判するために書かれた小さな本だ。親鸞を中心とした群像劇として書かれた倉田の作品には、親鸞や真宗に関する妥当とは言い難い理解が少なくない。[8] 特に、親鸞が「祈り」などキリスト教的なニュアンスの強い言葉を連呼するのは、仏教に通じた読者にとっては不満の種となった。そこで、当時の代表的な仏教学者であった高楠が、その誤りを指摘し、「正しい」親鸞理解を世間に改めて伝えようとしたのだ。『出家とその弟子』の大反響を契機として、大正期には出版界を中心に「親鸞ブーム」が起きていた。[9] この親鸞熱の渦中で親鸞の実像を冷静に論じることが、学者としての高楠に期待された役割であったろう。

一九二四年、高楠は念願の仏教主義に基づく女子大学の創設に向け、武蔵野女子学院を設立する（設立当初は女子中等教育機関、現在の武蔵野大学）。この学院の設立にあたっては資金面などで本願寺派の支援を受けており、たとえば開校時の校舎は築地本願寺の敷地内に置かれた（一九二九年に現在の

（6）高楠順次郎「私の生立と信仰」『高楠順次郎全集』一〇巻（一九九八：三三七）
（7）高楠順次郎『眞宗の信仰と戯曲「出家と其弟子」』大日本真宗宣傳協會（一九二二）
（8）末木文美士「迷走する親鸞」（『日本の近代――仏教思想と歴史』講談社学術文庫（二〇二二）
（9）大正期「親鸞ブーム」については、大澤絢子『親鸞「六つの顔」はなぜ生まれたのか』筑摩選書（二〇一九）

西東京市の地に移転)。学院は一九四三年に本願寺派の宗門校になっており、その教育理念には一貫して仏教や真宗の教えが取り入れられている。

高楠は一九四五年の敗戦前に逝去した。葬儀は築地本願寺で行われ、法名「宏学院釈順成」は西本願寺から大谷光照(こうしょう)門主の染筆により授かった。

以上の通り、高楠は生まれてから死ぬまで、本願寺派をはじめとする真宗の信仰や人物と、極めて密接な関係を持ち続けたといってよい。その高楠による親鸞論とはいかなるものであったのか。

三 平等主義の権化

高楠が親鸞について積極的に語っていたのは、一九一〇年代から三〇年代の前半にかけての時期である。管見の限り、それ以前と以後の時期には、彼の親鸞に関する言説は少ない。その親鸞論の大半は、講演の記録や一般向けの書籍のかたちで公表されており、著名な『大正新脩大蔵経』の編纂を筆頭とする狭義の学術的な業績とは一線を画す。思想家ないしは啓蒙家としての高楠の活動の一環として、彼の親鸞論は展開されていた。

その最初期の論考に、「平等主義の権化」がある。一九〇九年に開催の宗祖〔親鸞〕降誕会で行われた講演の記録として、『婦人雑誌』に掲載されたものだ。この「平等主義の権化」というフレーズは、その後も高楠が親鸞について語る際に好んで用いていた表現である。

日本人は外来の宗教である仏教をどう受容してきたか。その歴史の過程を大まかに振り返った上で、高楠は「印度伝来の捨家棄欲の姿」「古伝の僧風」を脱却した日本固有の宗教の開拓者として、親鸞を高く評価する。

僧徒の古俗を全く脱化して、日本の国風に全く醇化して、日本「国民性」の要求に適応して、ピッタリと日本主義を一致したのがわが、見真大師〔親鸞〕である、仏教は見真大師に拠って、全く国民化せられたのである、平民的宗教とせられたのである。[10]

親鸞は日本国民のための「平民的宗教」の開発に成功した。こうした主張は、親鸞に関する当時の通説的な理解の枠内に収まるものだ。日本思想史学者の森新之助が検証した通り、明治期には新時代の精神を「平民主義」に見る徳富蘇峰の議論の強い影響下で、巷間の史論や評伝、アカデミックな仏教史研究において、親鸞を筆頭とする鎌倉新仏教を「平民的」と評し肯定的に語る言説が広まっていた。[11] 前記の高楠の主張も、そうした文脈のなかにきれいに収まる。

一方で、この「平民的宗教」の内実を「平等主義」というキーワードを基に細かに分析していく手付きは、おそらく高楠に独自のものだ。彼は親鸞の「平等主義」について、以下のように七点に分けて説明している。[12]

（10）高楠順次郎「平等主義の権化」『婦人雑誌』二四巻七号（一九〇九：六）
（11）森新之助「鎌倉平民仏教中心史観の形成過程――明治における平民主義と仏教史叙述」『近代仏教』一九号（二〇一二）

第一、「仏体平等」。人々の信仰対象を、多種多様な神仏に分けることなく阿弥陀如来という一仏だけにしぼった。第二、「行体平等」。信仰に基づく「行」(行事、修行)の意義を「報恩」という一点のみに置いた。第三、「果体平等」。如来を信じる者は等しく浄土に往生できるとした。第四、「教体平等」あるいは「個体平等」。他力の信心は誰が持つものであれ違いはないとした。第五、「師弟平等」。師弟関係という形式上の不平等を否定した。第六、「僧俗平等」。僧侶中心の出家主義を捨てて、肉食妻帯の在家主義を貫徹した。第七、「王法平等」。現世の法律や秩序に等しく従うことを旨とした。

以上のような説明が親鸞の思想に関する理解として的確かどうか、それはここでは問題にしない。重要なのは、高橋が「平等主義」ゆえに親鸞の仏教には価値があると丁寧に解説していることそれ自体であり、また、その「平等主義」という評価の仕方は、西洋由来のある宗教を批判するためのレトリックとしても機能していた、という事実である。

すなわち、高楠の親鸞論はキリスト教批判という別の目的を明確に含み込んでいた[13]。いわく「真宗の教義は一仏を拝する点と、他力救済を説く点に於て」キリスト教との類似性を指摘される。だが、親鸞の教えはキリスト教とは決定的に異なる。キリスト教などの他宗教と異なり人間から神仏への働きかけを完全に否定した親鸞は、「現世の祈禱を許さゞるのみならず、死後の冥福を祈ることも許さず」、そして、こうした神仏への祈りを決して認めない姿勢を貫いたのは、「世界宗教の開祖中、唯々親鸞聖人一人のみである」。あるいは、仏教の浄土とキリスト教の天国の思想も、表面的には同類の説のように見える。しかし、キリスト教では天国にいる「能造の神と所造の人間とは、永久にその懸隔が存在する」。イエス・キリストもまたパウロと同格ではない。神ないしは神の子であるイエスと普通の人間を、同じ存在とは決して見なさないのだ。それに対し、浄土の世界においては「仏と人との差別のある筈がない」。さらに、キリスト教では死者が生前の行いに基づき神の審判を受け、悪人は地獄に墜ちると考えるが、「悪人正機」の真宗では人間を裁かず、むしろ罪人こそを積極的に救う。

祈りの有無、人間と神との絶対的な区別、救済対象に対する善悪の裁定、この三つの点に関して、親鸞の教義とキリスト教のそれは決定的に異なる。そして、このいずれの場合にも、キリスト教には欠けた「平等主義」を究めた親鸞の教理が輝く。というように、高楠の親鸞論はキリスト教を否定的に評価するための言論としても構成されていた。

こうした親鸞論とキリスト教批判のセットは、後に趣向が微妙に変化していく高楠の言説にも一貫して見られる特徴だ。先行研究の一説によれば、明治の中頃までには烈しかった仏教者によるキリスト教批判は、明治後期までに収束し、「対話」の姿勢が強まったとされる。[14] だが、高楠という仏教学者は、明治後期から昭和初期を通じてキリスト教に対する批判の手を緩めることがなかった。

また、高楠の親鸞＝「平等主義」論は、しばしば「差別即平等」の観点から提示されている点も見過ごせない。「理想と親鸞聖人」と題した、一九一五年に行われた講演の記録が分かりやすい。

(12) 高楠順次郎「平等主義の権化宗祖降誕会演説の続き」『婦人雑誌』二四巻八号（一九〇九：三）
(13) 高楠（一九〇九：三七）
(14) Notto R Thelle, *Buddhism and Christianity in Japan: From Conflict to Dialogue, 1854-1899*. University of Hawii Press (1987).

講演で高楠は、「平等主義の権化」としての親鸞の魅力を改めて確認した上で、その親鸞の理想を実現するために、人間は「四つの関門」をくぐる必要があると述べる[15]。すなわち、「家族的生活」「社会的生活」「国家的生活」「個人的生活（宗教的生活）」である。人間はこの世に生を受けてから成長していく過程で、「家族的生活」では父母への恩、「社会的生活」では他者への恩、「国家的生活」では君主への恩、「個人的生活」では仏への恩を感じながら自己修養すべきだと、高楠は説く。子と親、自己と他者、人民と君主、人と仏、これらは本質的には皆平等だが、現実の世界では上下の差異があり、それぞれの差異に応じて、相手への敬意を重んじねばならない、というわけだ。なかでも、民と君との差異は決して軽んじてはならない。高楠は次のように熱弁する。

天皇陛下は我々を子の如くに思つて戴くとすれば我々は君を親の如く考へなければならぬ。君も我々も同じであるからと云ふて徹頭徹尾同じことだと云ふ訳には行かぬ。君臣は平等に上下心を一にするとふ所では同じでありますけれども、君と臣との分は昔から絶対に定まつて居る。臣民と云ふものは天皇陛下に絶対に服従しなければならぬ。[16]

臣民（国民）と天皇は人間としては「同じ」だが、されど前者は後者に「絶対に服従」すべき、というわけだ。高楠は親鸞の「平等主義」を人間の生き方の指針として示しつつ、天皇制に基づく権力関係や差別の構造は容認する。天皇を中核に据えた国家体制への抵抗権を否認した上での「平等主義」の主張ということで、これは神学者の森島豊がいう「天皇型平等」の思想にほかならない。[17]あるいは、仏教版の「天皇型平等」の言説の一種として、高楠の親鸞論は成り立っていたともいえる。

したがって、高楠が称賛する親鸞の「平等主義」的な宗教は、天皇を親のように思いその命令に服する日本人にしか通用しない、ということになるだろう。高楠の親鸞論は、あくまでも日本というローカルな文脈でのみ意味をなす特殊な宗教言説として成立していた——少なくとも一九一〇年代半ばの時点では。

一九二〇年代以降、高楠の日本仏教観は大きく転換し、これに伴い彼の親鸞論の性質も微妙に変化していく。その画期は、第一次世界大戦にあった。

四　世界大戦後の転換

一九一九年八月、高楠は法学者の小野塚喜平次と共にフランスへと旅立つ。十月にパリで開催される万国学士院連合会（L'Union Academique Internationale）の創立会議に出席するため、日本の帝国学士院から派遣されたのだ。万国学士院連合会は、欧米諸国のアカデミーが連合して、各国の学界相互の連携を図り学術の発展を目指す組織である。一八八九年に成立したが、第一次世界大戦のために

(15) 高楠順次郎「理想と親鸞聖人」道交会編『眞宗教と生活』無我山房（一九一六：八六～一一一）
(16) 高楠（一九一六：九一）
(17) 森島豊『抵抗権と人権の思想史——欧米型と天皇型の攻防』教文館（二〇二〇）

解消され、戦後にドイツなどを除いて再結成された。高楠は一九一二年から帝国学士院の会員であり、ヨーロッパ留学時代に培った現地の学者たちとの幅広い人脈もあったことから、この国際的な学術組織の新たな立ち上げの場に参与する日本代表の一人として選ばれたのである。

会議への参加後、高楠は約半年間ほどヨーロッパに滞在し、大戦後の西洋事情を実体験している。それにより、彼は「今や各国が、思想上の不安をきたし、労働問題が盛んに起こってきたのは、戦争という大地震にゆられた結果である」という現地の状況を確認した[18]。なかでも「今まで社会の中堅と呼ばれた中産階級の不安」を彼は目の当たりにしている。

とりわけドイツの窮状は高楠に強い印象を残した。食料や燃料が著しく欠乏しているが、為替相場の下落により国外から物資を輸入できない。小さい子供は栄養失調で上手く歩けず、病院に入った子供も食糧不足で脂肪が足りないため入院中に骨折することが多い。立派な学者たちも栄養不足のため病気になるとすぐに死んでいく。「さう云ふ風で、中等社会、私は之を成貧と名づけておりますが、向ふで云ふニユー、プーアの階級は実に悲惨な状態に居るのである」[19]。

こうした惨状は、ドイツに社会主義や共産主義を招き寄せるのではないか。高楠はそう懸念した。現状では、ドイツには急激に左傾化する兆候は見られない。だが、「露西亜に接触して居るだけに、過激な思想が入り来つて確かに、薄桃色位の色彩を帯びて居る」[20]。これは何とかせねばならない。

そこで高楠は、国民全体に向けた教育の意義を再確認する。「露西亜は教育のない為に、全然無自覚的に過激主義に服従する（中略）併し独逸がそれ程迄に行かぬのは教育が行届いて居たからである」[21]。特に高等教育においては、個人の天性を育む人格教育の価値を改めて見直す必要性を彼は感じた。高楠の見立てでは、戦前のドイツは画一的な「学芸教育」に傾き過ぎ、英国やフランスなどもこれに影響されている。しかし「教育の根本は何処迄も人格教育でなければならぬ」[22]。加えて彼は、教育も含めたあらゆる社会活動の基礎となる「精神」の重要性を、世界中の人々が認識すべきだという確信に至る。

今一つ今度の戦争から得た大なる教訓は我々の宇宙間の生活である。物質的勢力と云ふ方面にのみ重きを置いて、之を本位として行つたならば、教育も学術も外交も商業も経済も総て無意義なものになつてしまふと云ふことである。若し之に宇宙間を支配す精神的勢力を根本としてやつて行つたならば、教育も活きて来れば学術も経済も外交も活きて来るのである。[23]

大戦後の世界には、「物質的勢力」を支える「精神的勢力」の普及が求められる。それはいかにして供給されるか。高楠にとっては、当然というべきか、仏教こそがその最高の供給源に違いなかった。

(18) 高楠順次郎「ドイツの惨状」『高楠順次郎全集』八巻（一九九八：五三四）
(19) 高楠順次郎「西遊所感」『弘道』三四〇号（一九二〇：二四）
(20) 高楠（一九二〇：二五）
(21) 高楠（一九二〇：二八）
(22) 高楠（一九二〇：三〇）
(23) 高楠（一九二〇：三一）

日本の仏教を、西洋社会にも伝えて新時代を生きる西洋人を善導せねばならない。大戦後のヨーロッパでの実地体験は、高楠にそうした強い使命感を抱かせるに至った。[24] 帰国後からしばらくたった後に書かれた文章において、彼はやや大仰な論調で次のように述べている。

大戦後の欧州と云ふものは、翕然として東洋に憧れて居る。欧州文化は或る方面に於ては行き詰つた。これを打開して前途に光明あらしむるには東洋思想を吸収するの外はないと云ふ気分が至る所に顕はれて居る（中略）日本の大乗仏教は世界視線の集中点となつて居る。この際最も適当な方法で海の彼方に材料を提供すると云ふことは、非常に効果のあることである。[25]

文化的に行き詰った西洋人を立ち直らせるために、日本の大乗仏教を精神的な「材料」として提供する。そう語る高楠の念頭にあったのは、まずもって、高楠が中心的な編纂者となり一九二四年から刊行が開始された『大正新脩大蔵経』であったろう。これは漢訳大蔵経の決定版となる学術業績であったと同時に、日本人が自らの文化的優位性を誇りながら世界的な文化貢献を試みるための大事業でもあった。[26]

加えて、高楠にとっては親鸞の教えもまた、世界に宣布して然るべき日本仏教の精髄と捉えられていた。一九二二年、高楠は南条文雄や村上専精、高島米峰（べいほう）（一八七五〜一九四九）といった先達や仲間たちと共に、親鸞の教義を広めるための団体「日本真宗協会」を立ち上げる。その設立趣意書には、高楠をはじめ当時の真宗関係者たちの親鸞にかける思いが率直に示されている。

世界は今、欧州大戦争の影響を受けて恐るべき思想の混濁文明の行詰を来たしてゐる。人々は絶えず何物を求めてゐながら尚常に何等かの不安と動揺とに悩まされてゐる。畢竟これは社会に宗教基調宗教的動力なく人々に宗教的信念がないからである。（中略）我々は無意味な旧伝統を斥けあらゆる迷信を排除し形式に拘泥しない合理的宗教を求める、こゝに於て我々は親鸞上人の教義信条に逢着したのである。その汎神的哲理、平明簡易な信条は我々をして仏陀慈光に浴せしめる。これこそ世界万人の要求してやまない生きた宗教である。(27)

かくして、親鸞の教えは単に日本でしか通用しないローカル宗教ではなく、全人類を指導し救済すべき世界宗教として捉え返された。

（24）一般に、日清日露戦争や太平洋戦争とは異なり、第一次世界大戦に対する当事者意識を持つ日本人は少なかったとされる。だが、山室信一が指摘する通り、日本人でも主戦場となったヨーロッパの地に実際に立ってみた人間（三木清など）の場合、自分が今や人類史的な大転換に立ち会っていることを自覚しやすかった。山室信一『複合戦と総力戦の断層日本人にとっての第一次世界大戦』人文書院（二〇一一：一五七〜五八）

（25）高楠順次郎『人文の基調としての仏教』大雄閣（一九二九：一九二〜九三）

（26）Jachie Stone, "A Vast and Grave Task: Interwar Buddhist Studies as an Expression of Japan's Envisioned Global Role," in J. Thomas Rimered., *Culture and Identity: Japanese Intellectuals During the Interwar Years*, Princeton Legacy Library (1990), Creg Wilkinson, "Taisho Canon: Devotion, Scholarship, and Nationalism in The Creation of The Modern Buddhist Canon in Japan, "in Jiang Wu & Lucille Chiaed., *Spreading Buddha's Word in East Asia: The Formation and Transformation of the Chinese Buddhist Canon*, Columbia University Press (2016)

（27）創立世話人「趣意書」『真宗叢書』一号（一九二三）

こうした世界大戦後の高楠に生じた認識の転換は、彼の親鸞論の中身にも微妙な変化をもたらす。一九二四年に刊行されよく読まれた高楠の主著の一つ、『生の実現としての仏教』を例にして検討してみよう。

更新された高楠の言説においてまず顕著なのは、キリスト教に対する批判がより苛烈になっている点である。「極端差別主義の耶蘇教」「耶蘇教は全責任を負ふてその教義に縛せられて自滅を遂げる」といった、ほとんど罵倒めいた表現が散見される。[28] 高楠によれば、神と人を差別するキリスト教は、昨今の「無神主義」の時代に適合せず、宗教を否定する社会主義や共産主義にも対抗できない。一方の仏教はといえば、むしろ正反対である。

現今世界は無神主義に向ひつゝある、近代の社会主義は多くこの傾向を有し、マルクスの過激主義の如きは全然有神教に対する挑戦と謂つても宜いのである、無神主義は耶蘇教の終滅である。同時に無神主義は仏教の発生である。欧州に無神主義の傾向の生じたのは大体に於て仏教をふる素地が出来たものと謂つて差支ないのである。[29]

キリスト教とは異なり、仏教は現在の「無神主義」の時代にこそ伸張の可能性が高い。そう推量する高楠は、しかし仏教全般を念頭にこうした展望を立てているのではない。むろん、真宗の教えこそ、彼がここでいう模範的な「仏教」の一つである。前記に続けて「我国には全然祈禱なく迷信の根拠を寸毫も見出さない仏教がある。これは親鸞聖人の宗派である」と強調する通りだ。仏を神のように信仰して祈りを捧げるばかりの宗派とは異なり、「親鸞上人は教のみは其儘学校に入れても寸毫の差支えはない」とも力説している。[30]

このような「無神主義」の現代にこそ世界に到来すべき宗教としての、仏教あるいは真宗の核となる教説とは何か。それは「人格主義」にほかならない、と高楠は喝破する。彼は人格の向上を追求する人格主義は宗教というものを成立させる必要条件だとし、仏教はその人格主義を徹底させた最高の宗教だと考える。その上で、釈尊（ブッダ）の「大人格」という理想を信じ求める教理こそ、親鸞の開示した真宗だという持論を展開する。

> 真宗は釈尊の理想の究竟的実現である。釈尊の理想そのものが、印度と云ふ条件を撤廃し、全く時代の色彩を離れたものは、即ち弥陀教であらねばならぬ。この弥陀教を究竟的に実現したものが親鸞聖人の真宗である。言換へてみれば釈尊の自覚の内容そのまゝが弥陀教であり、而して弥陀法である。それが、即ち真宗であると信ずるのである。[31]

釈尊は古代インドという特定の時代と場所に生きた人間だ。しかし、その人格に体現された理想

(28) 高楠順次郎『生の実現としての仏教』大雄閣（一九二四：一九〇〜九一）
(29) 高楠（一九二四：二四七）
(30) 高楠（一九二四：二四七）
(31) 高楠（一九二四：二六六）

は、固有の時空を超えて「弥陀教（法）」という形態に抽象化され、その教法を最も的確に語り伝えてきたのが親鸞なのである、と。

こうした説明には、大戦後の西洋体験を経て高楠のなかで確定的となった、人格教育を重んじる姿勢や、物質主義の偏重を超克するための精神性の希求、そして親鸞を日本という極東の島国に限定されない世界的宗教家へと格上げさせようとする意欲が、鮮明に示されている。高楠は心から願う。仏教史上の最高傑作である親鸞の教えが、今まさに窮地にある西洋人にとっての希望の光となることを。

仏の平等愛の世界は、実に親鸞聖人に依て最も究竟的に、最も普遍的に実現せられたのである。この東方の光りは今や転じて西方の光りと成らんとしつゝあるのである。[32]

とはいえ、親鸞や真宗の教えが現実に「西方の光」となるには、それらの内実を日本人に向けて日本語で語っているだけでは不十分だろう。西洋人にも理解可能な言語によって、その教義の普遍性を証明して行かねばならない。つまり、英語をはじめとする西洋言語による宣教がどうしても必要である。

高楠は新たに立ち上がった英語雑誌において親鸞とその教えを論じることで、この課題に挑むこととなる。

五　インド人との対論

一九二五年、高楠の青年時代からの盟友である桜井義肇（一八六八～一九二六）が英語の仏教雑誌 *The Young East* を創刊する。[33] 同誌には日本や欧米の多彩な学者や識者らが、仏教に関する様々な論考を寄せており、高楠はその最大の寄稿者となった。

同誌は、明治二十年代に刊行されていた先駆的な英語仏教雑誌 *Bijou of Asia*（『アジアの宝珠』）の後継誌と目されている。[34] 実際、おもに西洋社会を念頭に置きつつ、革新的な意識を有する日本の仏教者らが国際的な雑誌を出版するという趣旨は、*Bijou of Asia* と *The Young East* に共通する特質である。しかしながら、この二つの雑誌が刊行された時代の状況、とりわけ、国際社会における日本の立ち位置は、著しく異なっていた。

すなわち、西洋列強から押し付けられた不平等条約の解消のため必死の近代化を進めていた頃の日本と、今やアジア諸国で唯一の国際連盟の常任理事国として、世界の命運を決定する強国の一つ

（32）高楠（一九二四：二八〇）
（33）*The Young East* については、Judith Snodgrass, "The Young East: Negotiating Japan's place in the World through East Asian Buddhism," in Yoneyuki Sugita ed., *Japan Viewed from Interdisciplinary Perspectives: History and Prospects*, Lexington Books, 2015
（34）*Bijou of Asia* については、中西直樹、吉永進一『仏教国際ネットワークの源流——海外宣教会（１８８８年～１８９３年）の光と影』三人社（二〇一五）

となった日本、こうした立ち位置の決定的な相違が、両誌の掲載記事の論調には陰に陽に表されている。明治の雑誌には、日本仏教の再興のために西洋人の歓心を買おうとする仏教者たちの焦燥感が垣間見える。それに対して、第一次世界大戦後に創刊された雑誌の方は、混迷する西洋社会に対して、アジアの代表である日本の仏教者が精神的な助言を与えようとするかのような余裕を感じる。

高楠の親鸞論も、そうした文脈の中で *The Young East* に出現した。興味深いことに、その論説が発信されるきっかけは、あるインド人の提言にあった。それは、ロンドンを拠点としていた活動家ハル・ダヤール(一八八四〜一九三九)の発言だ。ダヤールは、ガンジー以前に活躍したインド独立運動の闘士であり、運動からの離脱後、ロンドン大学に学位論文 *The Bodhisattva Doctrine in Buddhist Sanskrit Literature* を提出して博士号を取得し(学位論文は一九三二年に出版)、第一級の仏教学者となった人物である。[35] そのダヤールによる仏教論が *The Young East* に数本掲載されており、特に一九二六年の"Buddhism and The Future"という論考に、高楠は鋭く反応した。

ダヤールの論は、自然科学が発達した結果として一部の宗教の足元が掘り崩される一方、比較宗教学の知見により他宗教の価値を認めるべき要請が高まる時代に、未来の仏教はどういった形態を目指すべきか、その提案を行うという趣旨のものである。

ダヤールいわく、仏教は「広大な宗教を肥沃してきた強大な河川だが、それゆえ過去の数々の状況ごとに多くの泥やごみ屑もため込んできた」[36](※以下、英文からの引用はすべて拙訳)。したがって、現代人のニーズや発想に合わせるかたちで仏教を浄化、あるいは改革し拡張した「新仏教(Neo-Buddhism)」を創生する必要がある。そのためになすべきは、次の九つのことである。

第一に、現在の仏教を歪めている迷信の増殖を断つこと。たとえば、スリランカの仏教徒が崇める「ブッダの歯」のような馬鹿げた遺物崇拝や、「西方の楽園」〔極楽浄土のこと〕に対する日本人の妄信などである。第二に、絶対的な神による世界の創造といった非科学的な教義を一切説かなかったブッダの教えを、今後も厳として維持すること。第三に、個人の魂が死後も永続するという考えを拒否すること。それゆえブッダの前世を語るジャータカは、単なる民間伝承の一種として扱わねばならない。第四に、「涅槃」を「存在の消滅」とするネガティブな解釈を斥け、これを「この世の罪悪や悲しみからの解放」として理解すること。第五に、仏教史上に蓄積されてきた過剰な形而上学を廃棄すること。第六に、仏教の精神にそぐわない祈禱（prayer）を断固拒否し、瞑想と学習による自己修養を説くこと。第七に、キリスト教やイスラム教からソクラテスや孔子の教えまで、他宗教の思想を懐深く受け入れること。第八に、菜食主義のような特定の食事制限を、仏教徒に不可欠の道徳とはしないこと。第九に、新仏教の説教者を独身の僧侶とせず、結婚した男女とすべきこと。来るべき仏教を生き生きと伝える高貴な男女は、僧侶（出家者）のように一般社会から隔離された存在であってはならないのだ。[37]

以上のようなダヤールの提言は、高楠の心を激しく揺り動かした。そこに仏教に関する自身の考えや理想と重なる部分を見出したからである。一方で、異論を覚える部分も多々あった。そこで

（35）ハル・ダヤールについては、Bhuvan Lall, *The Great Indian Genius Har Dayal*, Notion Press Media Pvt Lud (2020)
（36）Har Dayal, "Buddhism and The Future," *The Young East*, Vol. 1. No. 12 (1926:. 393)
（37）Dayal (1926: 393-95)

高楠は、“New Age and New Buddhism” と題した論考を執筆し、これをダヤールに対する応答として *The Young East* に掲載する。

高楠はまず、ダヤールによる議論が何より興味深いのは、それが現代日本の思想家たちと同じ意見のように思える点にあると述べる。「伝統宗教」や「寺院の壁のなかの仏教」を非難したり、「既成宗教」の役に立たなさを語ったりしつつ、未来に訪れるべき合理化された宗教のあり方を提案するのは、「近代的思想家」にはよくあることであると。彼らは、今日的な興味をそそる教説を創作しさえすれば、人々はすぐにそれを信じるだろう、と思い込んでいる。しかし、それは間違いだと高楠はいう。[38]

なぜなら、宗教は理論の上にではなく、その創始者の人格（the character）の上に打ち立てられるものだからである。科学が特定の宗教的教理の誤りを証明したところで、その宗教は相も変わらず存続しうる。教理の内容にかかわらず、創始者が徳の高い存在である限り、その宗教の土台は盤石なのだ。

とはいえ、と高楠は続ける。新しい宗教が創立されるのであれば、その教理の内容によって運動の成否が左右されることも確かである。したがって、ダヤールの理論的な提言について吟味する意義も大いにあるだろう。

ダヤールがまずもって主張する迷信の根絶、これについては完全に同意すると高楠はいう。しかし他方で、ダヤールは科学を重んじ過ぎる結果、ブッダに備わった超自然的な性質や価値をよく理解できていない、と批判する。悟りを開いたブッダの、通常の人間を超えた特質を、ダヤールはまったく分かっていないのだと。たとえば、ダヤールはスリランカにおける「ブッダの歯」を馬鹿げた迷信の一例として否定するが、実のところ、そこに馬鹿馬鹿しさは微塵もない。尊敬する歴史上の偉人の遺物を仰ぐ行為に、何の愚かしさもありはしないのだ。同様に、日本人は「西方の楽園」の実在を信じていると嘲笑うダヤールの見解も、知識の不足による謬見に過ぎない。日本の仏教徒は「西方の楽園」を文字通りに信じているのではなく、現世に生きる自分の心を見つめる上での比喩の一種として受け止めているからだ。[39]

一方、祈禱の慣行を認めない自己修養の教義としての仏教というダヤールの考えには、高楠はまったく賛同する。その上で、救済に祈禱は不要とする仏教の例として、日本には親鸞の教えが既に存在することを教示する。現代世界の仏教徒のなかにも、幸福や繁栄をブッダに祈る者たちはいる。だが、真宗ではそうした慣行を容認せず、ときにブッダの加護に対する感謝の念を示すだけのために、祈りの言葉を唱えるのだ。[40]

さらに、菜食主義の廃止や結婚の勧めを唱えるダヤールの意見に関しても、自分は共通の見解を抱いていると高楠は述べる。ただし、そのような見識は既に七百年前から親鸞によって提示され実践されているとして、次の通り結論付ける。

(38) J. Takakusu, "New Age and New Buddhism," The Young East, Vol. 2. No. 2 (1926a: 58)
(39) Takakusu (1926a: 58-59)
(40) J. Takakusu, "New Age and New Buddhism," The Young East, Vol. 2. No. 3 (1926b: 83)

ハル・ダヤール氏による九つの提言は、正当であり私たちの期待に適ったものといえるので、喜ばしく満足である。（……）実のところ、彼の提言と親鸞の教えが非常に似通っていると書き記すことができて、私は嬉しい。[41]

かくして高楠は、インド人活動家の発した仏教の未来に関する提案を、親鸞の思想や真宗の信仰の意義を国際発信するための媒介として利用した。これは牽強付会とも評せる力業だが、とはいえ、こうした議論の接続を可能にする要素が、親鸞思想には十分に含まれていたことも確かだろう。その思想的な可能性を、高楠は絶好の機会を逃さず巧みに引き出したのだといえる。

ただし、その後の高楠は英語による親鸞思想の国際発信を積極的に進めることはなく、真宗を「西方の光」とし西洋社会に伝達するという彼の願いも叶わなかった。むろん高楠のみならず、誰であれ親鸞や真宗をグローバルな文脈で広範に流通させる試みには、今に至るまで成功していない。近代化された親鸞思想や真宗信仰というのは、おそらく、日本に固有の文脈でのみ展開可能な近代仏教の一形態であるように思える。[42]

親鸞の世界宣教を放棄した高楠は、その後、釈尊を中心とした仏教の伝達に注力していく。

六　親鸞から釈尊へ

一九三七年、高楠は自分の仏教に対する信仰とその学問や表現のあり方について、次のように説明している。

私はそこ〔普通教校〕でも真宗の教えをうけたのであるから真宗の信者に相違ない。であるが私が仏教の話をするのは真宗の話はしない〔原文ママ〕。普通に仏教が世間に向かって本統に値打ちがあるというのは、真宗だけの話をするより仏教全体に共通する根本教理を説くことである、それが私の使命であるという考えである。（中略）仏教に大切なものは、仏教を分裂的に考えることでなくして、仏教を全体的に考えることである。しかるに各宗はおのおの自宗に固執するところがあるから、これを直して釈迦如来の教えを一般的なものにする、それが私の使命だと信じている。[43]

自分は「真宗の話はしない」というこの語りは、明らかに事実と異なる。本章で詳論してきた通り、一九一〇年代から二〇年代の高楠は、内容を微妙に変更させながらも親鸞について旺盛に発言し、真宗の普及に努めてきた。そう見なさざるを得ない。

あるいは、この一九三七年の時点ではもう「真宗の話はしない」という意味であれば、自身の活

（41） Takakusu (1926b: 84)

（42） 親鸞が日本においてのみ熱心に受容されてきた理由については、以下の拙著で検討した。碧海寿広『考える親鸞——「私は間違っている」から始まる思想』新潮選書（二〇二一）

（43） 高楠「私の生立と信仰」（一九九八：三三八）

動方針に関するこの高楠の説明は、おおよそ妥当である。一九三〇年代の彼はまさに「仏教全体に共通する根本教理を説く」ことに意を注ぎ、とりわけ「釈迦如来の教えを一般的なものにする」ために力を尽くしていたのだ。

たとえば、高楠は一九三六年に『釈尊の生涯』を上梓している。同書は、釈尊の人生と思想を分かりやすく解説した彼のラジオ講演の内容をまとめ直した書籍である。[44] 一方、一九三九年に行われたハワイ大学での講義録が、高楠による唯一の英語単著として彼の死後に出版されている。[45] 同書は、釈尊が開拓したインド仏教をベースにしつつ、倶舎、成実、法相、三論、華厳、天台、真言、禅、浄土、日蓮宗、新律宗という日本仏教の諸宗派の思想をバランスよく論じたものである。この洋書では「真宗の話」もなされていないわけではないが、あくまでも日本仏教の一部という扱いで、特別視はされていない。

高楠は西洋で最先端の仏教学を修得し、その日本への移入と定着に尽力した人物であったから、仏教の根源である釈尊の生涯と教えの意義を世間に伝えることは、彼のライフワークの一つであり続けた。ただし、高楠による仏教の普及活動において釈尊への比重が増していくのは、おおよそ一九三〇年代ごろからであり、特に一九三四年を画期とする。この年、釈尊の生譚二千五百年を祝うための数々のイベントが、高楠を代表として多くの仏教学者やその影響下にある作家たちの貢献により空前の盛り上がりを見せ、一種の「釈尊ブーム」が巻き起こった。[46] また、翌一九三五年から高楠はパーリ語の仏典を現代日本語で全訳し出版するという大々的なプロジェクト（『南伝大蔵経』）を主導し、市井の読者に仏教を伝える際には釈尊の平明な教えに依拠するのが最も有効だと気づかされた。[47]こうした経験からの学びによって、彼は「真宗の話」を止めて「釈迦如来の教えを一般的なものにする」ことへと、自らの使命を転じていったのだ。

さらに時代が下り、一九四〇年代前半の「大東亜共栄圏」構想の時期になると、真宗に傾斜することなく大乗仏教全般や釈尊の教えを総合的に論じるべき義務感が、高楠のなかで著しく強まる。日本をはじめとする東アジアの大乗仏教と、南方地域に定着している上座部仏教、両者の利点を融合させた「新文化」を創造するためのプランを立てることが、権威ある仏教学である高楠には求められていたからだ。[48]こうした状況下で、親鸞という中世日本の一人の僧侶の素晴らしさだけを称える言論は、公共性があまりにも乏しかった。

以上、本章では高楠の親鸞論の変遷の実態と背景、論の消失について検討した。その言論のダイナミックな展開は、高楠が経験した時代・社会状況のやはり動的な変化と密接に関連していたことが明確になっただろう。とりわけ、日本を取り巻く国際情勢の急速な転変は、当代随一の国際的な仏教学者であった高楠の言動を目まぐるしく変容させた。

親鸞あるいは真宗という、日本以外の文脈では機能することの少ない思想や実践が、国際情勢の

(44) 高楠順次郎『釈尊の生涯』ちくま学芸文庫(二〇一九)
(45) Junjirō Takakusu, *The Essentials of Buddhist Philosophy*, University of Hawaii (1947)
(46) 碧海寿広「学術としての仏教」『高楠順次郎』(二〇二四:九二~九五)
(47) 碧海(二〇二四:一〇一~一〇五)
(48) 高楠順次郎『大東亜海の文化』中山文化研究所(一九四二)

推移に応じるかたちで、その表現の仕方を劇的に変えていく。これはグローバルな力学に甚だしく規定される近代仏教の特質をよく表わす、一つの好例だ。本章は、高楠順次郎という頂点的な仏教学者の言論活動を例として、そうした特質を浮き彫りにするための試みであった。

第8章　昭和初期の仏教／キリスト教論争——高楠順次郎を中心として

はじめに

一九三一年、当時の日本を代表する仏教学者であった高楠順次郎が、仏教は「無神論（無神主義）」の宗教であるという趣旨の発言をし、これが論争を呼ぶ。口火を切ったのは、有神論的な宗教の代表格である、キリスト教の関係者であった。また仏教者からも、高楠による「無神論」の主張に疑義が投げかけられる。加えて、特定宗教にこだわらない哲学者の井上哲次郎なども、高楠の主張に対する異論を呈した。この論争自体は、それほど長く続けられることはなく、小さな規模のものであった。だが、そこで問われたテーマは、近代における宗教のあり方や、仏教の本質をめぐる、きわめて重要な問題にかかわっていた。

本章では、この論争の概要を高楠の発言を中心にまとめた上で、その思想的・歴史的な意義を考察する。それによって、高楠の思想の一側面を掘り下げるとともに、より広く、彼がものを考えた時代の宗教思想や仏教観のあり方について検討してみたい。

一　仏教＝無神論をめぐる論争

一九三一年三月二二日付の『読売新聞』に、「仏教の根本義」と題された高楠の論説が掲載された。これを受け、渋谷日本基督教会牧師の尾島真治が、高楠の見解を批判するための文章「「仏教の根本義」を読む」を、同紙に四回にわたり連載する。それに対し、高楠が反批判のための文章「尾島氏に答う」を同紙に五回にわたって掲載した。その後、この論争に別のキリスト教徒の論客や、著名な哲学者らが参戦し、同紙では五月半ばまでの約二ヶ月間におよぶ議論が行われた。これら一連の文章は、高楠の監修する雑誌『現代仏教』の同年六月号に「仏・基の宗教哲学的論争」と題して再掲され、また同誌の後続の号にも、この論争を引き継ぐ新たな文章が掲載された。

全国紙を舞台に一定期間続いたとはいえ、この論争には、それほど大きな反響があったわけではなく、近代の仏教史や宗教史でも注目されてこなかった。だが、そこで論じられたテーマは、近代の仏教(宗教)思想の核心部に迫ったものであったように思える。まずは、論争の火種をまいた高楠の文章の内容を確かめてみよう。

高楠は、「大乗(仏教)の根本主義」は大別して八つあり、このうち内面的なものと外面的なもの、それぞれ四つずつに分けられるという。すなわち、内面的な「無神主義」「人格主義」「理智主義」「理想主義」と、外面的な「無傷害主義」「大慈主義」「平和主義」「平等主義」である。このうち特に問題になったのが、一番目の「無神主義」だ。高楠によれば、仏教は「宇宙を創造し生類の運命を主宰し、生類の善悪を審判する神を認めない」。個々の人間性を創造するのは個々の人間自身であり、各自が「自業自得で自己の運命を開拓しつゝある」。また、釈迦は人間を超えた存在ではなく、人格の完成者であり、阿弥陀如来や大日如来といった仏たちも、釈迦が求めた理想の顕現だ。したがって、「仏には創造神、主宰神、司法神の如き意味は毛頭ない」[1]。

この種の、仏教を実在的な神仏の世界から遠ざけつつ釈迦を偉大な人格者とする語りは、明治期以降の近代的な仏教言説としては標準的なものである[2]。とはいえ、高楠はそれを改めて「無神主義」としてクローズアップし、一般紙という目立つ媒体で発表したため、強い反論を呼び寄せることとなった。牧師の尾島らによる文章を見よう。

尾島は『大智度論』に言及しながら、仏教では「有神論は常見であり、無神論は即ち断見である。而もいずれも異端」としているのだから、高楠の見解はおかしい、と批判する。また、釈迦の宗教者としての価値を「人格の向上の程度の懸隔」にしか見ない高楠は、仏教を人間の道徳性の問題に還元しているのではないか、と指摘する。「博士のいはゆる仏教は哲学にもあらず、科学にもあらず又宗教にもあらず実は人間本位の倫理主義である」[3]というわけだ。一方、同志社大学のキリスト教史家であった魚木忠一（うおきちゅういち）もまた、「宗教に似而非なるヒユマニズム」と題した論説で、高楠の見

（1）高楠順次郎「仏・基の宗教哲学的論争」『現代仏教』八二号（一九三一：二七）
（2）碧海寿広「人格の仏教——近角常観と明治後期大正期の仏教言説」『近代仏教のなかの真宗』（二〇一四）、Micah L. Auerback, *A Storied Sage: Canon and Creation in the Making of a Japanese Buddha*, University of Chicago Press (2016)
（3）尾島真治「仏・基の宗教哲学的論争」前掲『現代仏教』八二号（一九三一：二九～三二）

解は近代的な「無神的人間高調」であり、それは宗教の否定につながると示唆する。[4] さらに、早稲田大学教授で哲学者の帆足理一郎も、宗教に関し「超人間的な宇宙的実在を否定し去って、只それ人格完成への自力的工夫」とする高楠の議論は、「哲学又は自己修養の倫理的努力ではあるが宗教とはいへない」と断じる。また「人間対人間の崇拝は英雄崇拝であつて、宗教とはいへない[5]」とも述べ、高楠の仏教観を疑問視した。

こうした一連の批判に対し、高楠は応戦する。いわく、仏教の根本には「諸法無我」の考えがあり、これは無神論にほかならない。尾島の『大智度論』に関する解釈は、仏教の誤解に過ぎないのである、と。さらに、高楠が強調する人格主義は倫理や道徳の一種に過ぎず宗教とは言えない、という批判に対しては、次のように反論した。

凡て仏は人間として人間の宗教を創説した人で、普通人の容易に達し能はざる境地まで到達したのであるが、これは矢張り人間の至るべき所まで至つたのである。我々の人格を一段々々と進めて行つて普通人格から超越人格に、超越人格から遂に絶対人格にまで進めるのが仏教である。絶対と云つても決して唯一の意味ではない。百人でも千人でもその地位に到達するものだから、決して絶対ではないが、我々の思議し得る範囲を超越して他に類例を見ない境地であるから仮りに絶対と名付けるのである。つまり人間の到達し得べきる完全位（パーフェクション）に到達したのである。所謂到彼岸の境地である。[6]

釈迦が到達したレベルの「人格」を、通常の人格を遥かに超越した何かと理解し、そうした超越的な「人格」を説く仏教は、あくまでも一つの宗教――「人間の宗教」――だ、と説明しているわけである。やや分かりにくい言い分だが、この点については後ほど改めて考察したい。

高楠と尾島らの論争には、哲学者の井上哲次郎が参戦する。井上は、高楠の言うとおり確かに仏教ではキリスト教の説くような創造神は認めていないと同意する。しかし他方で、大乗仏教の哲学では「実相だの、法性だの、仏性だの、真如だの、一如だの」といった「原理としての法」がよく説かれており、こうした「実在」の考えに関しては、キリスト教とも通じる部分があると論じる。たとえば、ヨハネの福音書にはキリストを「ロゴス」の体現者とする発想が示されているが、これは釈迦を「法（ダルマ）」の体現者とする見方と重なっており、「宇宙の原理」を想定するという意味では、キリスト教と仏教は大きく変わらない。これが井上の主張であった[7]。

この井上による議論は、仏教は無神論か否か、人格主義は宗教に成りうるか否か、といった、それまでに展開されてきた論点からはややズレており、むしろ仏教とキリスト教の対立を調停することに主要な目的があったように思える。また、井上は同論で、外来の諸宗教を容認し統一する「日本固有の精神」や「惟神の大道」の意義を述べており、彼の究極のねらいは、日本主義的な思想の

（4）魚木忠一「宗教に似而非なるヒユマニズム」前掲『現代仏教』八二号（一九三一：三三～三五）
（5）帆足理一郎「仏・基の宗教哲学的論争」前掲『現代仏教』八二号（一九三一：三五～三六）
（6）高楠「仏・基の宗教哲学的論争」（一九三一：三七～三八）
（7）井上哲次郎「仏・基の宗教哲学的論争」前掲『現代仏教』八二号（一九三一：四一～四六）

支配下における諸宗教の統合と利用にあったのだろう。ともあれ、そうした彼の真意はさておき、高楠はこの井上の議論にも反論している。

高楠は、仏教に「宇宙の原理」を見出す井上の論説を退け、仏教は「非根本原理主義」であり、そこに「宇宙の中心、宇宙の我とも云ふべき本体はない」と断言する。一方で高楠は、仏の人格についても再び自説を述べている。すなわち、仏の人格は「我々人格とは相違して、自己中心の人格ではない。他己中心の人格である。名づけて宇宙大の人格と云ひ得るのである。即ち無我の大人格である」のであると。[8] 仏教は「宇宙の我」は認めないが「宇宙大の人格」を理想とする、ということで、話が少し入り組んでいるが、要は自我への執着を離れた人格の確立こそが仏教の真意である、と述べているわけだ。

これらの論争を受けて、仏教界からも高楠の仏教＝無神論に応答する者があった。『現代仏教』では、前記に参照してきた「仏・基の宗教哲学的論争」の翌月（七月）号で「仏陀論特集」を組み、この論争に対する仏教者たちの見解を掲載している。

たとえば真言宗僧侶で仏教学者の加藤精神は、「仏教の無神論、無霊魂説に就いて」と題した論文で、この論争の反響についてまとめつつ自らの見解を提示した。それによると、『読売新聞』での高楠の論説に関して、仏教学者のなかには「小乗仏教は本来無神論であったが、後、大乗仏教に至りて遂に有神論となつた」とする意見が少なくなかったという。これに対して、加藤は高楠の見解におおむね賛同しながら、仏教が無神論である所以を説明し、「然るに仏教学者中、往々「大乗仏教は有神論なり」と主張する者があるは、仏教に対する彼等の誤解であると云ふに帰着する」と結論する。[9]

一方、島地大等の甥にあたる仏教学者の姫宮智円は、釈迦の立場は「無神論的思想」かつ「汎神論」であったと位置づける。いわく、仏教のなかには「仏陀の内在性を強調するものあれば、超越性を強調するものもある。けれども、仏教の基調はあくまで汎神論にあるので、キリスト教本来の一神教とは一致しない」。ここで言う「汎神論」とは、「総ての人類は皆仏性を具してゐる、何人も皆仏たるべき可能性を具してゐる」という意味だ。釈迦は、「超自然の空想的神々」を否定し、この点では無神論者であった。だが、人間であれば誰もが自己に内在する仏性を自覚できる可能性があると説いた点で、釈迦は内在的な超越性を肯定した汎神論者であった、と姫宮は考えるわけである。[10]

これら二つの論説から分かるのは、高楠の仏教＝無神論説に対しては、仏教学者のあいだにも程度の差こそあれ異論を唱える者がいた、という事実である。最もよくあったのは、釈迦の教えは無神論であったとしても、阿弥陀如来や大日如来などの超越的な仏を説く大乗仏教は有神論なのではないか、という見解だろう。加えて、仏教は無神論や有神論というよりも汎神論である、という見方も出された。高楠の考えは、当時の仏教学者に一般的なものでは必ずしもなかったようである。

あるいは、仏教学者らによる理論的な見方から離れて、より素直に日本の仏教徒の現実的な行動

(8) 高楠「仏・基の宗教哲学的論争」(一九三一：四六〜四七)
(9) 加藤精神「仏教の無神論、無霊魂説について」『現代仏教』八三号(一九三一：二二〜二七)
(10) 姫宮智円「仏陀論特集」『現代仏教』八三号(一九三一：三四〜四七)

を見てみれば、その実態を無神論と位置付けるのは大いに無理がある。高楠の論説とほぼ同時期に、著名な評論家の生田長江（いくたちょうこう）が『現代仏教』に寄せた文章には、その辺の事情が鮮やかに示されている。

理論上には無神教、もしくは汎神教として扱はれてゐる仏教が、実際上には、如何に屡々多神教であり、もしくは単一神教であるか？　否、一種の精霊崇拝、天然崇拝とさへも見えるものの如何に稀らしくないことか？[11]

この発言の前提には、社寺で神仏に現世利益を祈ったり、葬式や法事で如来に来世の救いを願ったりする人々の存在があるだろう。生田の指摘するとおり、仏教は現実的には無神論でも汎神論でもまったくない。むしろ、多神論的な意味での「有神論」だと理解するのが妥当なところだろう。それでも、高楠は仏教＝無神論を固持し、キリスト教徒や哲学者たちと論戦した。その思想的・歴史的意義を次に検討してみよう。

二　キリスト教・マルクス主義・宗教

高楠に対して論戦を仕掛けたのは、まずもってキリスト教の論客たちであった。宗教を有神論的なものとして受容してきた彼らにとって、無神論を声高に唱える高楠の言論は許容しがたかったのである。『現代仏教』が誌面上でこれを「仏・基の宗教哲学的論争」と名付けたことからも明瞭なように、この論争は何よりも、仏教とキリスト教の対立の事例として関係者に受け止められた。

明治以降の近代日本で、仏教とキリスト教は当初は「対立」状態にあったが、次第に「対話」可能な存在として互いを容認していく、という過程があったとされる。[12]こうした見立ては基本的に妥当だと思われる。明治前期におけるキリスト教の解禁後、はじめ仏教界は舶来のキリスト教(もっぱらプロテスタント)の日本での拡大を脅威に感じ、数多くの反キリスト教思想(排耶論)が提示された。キリスト教の側も、仏教の古臭さや非合理性を論難し、文明社会にふさわしいのはキリスト教だとして宣教を進めた。だが、こうした対立は、天皇制を中核とした近代日本の国家体制が確立し、諸宗教の調和と国家への貢献が求められるようになる世紀転換期の頃には、表向きは解消される。また、リベラルな仏教者やキリスト教徒たちが、ともに協力し相互に影響を与え合う事例も増えていった。

しかしながら、それ以後の日本では仏教とキリスト教の対立が完全に解消されたのかといえば、もちろん、そうではない。どちらも別個の宗教——宗派の多様性はさておく——として、互いに日本人の認知や信心を奪い合う関係ではあり続けたわけである。よって、自己の方が相手よりも宗教としてより優れている、あるいは時宜を得ている、といった主張は、仏教とキリスト教の双方から、当然のごとく繰り返されてきた。本章でいま扱っているのは、その昭和期における一例だが、こう

(11) 生田長江「宗教其物としての大乗仏教対大乗基督教」『現代仏教』八〇号(一九三一:三)
(12) Notto R. Thelle, *Buddhism and Christianity in Japan: From Conflict to Dialogue, 1854-1899*. University of Hawii Press (1987)

した明治期以降の仏教キリスト教の「対立」の持続と変容については先行研究が少なく、詳しい検証が必要だと思われる。

本章の事例に関して言えば、高楠がなぜキリスト教徒らからの反論を呼び寄せるような無神論の強調にこだわったのかが重要だろう。その背景には、マルクス主義的な観点からの宗教批判の隆盛があった。すなわち、知識層の「赤化」が見られた昭和初期には、マルクス＝レーニン主義の立場から既存の宗教を「阿片」として否定する動きがあり、これが仏教界にも少なからぬ波紋もたらしていた。徒党を組んでの「反宗教運動」も一部で盛り上がり、民衆への不当な搾取をイデオロギー的に支援しているなどとして、本願寺をはじめとする巨大な仏教団体が目の敵にされた[13]。

そして、『中外日報』や『現代仏教』など、当時の仏教関係の新聞や雑誌には、マルクス主義からの宗教批判や反宗教運動に関する記事が数多く掲載されており、発言力のある仏教者たちも、これらに応答する必要性を強く感じていた。そこで大きく問われたのが、そもそも「宗教」をどう定義するのか、という問題だ[14]。マルクス＝レーニン主義からの宗教批判は、まずもって西洋の伝統的なキリスト教や教会組織を対象としており、これが日本に移植された際には、阿弥陀如来への信仰心を説く本願寺などの伝統仏教界がやり玉に挙げられた。これに対して、宗教の存在意義を擁護する人々は、「宗教」は実体的な神仏を拝む実践や、既存の教団の形態に限定されるものではなく、その本質は批判者たちが想定するのとは別のところにある、と反論したわけである。

高楠が仏教＝無神論を強調するに至った背景には、間違いなくこうした思想的・歴史的な文脈がある。実際、高楠は前記した論争の直後に発表した「仏教の本質」と題した論説で、仏教は「無神主義」だという自説を繰り返しながら、それは「唯物的無神主義」ではなく「精神的無神主義」だと説明した。また、仏教の「教団」としてのあり方についても、次のように解説している。

仏教は共産教団ではあるが、世の所謂共産主義と全く相違して居る。仏教の共産主義は精神生活が主であるから私有財産と全く相違して居る。（中略）世の共産主義の如き物質生活を主とするやうな下劣の欲望とは全く相違して居るのである。[15]

高楠はおそらく、マルクス主義者たちが発する宗教批判の言説に、一定の理があると考えていた。だが、それに従い仏教の存在価値が否定されるとは、当然、考えなかった。そこで、マルクス主義者たちが採用する唯物論的な無神論や搾取なき社会の理想とも大きく乖離しない、仏教の新たな定義を、高楠は模索したのだと思われる。その結果、彼は仏教＝無神論を強力に押し出すこととなった。

こうした昭和初期の高楠の仏教論は、仏教とマルクス主義を同時に支持した人物からの共感を得ている。それは新興仏教青年同盟の創始者、妹尾義郎（一八八九〜一九六一）である。妹尾は、釈迦

（13）近藤俊太郎『親鸞とマルクス主義——闘争・イデオロギー・普遍性』法藏館（二〇二一）
（14）林淳「マルクス主義と宗教起源論——『中外日報』の座談会を中心に」磯前順一、ハリー・D・ハルトゥーニアン編『マルクス主義という経験——一九三〇—一九四〇年代日本の歴史学』青木書店（二〇〇八）
（15）高楠順次郎「仏教の本質」『現代仏教』八六号（一九三一：一〜一〇）

への信仰とマルクス主義に基づく無産運動を融合させた活動に取り組んだ人物だが、近代仏教学からの影響が大きく、高楠の著作にも親しんでいた。彼は高楠の論説「仏教の根本義」を、「現代仏教徒の仏教に対する理想」を代表する意見とした上で、「無我主義に立つて愛と平等の実践を理想すべき仏教徒にとつては、資本主義否定は当然すぎるほど当然なる社会運動であらねばならぬと確信する」などと述べている。[16] 高楠の仏教論は、マルクス主義者でも受容可能なタイプの宗教言説であった。

だが、ここで問題になるのは、そもそも宗教に否定的なマルクス主義者でも受け入れられる仏教論は、果たして宗教言説なのか、という点だ。先に概説したとおり、高楠の人格主義的な仏教論は、キリスト教徒だけでなく哲学者からも「倫理主義」「ヒユマニズム」「自己修養の倫理的努力」「英雄崇拝」等々であって「宗教」ではない、と批判されてきた。これに対し高楠は、仏教が探究する「人格」は通常のそれとは性質の異なる「人格」であり、ゆえに「宗教」なのだと応じた。「宗教」の定義は人それぞれ、と言ってしまえばそれまでだが、高楠の主張には少なからぬ疑念が投じられたのも事実である。仏教＝無神論とセットで高楠が熱弁したこの仏教＝人格主義を、どう理解したらよいのだろうか。

前提として、高楠の仏教観の基礎にあった西洋由来の近代仏教学は、その当初から、キリスト教のような超越的な神を信じる宗教とは異なる人間中心の思想や道徳の教えとして、釈迦の唱えた仏教を評価してきた。[17] 高楠の論説は、紛れもなくこの直系に位置する。したがって、いっそのこと仏教はキリスト教のような「宗教」ではなく、人間が生きる上での指針を与える「哲学」や「倫理」だと言い切ってしまったほうが、知識人の界隈では理解されやすかったように思える。

しかしながら、先述のとおり日本で（大乗）仏教は一般的に有神論的なものとして流通しており、その意味ではキリスト教と同じく「神」を仰ぐ「宗教」である。そうした日本社会で、仏教を完全に「宗教」と切り離すのは困難であり、高楠も仏教をあくまでも「宗教」の枠内で語ろうとした。だが、彼の思い描く釈迦の仏教と、日本の伝統的な（大乗）仏教には、容易には越えがたい大きな断絶があった。

一方で高楠は、仏教の教説に「宇宙の原理」を見て取る井上哲次郎や、個々人に内在する仏性を説く「汎神論」的な仏教理解にも与しなかった。そうした「神」とは別のところ——この世界や人間の内側——に「原理」を発見する立場を徹底的に退ける「非根本原理主義」を、彼は唱えたのだ。こうした高楠の思想は、近代日本ではやや例外的なタイプの思考形態であったように思える。

井上哲次郎のように、諸現象の背後に根本的な原理を見出す哲学的な思惟は、「現象即実在論」などと名付けられ、これは明治期の哲学、とりわけ宗教思想に紐づいた観念論哲学に広く共有された[18]。こうした思惟の形態は、西田幾多郎の哲学にも一定程度は継承され、おそらく京都学派の「無」の哲学もその延長線上にある[19]。「実在」であれ「無」であれ、現象に内在しつつ現象を超え

（16）妹尾義郎「仏陀論特集」『現代仏教』八三号（一九三一：五二～五三）
（17）フィリップ・C・アーモンド『英国の仏教発見』奥山倫明訳、法藏館文庫（二〇二一）
（18）船山信一『明治哲学史研究』ミネルヴァ書房（一九五九）
（19）James W. Heisig, *Philosophers of Nothingness: An Essay on the Kyoto School*, University of Hawaii Press (2001)

た何らかの原理を希求する傾向は、近代日本思想に幅広く見られる特徴だといえる。

それに対し、高楠の論じる仏教＝人格主義は、いかなる原理も認めない「非根本原理主義」という点でかなり特異である。高楠は釈迦を理想的な人格の体現者としながら、その人格を思考や言語によって弁別可能な原理としては語らず、「我々の思議し得る範囲を超越して他に類例を見ない境地」として、常人には決してたどり着けない場所に措定した。それは超越的なものとしてこの世に存在しうるはずであり、我々はそれを目指すべきだが、しかし絶対に到達できない何かだとされるのだ。一方で、その「到彼岸の境地」は「自己中心の人格ではない。他己中心の人格」であるともされており、自己否定の徹底の果ての到達点と解されている。個人による終わりなき自己否定の繰り返しのなか、不可思議なものとして感得される「無我の大人格」。この、どこまでも否定的な思想や実践を通してのみ示される超越の思想こそ、高楠の仏教＝人格主義の骨子であったと考えられる。

こうした、いわば反原理主義の原理主義のような思想を近代の思想史のなかにどう位置付けるかは、今後の課題としたい。また、その種の発想をあくまでも「宗教」として語ることの意義についても、高楠本人の意図を超えて、近代世界の宗教史のなかで検討していく価値はあるだろう。

B　実践・生命・民俗

第9章　儀礼と近代仏教――『新仏教』の論説から

はじめに

儀礼（儀式）が宗教と密接に関連した事象であるというのは、まず直感的に理解されるところだろう。寺院での法会や教会でのミサ、聖地メッカへの巡礼など、特定の宗教集団によって定期的に行われる儀礼が世界中に存在する。あるいは、神社への参拝や日々仏壇に手をあわせる営みなど、個人の意志や習慣に依存する傾向の強い儀礼的行為もある。特定の宗教がいま生きている人々によって目に見えるかたちで表現されるとき、それは儀礼という形態をとる場合が少なくない。宗教の研究者もまた儀礼については繰り返し言及してきたし、現行の法律が想定している「宗教団体」にしてみても、一般的に「儀式行事」を営むことが普通であるとされている。儀礼を語らずに宗教を論じきることは、おそらく不可能である。

だが、近代の仏教は、儀礼についてはあまり多くを語ってこなかった。たとえば仏教学者の末木文美士いわく「……葬式仏教などの儀礼的要素もまた、近代の仏教思想家、仏教研究者たちによって隠蔽され、それを論ずることはタブー視されてきた」とのことであり、[1] また現代を代表する僧形の宗教学者も「近代社会は儀礼を軽視する傾向が強いという特徴があります。でも、今や儀礼を再考しなければならない時期にきていると思います」と述べている[2]。儀礼は、近代仏教の言語空間においてはあまり積極的には論じられてこなかった。

しかし、近代仏教が儀礼について完全に沈黙してきたかといえば、むろんそうではない。近代仏教には近代仏教の儀礼論があった。ただ、それは後世の人間があえて想起するほどの重要な位置づけを与えられることがなかったのである。その多くは長期間にわたって継続的に論じられることがなく、それゆえ後世の人々の記憶には残りにくかった。

本章が改めて注目したいのは、その一見あまり重要でないがゆえに仏教史には記されることがほとんどない、近代仏教の儀礼論である。それは確かにやがて忘却されてしまうようなマイナーな論説ではあった。だが冒頭に述べたように、儀礼は宗教にとって非常に大きな意義を有する事象であり、それを個々の宗教がどう評価し自己のなかに位置づけているのかを見ていくことで、それぞれの宗教の性格もまた明らかになってくる。「近代仏教」として一括される、多種多様な思想と実践の一群に関しても、そこで儀礼がどのように論じられていたかを跡付け、その意味を考察することで、これに関する新しい見方を開拓できるだろう[3]。

本章で中心的に取り上げるのは、雑誌『新仏教』(一九〇〇年七月～一九一五年八月)において発信された儀礼論である。この雑誌に散見される批判的な儀礼論の数々は、これまであまり積極的には言及されてこなかったが、絶対的に数の少ない近代仏教の儀礼論としては割合にまとまった成果であるとみなしてよい。近代仏教による儀礼の位置づけを再考するにあたっては、最適の事例の一つである。

以下では、『新仏教』における儀礼論の分析を通して、近代仏教における儀礼論の性格、ひいては近代仏教そのものがもつ性格の一面を再検討する。また同時に、この『新仏教』という近代仏教史を代表する雑誌の一つについても、従来にない観点からの新たな評価を行う。

一 『新仏教』と儀礼

『新仏教』に関しては、既に複数の論者により様々なことが指摘されている。ここでは、本章の議論を展開する上で欠かせない要点のみ改めて確認しておく。

『新仏教』は、仏教清徒同志会（一九〇六年、新仏教徒同志に改名）の主要機関誌（ほぼ月刊）であり、ここに掲載された数々の論考それ自体が、「新仏教」という明治の仏教革新運動の思想を表現したものとして振り返られることが多い[4]。また、新仏教は明治三十年代頃に勃興してきた新しい仏教思想（運動）の一種として、しばしば清沢満之らの「精神主義」と並び称される[5]。ただし、精神主

（1）末木文美士『鎌倉仏教展開論』トランスビュー（二〇〇八：二七）

（2）釈徹宗『いきなりはじめる仏教生活』バジリコ出版社（二〇〇八：八一）

（3）儀礼「論」ではなく近代仏教の儀礼の実態については、武井謙悟による研究のほか、戦時期の仏教教団の儀礼（戦勝祈願など）に注目した小林惇道の著書が重要である。武井謙悟「近代仏教の「儀礼」をいかに再現するか」『近代仏教』三〇号（二〇二三）、小林惇道『近代仏教教団と戦争――日清・日露戦争期を中心に』法藏館（二〇二二）

（4）池田英俊『明治の新仏教運動』吉川弘文館（一九七六）

義が真宗大谷派という「既成教団の中からの教団改革」を試みたのに対し、新仏教は「既成教団との絶縁」を目指した[6]。

『新仏教』では、この縁を断つべき「既成教団」を総称して、「旧仏教」と呼んだ。この前近代から存続している「旧仏教」に関連した事象を否認しつつ、新しい仏教を創造していくことが、『新仏教』に集った面々の最たる目標であった。よって彼ら新仏教徒たちによる論説は、「旧仏教」が行っていることの古臭さや弊害を説き、時代に即した正しい仏教のあり方を提言しようとする意欲に満ち溢れていた。『新仏教』の創刊を告げる文章からして、従来の寺院や僧侶による仏教を「朽腐せる」「瀕死の」「迷信的」「厭世的」と苛烈に断じつつ、その改革を求めるという体裁であった[7]。

極端な話、彼等は既存の寺院や僧侶はいずれ消えて無くなるものと考えていたようだ。たとえば、「寺院即ち仏教、殿堂即ち信仰」といった通念を否定し、内村鑑三の「無教会主義」にならいつつ「無寺院主義」を唱える者がいた[8]。また別の者は、日本では遠からず僧侶志願者が減少し、能力の劣る寺院子弟だけがわずかに残り、葬祭という旧慣によってのみ維持される寺檀関係をしばらくのあいだ細々と続けていくのが日本の「僧侶の将来」だという、今日ますます現実味を帯びてきた将来予測を述べている[9]。「旧仏教」の存在意義に対する新仏教徒たちの冷淡さは明らかだろう。

とはいえ、新仏教の推進者たちの目前には、依然として既成教団の活動に代表される旧来の宗教思想や慣行が現前として存在していた。したがって、これを完全に無視して「新仏教」を創造することなど不可能であった。そこで、いま・ここにある「旧仏教」の、おおよそネガティブな現状と特性について、おそらくは「旧仏教」の当事者以上に徹底的に考え抜き、これを批判的に論じることが、彼らには求められた。そうした思考や議論を行う際に提言されたモットーとして知られるのが、「自由討究」という発想である。

「自由討究」とは、[10]「個々人が理性以外の何ものにも拘束されず（＝自由）に、批判的に研究（＝討究）するという意味」であり、このような発想は、当時の新しいメディア環境のもと活発な言論活動を展開していた若い知識人たちには、極めて適合的なものであった。[11]それはより敷衍して言えば、「まづ「ナゼ」と疑問の第一矢を放ちて、「これこれこういう道理あるが故に」という手答のあったところで、「成程そうか」と合点をすること」であり、「旧仏教」の処遇の仕方に関しても、「遠慮会釈なく自由に討究して、在来の仏教の取捨を為すべし」というスタンスが採用されたわけである。[12]

この「自由討究」の理念と方法は、既成教団に深くかかわる儀礼的慣行に対しても差し向けられた。すなわち、「宗教的制度儀式」に関する彼等の綱領に付与された解説文にある通り、「今日の宗

（5）吉田久一『日本近代仏教史研究』吉川弘文館（一九五九）
（6）柏原祐泉『日本近世近代仏教史の研究』平楽寺書店（一九六九：四三四）
（7）「吾徒の宣言」『新仏教』一巻一号（一九〇〇）
（8）枯骨生「無寺院主義」『新仏教』一一巻七号（一九一〇：八二一～二二）
（9）加藤咄堂「僧侶の将来」『新仏教』一一巻六号（一九一〇：五四五～五〇）
（10）『新仏教』が掲げる綱領の一つに、「我徒は、仏教及ひその他の自由討究を主張す」とある。『新仏教』一巻一号（一九〇〇：五）
（11）福嶋信吉「明治後期の『新仏教』運動における『自由討究』」『宗教研究』三一六号（一九九八）
（12）高島米峰「新仏教と旧仏教」『新仏教』六巻三号（一九〇五：二二五）

教的制度及儀式は、皆これ前旧来の制度儀式を保持するの必要を認めず、直に新制度新儀式の確立を期せん」というのが新仏教徒たちの制度や儀式に対する基本的な姿勢であった。[13]「旧仏教」の担い手らが粛々と保持してきた従来の「儀式（儀礼）」の実質を、「自由」に「討究」しつつ、そのうち無用なものはしっかりと批判したのち廃絶し、有意義な部分は残し、さらには新仏教の理想にかなう新しい儀礼のあり方が模索されたのだ。

『新仏教』において各種の批判的な儀礼論が提示された理由は、こういうところにあった。葬式や祈禱をはじめ、まさしく「旧仏教」が主体となり行われてきた宗教儀礼のみならず、結婚式や年賀状の風習など、[14]世間に広まっている様々な儀礼的慣行についても、その性質や難点が熱心に「討究」され、今後の改善策に関しても少なからぬ言葉が費やされたのである。

以下に詳しく考察していくのは、この「自由討究」の理念に基づき発せられた新仏教徒の儀礼論には、どのような特質があり、そこにはいかなる意義があったのか、という問題だ。むろん、『新仏教』に論説を掲載していた人々の思想や教学的な立場は一枚岩ではなく、そのため「新仏教徒の儀礼論」なるものが純粋に存在していたわけではない。とはいえ、新仏教徒たちの間では先にふれた綱領に即した発想が儀礼の扱い方に関してある程度は共有されており、そこから大きく逸脱した論説は誌上には滅多に出現してこなかった。ときにはやや毛色の異なるタイプの論説が掲載されたとしても、後述する「儀礼と信仰」をめぐる論争の場合のように、それは新仏教徒のより中核的なメンバーからの応答をうけ、その異色性が中和されるような状況があったといえる。よって本章では、『新仏教』に掲載された個々の論説はすべて同等の価値を持つものとして取り上げ、それらに関連する他の論説との質的な差異にも注意を払いながら、一つのいわば理念型としての「新仏教徒の儀礼論」を構成し、その内実を検討する。

二　慣習を問う視線

『新仏教』は、先行する『仏教』（一八八九〜一九〇一）という雑誌を、いわば批判的に乗り越えるかたちで誕生してきたという経緯がある。[15] この歴史的な事情は儀礼論に関しても当てはまるところがあり、両誌に掲載された儀礼に関する論説は、それぞれ性質が大きく異なる。

たとえば『仏教』誌（八四、八五号）の冒頭に掲載された、戒律主義の真言僧として有名な釈雲照（一八二七〜一九〇九）による「迷信の区域」という論考には、盆行事の際に死者供養を行うことの是非についての考察がある。そこで釈は、「極楽世界より亡霊が遥々飯水の供養を受けんが為めに来ると云ふの如きは、迷信も甚しきにあらずや」というある仏教者の意見を紹介した上で、これに反

(13) 安藤之振「宗教的制度儀式」『新仏教』二巻五号（一九〇一：四）
(14) 鮎村小逸「結婚論」『新仏教』一〇巻五号（一九〇九）、中村皷峰「年賀状論」『新仏教』一三巻一号（一九一三）
(15) 仏教清徒同志会は、古川勇（老川）を中心とする「経緯会」の方針を継承するかたちで結成されたが、この経緯会会員の主な言論活動の場が『仏教』であった。柏原祐泉『日本仏教史 近代』吉川弘文館（一九九〇：二〇六）。そして、経緯会の若手メンバーの一人であり、後に新仏教運動の中心的人物となる境野黄洋が、同誌で急進的な論説を展開し既成仏教との対立を深めていったことなどから経緯会は解散となり、これに代わって青年仏教徒らがより自由な論説を展開できる場としての『新仏教』が台頭したのであった（池田一九七六：二八二〜八三）。

論する。すなわち、「仏教の真理は、本人情の外に出つれども、亦能く人情に相応して、敢て古礼習慣をも破せざる」ものであり、「今祖先の霊を祭るの法等の類は世間の人情に順して」いるのだから、こうした供養の儀礼を行うことは、迷信などでは決してないのだと。[16]

次いで、明治の啓蒙的仏教者の一人として知られる大内青巒（せいらん）（一八四五〜一九一八）の「祈禱論」を見てみよう。いわく、現代の識者のなかには、僧侶が行う祈禱儀礼は道理にあわず世の人をたぶらかすものだと嘆息するものがある。だが、「貧富貴賤老幼男女等みな其智徳の多少生活の高下に相応する所の福」があり、幸福を求め災禍を避けようとする人々の思いは、至って道理にかなったものだ。[17]確かに、「出世解脱」を達成した覚者にとっては祈禱など必要ないが、他方、その覚者が「無縁の大悲」に導かれて「一切衆生」の幸福のための祈禱儀礼を行うことは、「方便」として認められてもよいのである。[18]

釈と大内のどちらも、世間に広く普及している仏教的な儀礼を、それがいささか非合理的であることを示唆しながら（そのような主張を行う他者の意見に言及しつつ）、結論としては、これを一般人の人情に寄り添う仏教者の「方便」として捉え、積極的に容認していく立場にあったといえる。世人の素朴な欲求を柔軟に受けとめる仏教の懐の深さが強調されているわけだ。とはいえ、既成仏教による前近代から続く儀礼を、一応は批判的に認識しつつも、結局はそのまま肯定し温存してしまう弊害もあるだろう。

こうした『仏教』の微温的な論調に対し、『新仏教』の儀礼論の多くは、既成仏教による儀礼に対し、過激なまでに批判的な態度を貫こうとした。まず、前記した『仏教』の言説との対比を鮮明にするためにも、新仏教徒による祈禱論に着目してみたい。

寺社などで神仏に現世利益を願う祈禱の儀礼は、「旧仏教」にまとわりついた「迷信」の最たる例として、新仏教徒によるほとんど侮蔑的なまでの批判にさらされた。[19] 新仏教徒のリーダー格である境野黄洋（一八七一〜一九三三）に言わせれば、祈禱は「多神思想」（複数の神仏を崇拝すること）と並び、日本社会にはびこる二大「迷信」の一つである。[20] 祈禱は、新仏教徒たちが彼らの目指すべき理想的な宗教を語るにあたり、その陰画として否定的に論ずべきものの代表であった。

祈禱の「迷信」性に対する新仏教徒たちの批判は、それが非論理（科学）的であることを第一の理由とした。すなわち、科学と矛盾しない因果律を尊ぶ仏教徒の観点からみて、「神仏に祈願して無因の幸福を享けんとする」ようなふるまいは、「因果律の攪乱」を当然視する発想を世間に広める誤った行動にほかならず、これは有害きわまりない。[21] 祈禱がいかに理に適わないか、その事実を世に知らしめ合理的な思考法を浸透させることに、新仏教徒たちは腐心していた。ゆえに、病に臥せった明治天皇の容態回復を願った各宗教による祈禱の失敗をうけて、結局のところ儀礼の効果が無いということが証明された、という主張を大真面目に行う論者もいた。[22]

（16）釈雲照「迷信の区域」『仏教』八五号（一八九四：五）
（17）大内青巒「祈禱論」『仏教』三四号（一八九一：一二）
（18）大内（一八九一：一四）
（19）加藤玄智「信仰辨疑」『新仏教』一巻五号（一九〇〇：二五六〜五七）
（20）境野黄洋「迷信のこと」『新仏教』一三七号（一九一二：六八六〜八七）
（21）田中治六「善因善果」『新仏教』三巻一〇号（一九〇二：五五〇〜五一）

新仏教徒が祈禱を好ましくないとした第二の理由は、それが利己心の発育につながるという点にあった。すなわち、祈禱は個人が自己の「有形物質的の欲望を満足させ様」という動機から行われる以上、それは「我心を正しくし、清くする」ためにこそ仏を拝むという仏教の理想からほど遠い。[23] そうした「天真の心情なき利己の為の祈り」を野放しにすれば、いずれ「社会の風教を毒する」ことは確実である。[24]

非合理性と利己心、この二つが祈禱を「迷信」たらしめている要因とされたわけだ。ここで注目すべきは、そうした「迷信」じみた儀礼が世にはびこることで、それを受容する人々が悪しき性向を知らず知らずのうちに身に着けるだろうという懸念を、多くの新仏教徒たちが抱いていたことである。儀礼が、それを実行する人間の心をいかに規定するのか、言い換えれば、儀礼の心理的な作用というものに、大きな関心が寄せられていたのだ。

こうした観点は、祈禱の迷信性を非難する新仏教徒の多勢に抗い、祈禱をむしろ合理的な心理作用の発現として論じた、長根禅提の「祈禱の理論的観察」にも同様に見て取れる。

長根はまず、宗教と祈禱とは常に連想されるほどに密接な関係を有し、また祈禱的な観念は依然として民心に湿潤しているという現状を確認する。[25] その上で、これは科学的な信仰を推進する立場からは由々しき事態であるが、他方で、祈禱が多くの人々に支持されている以上、それらをすべて「迷信」と位置づけ排斥してしまうのは不当ではないか、という疑念を呈する。「祈禱其のもの能く其の性質を理解して後之を行うものにありては、所謂迷信とは、少しく其の類を異に」するのではないか、と。[26] そこで長根は、祈禱の構造を心理学的に分析することで、その深層にある「期待的注意」のメカニズムを発見し、祈禱に内在する合理的な性格を主張するに至る。

人間は、自己の願望を何らかの対象に向かって祈念する際、当然のことながら、望みどおりの結果がもたらされることを期待する。その際、その期待する心の働きそのものが、当の願望の充足に貢献する場合がある。たとえば、人は自身の病状の回復を神仏に祈願する際、その祈願を行ったことで、自己の身体の療養にそれまで以上に注意するようになる。そして、そうした習慣の改善が、身体の健全化につながることがあるだろう。これが「期待的注意」のメカニズムであり、得てしてこの作用が働きやすい祈禱においては、願望とその充足との間に因果関係が認められる。よって、そこには一定の合理性があるだろうと。[27] 長根によれば、祈禱とは本来「己れの一念に依て自己に誓う形式」なのであって、そこに「迷信的分子」が付随することも確かにあるが、根本的には「迷信」とは異なるものだ。[28]

祈禱を、人間が自己の願望をよく自覚し、その願いの実現に向けて合理的な行動を選択していくための方法であると定義する長根の議論は、先にみた仏教者の「方便」としての祈禱、という大内

(22) 土屋極東「明治天皇の登遐と祈禱の効力」『新仏教』一三巻九号(一九一二)
(23) 境野黄洋「仏教道徳論」『新仏教』四巻八号(一九〇三:六七一)
(24) 柘植秋畝「祈禱の教育に及す影響」『新仏教』一三巻九号(一九一二:九三三)
(25) 長根禅提「祈禱の理論的観察」『新仏教』二巻一三号(一九〇一:六一九)
(26) 長根(一九〇一:六二〇)
(27) 長根(一九〇一:六二一)
(28) 長根(一九〇一:六二一)

青巒による説明とはまるで異なる。大内は、祈禱は自己の信奉する仏教の理念から逸脱していないか、ということにしか関心がない。それに対して、長根やあるいはこれと表面的には意見を異にするその他の新仏教徒たちの方は、祈禱が儀礼としていかなる心理的作用を備えているのかを批判的に考察しつつ、その上で、それが彼らの目指す仏教のあり方に違反しないかを問題にしているのである。

そこに見て取れるのは、祈禱という儀礼を、人々の生き方を方向づける慣習のひとつとして認識し、その性質を詳しく検討していこうとする姿勢である。[29]新仏教徒にとって儀礼とは、それが仏教的に正しいか否かを問う以前に、まずそれ自体が人間の生活にとって好ましいか否かを討議されるべき対象としてあった。大内や釈のように、中高年になるまで旧来の仏教的な儀礼慣行の存続を目の当たりにしてきた人々とは異なり、青年層が多数を占める新仏教徒たちにとっては、いかなる慣習もその自明性を徹底的に疑い、自由に批判し、場合によっては断絶させるべきものとして意識されていたのだ。

たとえば、田中治六(じろく)の「坐礼廃止の議」という論文がある。田中によれば、正座は日本でのみ行われている「奇怪なる儀式」である。[30]なぜ正座がよろしくないのかといえば、第一に、それが人間の生理に反しており、その「窮屈の作法」を継続していると、脚部の自然な発達が阻害されてしまうからである。また脛を湾曲させることで歩行の姿勢が悪くなり、総じて身長は低く容姿も醜いものになる。[31]第二に、正座は「吾等の精神を屈辱する」のが問題だ。膝をひたすら地に接する作法は「服従、従順、抑損」の態度を涵養し、快活な精神の育成にとってこれは有害である。[32]正座という礼法が、一つの慣習としていかなる影響を人々の肉体や精神に及ぼし、個人の生き方を規制していくのか。『新仏教』において儀礼を論ずるとは、何よりもその慣習としての意義を問い直すことであったのだ。

三　仏教者による慣習改革

こうした『新仏教』に見られる儀礼論の特徴は、同じく既成仏教の改革を志していたライバル的な雑誌『精神界』[33]（一九〇一～一八）での儀礼に関する言説と、著しい対照をなす。

まず読経に関する両者の考え方の相違を比較してみよう。読経という、僧侶が朝夕の日課として、あるいは葬式や法事の際に行う儀礼をめぐる両者の問題関心は、いずれも批判的なものながら、その批判の行きつく先はまったく異なるところにあった。

『精神界』の編者、暁烏敏による「仏前の読経」という文章には、彼の読経に対する態度につい

(29) 儀礼をはじめとする慣習的実践が人々の「生き方」を規定するという論点に関しては、田辺繁治『生き方の人類学――実践とは何か』講談社現代新書（二〇〇三）
(30) 田中治六「坐禮廃止の議」『新仏教』六巻一一号（一九〇五）
(31) 田中（一九〇五：八一七～一八）
(32) 田中（一九〇五：八一八～一九）
(33) 『精神界』は、清沢満之らによる「精神主義」の言論活動の場として、その弟子である暁烏敏の企画によって刊行された。精神主義の一派と新仏教徒とは、互いを強く意識しつつ自らの仏教思想（運動）の優位性を競いあっていた。池田（一九七六：二九八～三〇五）

ての反省的な言葉がつづられている。信者の前で合掌礼拝をして経をよんでいる最中、はじめのうちは清浄な心を保っていられるが、読経は常日頃から行い慣れきっているため、次第に機械的な運動と化してしまう。そうしていると、やがて自己の名利やその日の布施の多少など、愚かしいことが次第に心に浮かぶようになる。そこで「かゝる事を思ふては勿体なしと心をとりなをし、御慈悲の事、よろこびの事などを思ふ」が、いつのまにやら「心は又汚れの浮世を追ひまはる」[34]。こうした日頃の現実を踏まえた上で暁烏は、仏前の読経を繰り返し行い続けることは、阿弥陀仏の他力に導かれた人格の鍛錬につながるのはよいとしても、「さりとてあまりに事に慣れすぎて、仏前読経の間に、いかなる心を起すも、愧つかしとも、勿体なしとも思はぬやうになりては、いかにも残念の至りなれば、互いに気をつけて、何事も形式的に流れて精神を怠るゝ事なくありたきもの」だと述べている[35]。読経を行う際の自分の心の状態が、彼にとっては何よりも大きな課題となっていた。

これに対して『新仏教』での読経に関する論説は、そのほとんどが読経を無意味な旧習として批判するか、あるいはより平易に読める現代語訳の経文への改革を示唆するものであった[36]。清水友次郎によれば、読経は仏教各宗派が共通して実施している「珍妙なる儀礼」であって、それは一種の「迷信」に由来する悪習慣である[37]。というのも、僧侶のよむ経を聴いている人々のほとんどは、その経文の意味内容をまったく理解しておらず、ゆえにそれは「音響として空気の分子を振動」させているだけであり、時間の無駄である。にもかかわらず、この習慣は廃れることなく存続している。それはなぜかといえば、そこでは「言語崇拝」という「迷信」、および「仏典其者の中に読誦の功徳が仰山に主張してある」とする「妄信」が働いているからだ[38]。つまり、人々は経文の意味ではなく、経文の言葉そのものに宗教的な効能を求める態度で読経に接しており、また定期的に反復される読経の儀式それ自体が、そうした一般の人々の「迷信」的な態度の維持に役立っているというわけだ。

『精神界』の暁烏が、読経を実施する自己の内面を直視することに大きな関心を寄せていたのに対して、新仏教徒である清水の議論においては、読経という儀礼がそれを受容する人々にいかなる悪影響を及ぼすのかに、問題関心が集約されている。暁烏のような現役僧侶の場合、自分の生活の一手段である読経について、その問題を意識しつつも具体的な改革にはいたらず、問題の所在を個人の心の持ちように還元してしまう。それに対し、当該の儀礼が無くなろうが一向に構わない新仏教徒たちは、読経に対する無条件の根本的な批判を行えたのだ。ここでもまた、既存の慣習の存在意義を問うことに意を注ぐ、新仏教徒たちの儀礼論の特質が際立っている。

もう一つ、葬送儀礼(葬式)に関する両者の論点の相違も比較してみたい。

暁烏と同じく精神主義の主導者の一人であった多田鼎(かなえ)(一八七四~一九三七)は、ずばり「葬式」と題された文章で、真宗の僧侶としての立場から現代の葬送儀礼をめぐる問題にふれている。いわ

(34) 暁烏敏「仏前の読経」『精神界』七巻一〇号(一九〇七:一〇)

(35) 暁烏(一九〇七:三)

(36) たとえば、一山三文房「読経僧」『新仏教』一巻二号(一九〇〇:一〇三)、井上円了「新佛教に望む」『新仏教』三巻一号(一九〇二:二四)、清水友次郎「宗教の進歩と儀禮の運命」『新仏教』一〇巻一二号(一九〇九)

(37) 清水友次郎「佛教改革實行上の第一着」『新仏教』一〇巻一一号(一九〇九:一〇二一)

(38) 清水(一九〇九:一〇二一~二二)

く、昨今の葬式は段々と騒がしくなってきており、しんみりとしない。葬場に遺族たちの行列がやって来ることは、泣き声や念仏の音ではなく、ただ大声で語り笑う雑音の響きによって知れるのみである。仕事が中心の世の中になったため、喪の期間も短縮される傾向にある。総じて「形の上でなく、心の上において、何となく薄葬の方に向うて」いるのでないか[39]。しかし、よくよく考えてみると、このような風潮を罵る前に、まずは自分を省みなければならない。葬式に参加して多くの会葬者が騒いでいるのを見るとき、不快の感情を抑えられないが、ひるがえって、自分も同じようなふるまいに及んだことはなかっただろうか。そう気づいた多田は、自分もときとして「厳粛なる葬式の庭において、飛んでもなき汚劣濁悪の罪の催すことがあるの知らぬのか」という「内省の叱咤」を、自らに対してあびせかけてみせる[40]。

葬式という儀礼の現状を問題化しつつ、真に問い直されるべきは自分自身の心や態度のあり方だと、内面的な反省の作業へと没入していく。暁烏の読経論と同じく、この多田の文章からは葬式を儀礼あるいは慣習そのものとして論じ、そのあり方を問おうとする意志が見て取れない。『精神界』の人々は、何事においても「心の上」での改革に没頭して自己満足する癖があり、現実の状況を省みる意欲には乏しかった。

対して現実への働きかけに熱意を注いだのが、『新仏教』の人々であった。特に葬式は、新仏教徒がまずもって目の敵にした現行の習俗の一つである。「我徒は葬弊の改善を期す」という無署名の声明文を発表して以来[41]、『新仏教』では折に触れ同時代の葬儀式に関する改革案的な議論が提示された[42]。その内容はおおよそ、葬儀式の演出的な過剰さや誇示性を批判し、死者を思いやったシンプルな儀式を、誠心誠意営むことの重要性を強調するものであった。これは、いわば「風俗改良運動」の一環としての葬儀改革論であり、同時代の風潮に明確に呼応していた[43]。

しかし、なぜ「風俗改良」を試みるのか。それは、慣習（風俗）が人間の心身に及ぼす影響を十分に理解した上で、その改革による新しい人間の生き方を導こうとしたからにほかならない。では、新仏教徒たちはなぜ、各種の「風俗」のうち特に葬儀式に注目したのか。それは、この死者をめぐる儀礼への密接な関与こそ旧来の仏教のあり方を象徴的にあらわすものであり、よってそれを「改良」することでこそ新しい仏教の道は拓けてくる、と彼らが考えていたからである。

高島米峰の「墓地廃止論」は、全国に存在する墓地および墓石の削減によって、生者のための土地の有効活用を説く論文だ。ただし、論文の話題は墓に関するものに限られず、墓の設置の前提と

(39) 多田鼎「葬式」『精神界』一二巻四号（一九一二：三四）
(40) 多田（一九一二：三五）
(41) 「我徒は葬弊の改善を期す」『新仏教』一巻二号（一九〇〇）
(42) たとえば、儀式子「新佛教と儀式（下）」『新仏教』三巻三号（一九〇二：一五〇～五一）、高島米峰「墓地廃止論」『新仏教』一〇巻一号（一九〇九）、川村五峰「葬式作法乃木邸」『新仏教』一四巻二号（一九一三：一六一）
(43) 村上興匡「明治仏教にみる『宗教』概念の形成と『慣習』――島地黙雷を中心に」島薗進、鶴岡賀雄編『〈宗教〉再考』ぺりかん社（二〇〇四：二二四～二五）。なお、当時の都市部では葬送儀礼の演出上の派手さがエスカレートし過ぎてほとんど見世物と化しており、そうした現状への批判的な言論が多くの知識人によって積み重ねられていた。井上章一『霊柩車の誕生（新版）』朝日新聞社（一九九〇）、村上興匡「大正期東京における葬送儀礼の変化と近代化」『宗教研究』六四巻一号（一九九〇）。また、中江兆民によって日本初の「告別式」が行われたのは一九〇一年の暮れであり、この時代には、死の儀礼をめぐる既存の慣習にもの申す潮流が出現していた。村上興匡「中江兆民の死と葬儀――最初の「告別式」と生の最終表現としての葬儀」『東京大学宗教学年報』一九号（二〇〇一）

なる死者への対処の仕方が、葬式の時点からその後の追悼のあり方まで含めて、総合的に考察されている。

まず葬式だが、式で使用される花や放鳥の多さ、経をよむ僧侶や集まる会葬者の人数にこだわる虚飾的な儀礼のあり方が問題視され、むしろ死者の親戚や親しい友達だけを集めて簡素な「告別の式」を実施し、後日、式に参加できなかった関係者による「追悼会」を行うことが推奨される。まさに「風俗改良」のすすめ、といったところだが、この際に高島が「物質的に丁重な葬式よりも、精神的に丁重な葬式の方が、尊い」と述べている点が注目される。[44] つまり、生者が死者に対する哀しみの感情を表現する方法として、多くの物資の投入により儀式そのものを華やかに盛り立てることが否認され、個人が死者への思いを静かにかみしめるという身の処し方が重視されているのだ。

次いで、生者のための空間の拡大という理念から、土葬の禁止と火葬への全面的な移行が唱えられる。だが、火葬でもなお残る遺骨の処置方法はどうすべきか。最良の案として高島は、「共同納骨所」の設置を挙げる。市民の遺骨を、その市の近辺につくられた納骨所にすべて納めよというわけだ。いわく、そうして死者の階級に関係なくあらゆる骨を一所に集結させれば、「真理の前には、王者もなく、庶民もなく、死の前には、大勲位も権兵衛もない」という万民平等の精神が誰にでも痛感できるだろう、と。[45] また、この共同納骨所の先例として、京都大谷にある浄土真宗の祖師御廟が言及され、ここに遺骨の一部を納めた信徒はみな満足しているのだから、この新しい案も取り立てて奇異なものではないのだと論じられる。[46]「旧仏教」の慣習であっても、そこに新仏教徒の理想に通じる要素があるならば、それは積極的に再評価されてよいという主張である。

さらに、死者を追慕するための方法として、墓以外に、写真や蓄音機などの活用が勧められている。死者とは全然かたちの違う墓よりも、故人のありのままの姿を複数の角度から遺した写真の方がより親しみがわくだろうし、そこに故人の肉声を再生してくれる蓄音機があれば、死者を偲ぶための媒体としては充分であり、もはや墓の前で念仏を唱えるような旧習は必要ない[47]。死者の追悼のために新しい技術を意欲的に応用し、ライフスタイルを刷新することが提案されているのだ。

最後に高島は、「不朽の墓」という概念を提示する。これは要するに、人間が生きているあいだ精一杯に働き世の中に貢献できれば、その業績自体が「無形の墓」として後世の尊崇の対象となるのであり、それが達成できるのであれば、石などで造られた「有形の墓」などまったく不要という趣旨である[48]。「墓」を、死者が現世にのこした仕事や業績、記憶の総体として抽象的に捉え直し、その「墓」が「不朽」のものになるくらい見事な人生をまっとうせよ、と指南しているわけだ。

このように、高島の葬儀と墓に関する論説においては、現行の慣習の改革案を論じることが、そのまま現代人の考え方や生き方を問い直すことに直結していた。こうした慣習の改革という取り組みに熱心であった仏教運動は、昭和初期にやはり共同墓地の設営を求めた新興仏教青年同盟など[49]、

(44) 高島(一九〇九:五四)
(45) 高島(一九〇九:六〇)
(46) 高島(一九〇九:六一)
(47) 高島(一九〇九:六三~六四)
(48) 高島(一九〇九:六五)

この後も引き続き登場してくる。新仏教徒たちの論説は、そうした近代の仏教者たちによる慣習改革の思想の系譜における、一つの先駆的な存在として位置づけられる。

四 「個」の儀礼論

では、この種の慣習改革の試みを通して、新仏教徒たちはどういった意味で「新しい」仏教者として生きていくことを目指したのだろうか。それを明らかにするためにも、ここで『新仏教』誌上で繰り広げられた、儀礼と信仰の関係性をめぐる一連の論争を見てみたい。

その発端は、廣野破鈴という人物による、新仏教徒に対する疑義の表明にあった。いわく、新仏教徒は「旧仏教」による葬祭や祈禱などの儀式に反対しているが、しかし自分たちは理論を振り回すばかりで「健全な儀式」を設けられておらず、これでは真の宗教的信仰を欠くのではないかと。この廣野からの疑義に応答するかたちで、新仏教徒の川村五峰(ごほう)が「儀式と信仰」と題した論文を発表する。[50] この川村の論の要点は、「儀式そのものと、宗教的信仰とは全然別様のものである」ということであった。儀礼は人間の内面的な信仰とは関係がなく、いわば精神の抜け殻でしかない。そのような認識を強調することで、新しい儀礼の設計を求める廣野の要望に、川村は応えようとした。[51]

だが、この川村の論文は、ほかの論者から激しい批判をあび、川村自身もこの批判をうけて自己の論説を若干修正せざるをえなくなった。すなわち、「儀式と信仰」を読んだ浅井弔星という人物が、川村の議論に真っ向から対峙する「信仰と儀礼」という論文を『新仏教』に投稿し、川村の儀礼に対する認識に異論を唱えたのである。

浅井が特に反感を抱いたのは、川村がすべての儀礼が信仰とは別物であると論じた点にある。浅井いわく、確かに現在の宗教界では信仰の空虚な儀礼が演じられている。しかし、なかには信仰がそのまま実行に表現された儀礼も存在し、そうした儀礼は「内容の保証であると共に、益々信仰を助長し、確実性を増大せしむるものである」[52]。儀礼はまた、それを共に行う者たちの信仰を互いに緊張させ充実させる効果を持ち、したがって信仰を共有した人々による団結を形成する上で不可欠だ[53]。総じて「宗教に於ける形式――儀礼――即ち実行は主要なる中枢的要素である」[54]。

この浅井の論に強い刺激をうけ、川村は「再び儀式と信仰に就て」という反批判のための論文を提出した。ここで川村は、浅井による批判を考慮しつつ、儀礼が信仰とはまったく無関係、という先に述べた自説を改め、むしろ儀礼が正しい信仰とは乖離した誤った信仰を普及させる媒介となる危険性を指摘する。つまり、儀礼はそれが行われ始めた当初は相当の意味があったかもしれないが、

(49) 妹尾義郎が立ち上げた新興仏教青年同盟は、葬祭その他の生活改善運動の一環として、「一村一墓碑」の制度を提唱した(稲垣真美『仏陀を背負いて街頭へ――妹尾義郎と新興仏教青年同盟』岩波書店(一九七四:一一八~一一九))。高島米峰は、この新興仏青の同盟としての趣旨に全面的な賛意をあらわしていたという(同前:一四五)
(50) この時期、川村は新仏教徒同志会の役員(演説部主任)を勤めていた。
(51) 川村五峰「儀式と信仰」(『新仏教』一二巻一二号(一九一一:一一〇四~〇五)
(52) 浅井弔星「信仰と儀礼」(『新仏教』一三巻二号(一九一二:二〇八)
(53) 浅井(一九一二:二〇九)
(54) 浅井(一九一二:二一〇)

やがてただの習慣的行為と化し、その形式の遵守そのものに人々が意味を見出すようになると、これは「形式的信仰」に囚われた信者による「宗教的権威に対する柔順なる服従」へと成り下がる[55]。ゆえに、個々人が自己の信仰にもとづき自由なスタイルで儀礼を行うのは悪くないが、特定の儀礼の形式に縛られることに対しては、常に警戒しておく必要がある。新仏教徒たるもの「形式に囚はる事なく同時に、又形式を無暗と苦にし無い様な境界にならなければ、真の活ける信仰は云へまいと思ふのである」[56]。川村は、以前の論文のように儀礼を信仰とはまるで関係のない無意味なものとするのではなく、個人の自覚にもとづいた活力のある儀礼と、慣習に流されるだけで誤った信仰の育成にしかつながらない悪しき儀礼とを、分けて考える立場をとるようになったわけだ。

このささやかな論争は[57]、新仏教徒達がその批判的な儀礼論を通して何を目指そうとしていたのか、これを鮮明にしてくれたといえる。新仏教徒にとって儀礼とは、まずもって過去の遺制として存在する慣習の繰り返しのことであった。その慣習的行為は、大抵の場合は正しい信仰とは無関係の「形式」の遵守でしかなく、にもかかわらずそこには権威的な力が宿っているから、真の仏教者はこの「形式」に呪縛されないよう常に注意を怠ってはならない。一方で、儀礼はただの慣習としてではなく、個人の確固たる意志にもとづき実行されるのであれば、ある種の有意義な信仰の表現として認められてもよい、とされたのだ。

『新仏教』が慣習の改革を志したのは、無自覚的な慣習と化した儀礼を反省し、それを改めて個人による自覚的な実践へと転換することで、正しい信仰に基づく仏教の再生を願ったからである。彼らが既成仏教による儀礼の営みを徹底的に批判したのも、そうすることでこそ、過去から伝来されてきたあらゆる「形式」から自由な仏教者としての自我を確立できると信じていたからだ。

たとえば、田中治六(我観)の「祈禱の意義」という論考は、祈禱の非科学性を厳しく批判しつつ、「神が人事の運行に干渉して之を左右するとは既に破れたる幻影なり」と断じ[58]、その神への祈りという慣行を人が放棄した果てに、仏教を志す諸個人の「自己」が確立されると論じる。すなわち「抑々人の本務は自ら知り、自ら治め、自ら用ふるに在り。而して是は蒼空を望むも、神に祈るも以て能くすべからず、たゞ仏陀に倣ひて自己に拠るに在り。人の向上すべき極致は所謂神にあらずして、萬物の霊長たるに恥ぢざる人間自身なり」[59]というわけだ。

これと同様の発想は、無意味な音響としての読経を批判し、その「迷信」的な構造を分析することで読経に向かう個人の態度を改めようとした清水友次郎の論説にも、あるいは「墓」を個人の人生の隠喩として捉えその改革案を提示した高島米峰の主張などにも、多少の差こそあれ共有されていたものであろう。新仏教徒たちは、各種の儀礼や慣習にそなわった「形式」から脱することにより、「真の活ける信仰」を体得するべき「自己」の追及を望んでいたのである。

(55) 川村五峰「再び儀式と信仰に就て」『新仏教』一三巻二号(一九一二:二二三)
(56) 川村(一九一二:二一四)
(57) 川村の二番目の論文が発表された後、この一連の論争のきっかけをつくった廣野破鈴が、「儀式と信仰を読んで」という文章を『新仏教』に載せている。その内容は先に見た浅井の議論と近似したもので、儀礼を信仰の直接的な表現として理解するものであった。廣野破鈴「儀式と信仰を読んで」『新仏教』一三巻三号(一九一二)。この文章に対するリプライはなかったようである。
(58) 我観生(田中治六)「祈禱の意義」『新仏教』一〇巻一一号(一九〇九)
(59) 田中(一九〇九:一〇一二)

明治期における近代仏教の思想史的な意義を再考した末木文美士によれば、日本の近代化が一段落した明治三十年代には、近代国家の担い手となる、または逆に国家権力に対峙しうる「個」の確立という主題が、思想的課題として浮上してきたという。そして、そうした時代的な問いに呼応するように、各種の仏教に依拠しながら「個の内なる探求」を行う様々な仏教者や思想家たちが次々と頭角をあらわしてきた。清沢満之はその代表的人物であったとされるが、彼らは既存の仏教思想をそれぞれ独自に再構築しつつ、自己の「個」性や「内面」をひたすら直視する思想や実践を生み出していった[60]。

やはり明治三十年代に台頭してきた新仏教徒たちの儀礼論は、この仏教者としての「個」の確立という課題を、清沢のように「個」の「内面」へと沈潜することではなく、逆にその「個」の身体をとりまく慣習の改革を通して実現しようとした思想であったと考えられる。無意識のうちに自己の心身に影響を及ぼす身近な慣習に対して、常に批判的になることで、それを自覚的に改善できる能力をそなえた「個」を確立するという方向性が、そこにはあった。

五　『新仏教』の可能性

以上の通り、『新仏教』の儀礼論には、慣習の改革に熱意を込める仏教者たちの強い自意識を確認できた。こうした『新仏教』の論説に見られる特質と可能性を、同誌の廃刊以後も継続的に展開させた人物に、新仏教徒同人の中核メンバーの一人、加藤咄堂（とつどう）（一八七〇～一九四九）がいる。

加藤は、『新仏教』に掲載された複数の論説において、世間で観察できる宗教的な習俗の数々を、もっぱらその「迷信」性を問題化するという趣旨のもとで紹介していた。[61] 既に『日本宗教風俗志』として著書にまとめていた豊富な知見を、同誌上でも披露していたということになるが、[62] これは既存の慣習の批判的な討究の場として機能していた『新仏教』の誌面には、極めて適合的な仕事であった。そして加藤は同誌の廃刊後も、民間信仰をはじめ民衆の習俗に関する資料を収集し続け、その成果をかなり大分の書物にまとめている。[63] これは昭和初期に学問的な体裁を整えてくる柳田國男(一八七五〜一九六二)の民俗学を想起させる厚みをもった、優れた業績だ。このような成果を発表していた人物の積極的な参加とその後の歩みからも、『新仏教』という雑誌が、人々の生活に根ざした慣習の問い直しと改革のための討議の場として、大きな意義を有していたという事実を確認できる。[64]

そうした慣習改革の精神は、寺院での儀式や墓などの習俗が抜本的に変わりつつある現在から評

(60) 末木文美士『明治思想家論』トランスビュー(二〇〇四:一一〇〜三七)
(61) 加藤咄堂「演劇に現れたる迷信」『新仏教』三巻四号(一九〇二)、同「生殖器崇拝論」『新仏教』三巻一〇号(一九〇二)、同「古今迷信の変遷(上・下)」『新仏教』四巻四・五号(一九〇三)、同「富士山論」『新仏教』五巻二号(一九〇四)、同「地震に関する迷信」『新仏教』七巻四号(一九〇六)
(62) 加藤咄堂『日本宗教風俗志』森江書店(一九〇二)
(63) 加藤咄堂『日本風俗志』大鐙閣(一九一七〜一八)、同『民間信仰史』丙午出版社(一九二五)
(64) ただし、『新仏教』以後の加藤は国民教化運動の指導者としての地位を確立し、そこからは仏教者による慣習改革という趣旨とは異なる意図や姿勢も見える。常光浩然「加藤咄堂」『明治の仏教者』下巻、春秋社(一九六九:九六〜一〇六)

価すれば、その先駆性こそ見事ではあれ、特に驚くべき部分はない。慣習に対する批判的な意識など持たずとも、少子高齢化という現実の趨勢や、宗教に対する大衆的な感性のとめどない変化によって、仏教をめぐる既存の習俗は少なからず廃絶されていくだろう。

だが、それでもなお、自己の身の回りの慣習を批判的に見直すことから「個」の確立を目指していくという新仏教の方向性には、今日的な可能性がありえるように思う。たとえば、自分が所有するモノを最小限に抑えることで充実した生活を創造しようとする昨今のミニマリストの発想には、禅の精神との親近性が指摘される。[65] ミニマリストたちの多くは仏教徒ではないが、されど暮らしのなかの身近な物事や環境に対する反省や整理を通して「個」の生き方を再設計するというその趣向は、新仏教徒たちの思想を彷彿とさせるに十分だ。

抽象的な教義や理論について多弁を弄するのではなく、慣習化したライフスタイルの見直しから自己のあり方を問うという方法。そうした方法の一種として仏教を再考する際、およそ一世紀前の新仏教の言論から教わることは、いまだ十分にある。

（65）橋本努「ミニマリズムと禅」『消費ミニマリズムの倫理と脱資本主義の精神』筑摩選書（二〇二一）

第10章　破戒の国の戒律論――「半透明の規範」の歴史

はじめに――日本仏教の特異性

日本では僧侶が結婚する。妻や夫と共に暮らし、ときに子どもをつくる。こうした僧侶のふるまいについて、多くの日本人は特に何とも思わない。僧侶が自分の友人であったりすれば、むしろ彼や彼女とそのパートナーや子どもたちの幸せを、心から願うだろう。

世界では一般的に、仏教の僧侶は結婚しない。修行者として生きるのを決意した者は、そのモチベーションが続く限り、一生独身のまま過ごす。東南アジアの上座部仏教では、修行中の男性僧侶は女性に触れることすらタブーとされる。それゆえ、性的なパートナーを継続的に有したり、まして子育てに励んだりするような僧侶は、まともな僧侶とは見なされない。

なぜ、世界標準とは異なり、日本では僧侶の結婚が不自然に思われないのか。それは、日本の僧侶には戒律を守ることが期待されていないからである。仏教の戒律では、殺生や窃盗や嘘つきなどと並んで、性行為が禁じられている。あるいは飲酒も禁止だ。このうち、殺生とりわけ殺人や、窃盗や嘘つきは一般的にも否定されがちだが、性行為や飲酒については、その人の道徳心や信じる宗教のあり方によって、考え方はだいぶ異なるだろう。そして、仏教では性行為と飲酒は戒律違反である（在家信徒の場合、性行為そのものではなく「邪な」性行為の戒め）。にもかかわらず、日本の僧侶はこれらの戒律を守らなくても、ほとんどの場合は問題にならない。

なぜだろうか。仏教学者の蓑輪顕量（けんりょう）は、僧侶の妻帯、ひいては男性僧侶による性行為に対する社会的容認に関して、その歴史的背景を考察している（蓑輪二〇〇八）。蓑輪によれば、日本では仏教が伝来した当初から、戒律にあまり重きが置かれておらず、僧侶と俗人のいずれも、儀礼の実修や教義の学習に対する関心のほうが、ずっと高かった。またこれに加えて、性行為をタブー視しない日本固有の神祇信仰（神道）との関係や、江戸時代の幕藩体制下における寺院の「家」化（からの寺院の世襲化）などの背景があるという。

こうした日本での戒律の扱われ方の変遷や、戒律の歴史的受容の実態は、日本仏教の現状を説明する上で、きわめて重要な主題をなす。ただし、現状説明のためには、蓑輪がおもに検討した前近代の歴史だけでなく、より最近の、つまりは近代以降の歴史も考慮する必要があるだろう。蓑輪の論考では、僧侶の「肉食妻帯」を許可する一八七二年の太政官布告に言及されているが、その後の展開に関しては詳しく触れられていない。

近代日本の「肉食妻帯」をめぐる議論の展開については、すでにリチャード・ジャフィが詳細に跡付けている（Jaffe 2001）。近代以降の日本の僧侶や仏教者たちが、妻帯し家庭を築く営みをどう位置付け、批判ないしは肯定してきたのか、多くの資料をもとに明らかにした。

本章では、このジャフィの研究に部分的に依拠しながら、そこでは立ち入って考察されていない、飲酒や殺生に関する議論にも目を向けることで、近代日本の戒律論の特質を解明する。妻帯（性交）に加え、飲酒や殺生（殺人）といった具体的な行為に関する近代の仏教者たちの主張からは、仏教者にとっての等身大の道徳や、正しい生き方はいかにあるべきかといった、ごく本質的な問題の一面を読み解ける。また、近代に形作られた戒律論の大きな方向性は、現代の日本仏教とも、おおよその連続性が認められる。本章では、近過去の歴史を中心にしつつ、最後に現代のほうへと話題を移し、日本の近代仏教にとっての戒律の意味を考察しよう。

一　戒律から国民道徳へ

江戸時代には、僧侶という特殊身分に属する者に対し、幕府が一定の規制をかけていた。その代表が、不淫戒（性交の禁止）の違反者に対する取り締まりである（松尾二〇〇六）。戒律を破って性交した事実が発覚した僧侶には、ときに厳罰が科せられたのだ（次節で述べるとおり、「妻帯の風習」を認められていた浄土真宗の僧侶は例外扱い）。

江戸幕府の基本法典である『公事方御定書』（一七四二）には、不淫戒を破った僧侶に関する規定が設けられている。住職の場合は遠島に流刑、修行僧の場合は日本橋で三日間曝され、さらに姦通の場合は、獄門すなわち斬首の上でさらし首といった具合である。ただし、こうした規定はそれほど厳格には運用されておらず、摘発されない事例も多々あった。「梵妻」や「大黒」といった隠語で呼ばれる僧侶の妻の存在も、江戸時代を生きる人々にとっては暗黙の了解として認識されていたようだ。

明治時代になると、こうした統治権力による僧侶への特殊な扱いが解消される。画期をなすのは、明治政府による次の布告である。

自今僧侶肉食妻帯蓄髪等可為勝手事
但法用ノ外ハ人民一般ノ服ヲ着用不苦候事
(太政官布告第一三三号、一八七二年四月二五日)

これからは、僧侶が肉を食べようと妻をめとろうと髪を伸ばそうと、それは個々の僧侶の自由(勝手)である、というわけだ。また、宗教儀礼のとき以外は服装も一般人と同じでよいとされている。「僧侶」は特殊な生き方が求められる「身分」ではなく、仕事で宗教儀礼などを行う「職分」の一種として規定し直されたのだ(森岡一九八四)。

明治政府が僧侶に求めた「職分」は、宗教儀礼だけではなかった。政府はむしろ、国民の教化を仏教に期待したのだ(林二〇一八)。前記の布告からわずか三日後に、いわゆる天皇を中心とした国民道徳の指針を定めた「三条教則」が教部省より通知される。政府はこの教則に従い、昔から人にものを教えるのが得意な僧侶たちを、国民教化運動へ動員しようと試みた。そのためにも、僧侶を特定の「身分」から解放して、通常の国民として位置づけ直す必要があった。僧侶に自戒の精神を徹底してもらうより、国民の生き方を律する存在になってもらうことを、政府は求めたのである。

僧侶「身分」の解体と、国民教化への動員。この二つの動きに最も敏感に反応した人物の一人が、真言宗僧侶の釈雲照だ。雲照は、明治政府による「肉食妻帯」という戒律の「解禁」にいち早く抵抗し、僧侶の厳格な戒律護持を説いた。しかし、彼の取り組みは一定の支持を集めながらも、大きな運動とはならずに挫折する。そこで雲照は、僧侶だけでなく俗人でも守れそうな基本的な徳目として、「十善戒」の普及に努めるようになった。そこでは、「一切衆生本性自然ノ戒（人間であれば誰もが当然従うべき戒律）」や「人の人たる」道が説かれた。内容的に見て、これは仏教に固有の戒律の普及というより、国民道徳の改良運動としての性格が強い。すなわち、雲照の戒律復興の試みは、仏教者の生き方の問題から次第に離れていき、やがて「応用範囲を拡大し、法律などの社会規範と一致」するようになったわけだ（亀山二〇一八）。

もう一人、日蓮主義の鼓吹者として知られる田中智学（一八六一〜一九三九）の例を見てみよう。智学は、若い頃に日蓮宗の僧侶になったが、出家は仏教者の生き方として時代遅れだと考えるに至り、還俗する。その後、独自の日蓮主義運動を主導するが、これは俗人主体の仏教改革運動であった。『仏教夫婦論』や「仏教僧侶肉妻論」で彼は、普通の生活者向けの仏教の規律を提示する。これらの著書では「肉食妻帯」の正当性が語られ、仏前結婚式の提唱もなされているが、その大きな目標は、次の文章にある通り、道徳的な男女が結婚して国のために尽くすことにあった。

> 人事ノ最大要節トシテ而カモ道義ノ根原タル夫婦倫道ノ正当ナル規律ト正当ナル将護トヲ与ヘテ、以テ完全ナル世間国家ヲ造リ出スコトヲ開導ノ第一義トセザルベカラザルナリ　（田中一八九四）

ここにもまた、僧侶による戒律護持の限界を悟った明治の仏教者による、国民道徳への傾斜が見て取れる。その後、戒律を放棄し妻帯する僧侶が現実的にあまりにも増えていくのに伴い、戒律をめぐる僧侶たちの議論はおおよそ沈静化していった（Jaffe 2001）。

二　浄土真宗の展開

戒律を守らない僧侶が一般的になり、妻帯僧がむしろ標準となったことで、日本仏教は「真宗化」したのではないか。そうした実に鋭い指摘がある（中村二〇一一）。浄土真宗は開祖の親鸞からして妻帯僧であり、彼は出家者ではない俗人のための仏教を説いた。それゆえ、この指摘は大いにうなずける。

真宗は近代以前から、妻帯を自己の宗教伝統の一部として正当化する努力を続けてきた。鎌倉時代の僧侶である親鸞が妻帯したのは事実だが、親鸞自身は、その理由を一切語っていない。それゆえ、真宗の教団では「妻帯ノ宗風」を肯定するためにも、教団公認の親鸞伝のなかで妻帯の意義を強調する必要があった。中世に作成された伝記では、親鸞の「女犯」の罪を救世観音が許すという神話的な物語（「六角堂の夢告」）が創作され、近世には、この物語が真宗の「妻帯ノ宗風」の起源として位置づけられた（大澤二〇一九）。

真宗の僧侶たちは、中世以来、他宗派の僧侶から「女犯肉食」という負のレッテルを貼られ続けてきた。だが、中興の祖である蓮如らの活躍によって、近世には教団として巨大な勢力となった真宗は、「肉食妻帯」の宗派としての自己の優位性を、むしろ積極的に主張するようになる。そして、遂には「自分たちの肉食妻帯のあり方こそが仏教の真の精神に沿うものだという議論を展開していく」（中村二〇一二）。

こうして戒律の不在を逆に誇るようになった真宗だが、道徳的な生き方を否定しているわけでは、もちろんない。真宗の僧侶たちは、おおよそいつの時代にも、世俗道徳の尊重を説いてきた。特に近代には「真俗二諦」の教義が強調されるようになる。来世に浄土に生まれ変わるという教えを「真」とする一方、現世では国家が定めた「俗」なる規範に従うという一種のダブルスタンダードを、近代の真宗教団は僧侶にも信徒にも要請したのだ。

この「真俗」の規範を、非常に内省的なかたちで洗練させたのが、真宗大谷派の僧侶、清沢満之である。清沢は個人の内面を重視し、法律や道徳とは異なる次元のものとして宗教を語り、宗教とは「自覚」や「対自」の問題であることを強調した。

而して此罪悪は外部よりしては、全く不明であれども、各個人の自覚上には、極めて判然たるものである、此罪悪に就ては、自己が自己を制裁する、法律だの輿論だの如き自己以外のものは、決してこれを制裁することはない、（中略）法律と道徳とは対他的のものであるのに、宗教は対自的のものである、（中略）宗教心は、自己の弱点を反省する自覚の心である、故に法律上及び道徳上の精神は外観的にして、宗教上の精神は内観的である。

（清沢二〇〇三）

こうした法律や道徳とは切り離された宗教の内面化の徹底は、人間の「悪」を道徳的に対処すべき問題とせず、宗教に固有の課題とした点で、近代思想として一つの画期的な意義を有する（繁田二〇一九）。他方で、人間の「外観的」な部分をどう制御するのかに関しては必然的に説明不足となり、清沢の弟子たちも、けっきょくのところ天皇を仰ぐ国民道徳に追従する者が多数を占めた（近藤二〇一三）。

三　禁酒の宗教

清沢の「精神主義」が形成されるのに少し先立ち、浄土真宗本願寺派の関係者たちは禁酒運動を立ち上げている。教義から戒律を遠ざけたはずの真宗の関係者が、禁酒を説くのは意外な気もする。だが、その運動は自覚的な仏教精神に基づいており、しかも、運動のなかで仏教の戒律に対する独特の再評価も行われた。

一八八六年三月、本願寺派が運営していた僧侶と俗人のための学校（普通教校）の学生有志が集い、「反省会」が発足する。反省会は、禁酒を中心とした仏教界の風紀改善の試みによって、宗教と社会の改良を志した団体だ（赤松二〇一八）。設立当初の反省会が禁酒を目的に掲げたのは、西洋社会で行われていた禁酒運動（テンペランス）に触発されたかたちであった。実際、反省会の機関誌『反省会雑誌』には、欧米での禁酒運動の現況が繰り返し報じられている。とはいえ、この運動の当事者たちは次第に、禁酒を仏教の文脈でとらえ直すようになった。

仏教には、それが誕生した古代インドの時代から、不飲酒戒の伝統が連綿としてある（藤原二〇一七）。たとえば、初期経典の一つ『善生経』では、飲酒によって生じる問題が六つ挙げられている。一、財産を失う、二、病を生ずる、三、闘争する、四、悪名が流布する、五、怒りが生じる、六、智慧が失われる、といった塩梅だ。個人の生き方のブラッシュアップを目指す仏教徒にとって、飲酒は大敵なのである。

だが、日本の仏教界では肉食や妻帯以上に、飲酒に対する寛容性が顕著である。江戸時代の法令でも僧侶の飲酒は禁じられておらず、ゆえに明治政府は「肉食妻帯」の許可については明言したが、飲酒の可否に関しては、最初からまったく考慮されなかった。

酒を意味する「般若湯」という隠語が仏教界に存在することから示唆されるように、日本の僧侶たちが不飲酒戒を意識し続けてきたのは間違いない。また、禁酒の必要性を説く僧侶も歴史的に散見されるが、いずれも大きな影響力を持ちえなかった。

にもかかわらず、反省会のメンバーは、禁酒を改めて仏教の課題として考え始めたのだ。彼らの機関誌には、『聖書』に禁酒の既定のないキリスト教とは異なり、「仏祖の教へ」に従いさえすれば自分たちは必ず禁酒ができるという意見や（「仏事禁酒の解」『反省会雑誌』第二三号、一八八九）、「仏教は実に禁酒的の宗教なり」といった自己主張すら見られた（「反省会の祝日　創立の四周年」『反省会雑誌』第一七号、一八八九）。

仏教者が自らの生き方を反省し正しい態度で生きる上では、戒律のうちでもまず、飲酒の禁止を実行すべきだとも論じられている。

嗚呼吾浄土門他力宗の僧侶又信者諸君よ、卿等の破戒破律は決して成仏の進路に妨げせずと雖も、処世の抑止は如是き無責任なるものに非ざるべし、必ずや三省九思、仏者の仏者たるを失はぬ様にせざる可らざるに非ずや、爾らば之を成すには準的如何、他なし世尊所制の戒律に依り反省の度々一々之を身に試むるに在るなり、而して其尤も先きんず可きは吾反省会の旌旗、戒に在りと知る可し。

（「反省的戒律」『反省会雑誌』七巻一号、一八九二）

ここで注目すべきは、「浄土門他力宗」すなわち真宗の僧侶や信者にとって、「破戒破律は決して成仏の進路に妨げせず」という見解である。しかし他方で、仏教者であれば戒律をもとに反省を積み重ね、自己の「仏者」らしさを維持すべきだとも述べられる。ここからは、戒律が教義的に無効化されている真宗の関係者が、道徳の基盤として戒律を改めて位置づけようと試み、少なからず苦慮している様子がうかがえる。

この点でいえば、真宗関係者を中心に構成された反省会が禁酒に着目したのには、ある種の必然性があった。既述のとおり、真宗では伝統的に「肉食妻帯」が肯定されてきたが、飲酒については、正負のいずれからも位置付けられてこなかったからである。

宗祖大師〔親鸞〕は肉をも許され、妻をも持てと仰せられましたが酒の事は何とも仰せられません、こゝが大事です、酒を止めても宗意に差支はありません、酒を飲んでも彼土得生〔極楽浄土への往生〕の障にはなりません、だが、人間の道がはづれます、人間の道がはずれては、永き世、開山の門徒ではありません。

（「仏事禁酒に付て」『反省会雑誌』一五号、一八八九）

酒は飲んでも飲まなくても真宗の教えによる救済とは無関係だが、飲めば「人間の道」に外れてしまう――。仏教者の生き方を導く倫理として戒律を意識しながらも、やはり「人間」一般に通じる道徳的なものとして、禁酒の意義が把握されているわけだ。近代の仏教界で戒律の固有性を押し通すことの困難さが、ここにも見える。

反省会は、正会員、節酒同盟員、仏事禁酒同盟員をあわせ、一万数千名のメンバーを獲得するに至る。だが、同会の拠点である普通教校の廃止などに伴い、次第に勢いを失っていった。その機関誌も、発行元の東京移転の後に『中央公論』と名称変更して、仏教とは必ずしも関係のない総合雑誌と化す。反省会による「禁酒の宗教」運動は、長い目で見ればあまり上手くいかなかったといえる。

その後、大正期の末頃になると、新たに仏教改革運動を開始した河口慧海（一八六六～一九四五）が、戒律違反を反省しない日本の僧侶たちを「虚偽生活の悪魔」として厳しく非難しはじめる。河口は、僧侶の飲酒についても次のように痛罵している。

各宗の高僧、善知識、上人、法主、管長と云はれる者で、酒を般若湯と誤魔化して飲まない者は幾人あるであらうか。否な無慚無愧で畜妻蓄妾して公然飲酒するのを誇りとして居る者すらある。〔中略〕比丘〔出家僧〕がなければ法を実行するものがない。法の実行者がなければ仏の教化がないこととなる。仏の教化がなければ仏教が我国にないのである。全く無仏教である。たゞあるものは仏の美名を騙る精神的詐欺師の集団である。（河口一九二六）

スリランカなどで戒律を守り生きる僧侶たちを目の当たりにしてきた河口にとって、酒を飲み性交をする日本の僧侶たちは、「詐欺師」にしか見えなかったのだ。とはいえ、こうした日本の僧侶たちの「詐欺師」ぶりは、次節で確認するとおり、むしろ彼らが殺生を肯定する際にこそ、より顕著であったように思える。

四　殺人の仏教

仏教界を中心に、近代日本の宗教団体や宗教者がいかに戦争協力に邁進したのかについては、これまでの研究からだいぶ明らかになっている（小川原二〇一〇、二〇一四）。僧侶による従軍布教、軍への慰問、時局的な講演、兵器材料（梵鐘等）の献納、戦没者追悼法要など、仏教者としての立場から、戦争する国家に対する様々な貢献活動が行われた。

戦時中の時局的な発言では、僧侶たちが殺人や戦争の必要性を明確に説いている。たとえば、鈴木大拙の師として知られる臨済宗僧侶の釈宗演（一八五九〜一九一九）は、日本の仏教界に平和主義の同志を求めたロシアの作家トルストイに対し、ブッダの教えに従えば、世界に調和をもたらすためなら殺人や戦争も必要だと返答した（Victoria 2006）。

仏教教団や仏教者が戦争を肯定する際に持ち出してくる論理は、おおむね、こうしたタイプのものだ。殺人は、ほかのより大きな道徳的大義のためであれば問題にならない、というわけである。近代以降、この種の論理をいち早く提示した教団の一つは、真宗大谷派である。一八八三年四月一日の『開導新聞』では、大谷派の僧侶や門徒に向けて次のようなメッセージが示された。

一朝事アレハ正義ノ為メ軍ヲ率ヒテ敵ヲ襲フ其旗幟ニ仏号ヲ書スル等ノ事迹ハ其身ノ安立ヲナシテ一軍ノ調和ヲ円ル所以ナリ況ヤ一殺多生ハ仏ノ遮スル所ニ非シテ愛国ノ公義公徳ナリ身ヲ殺シテ仁ヲナスハ教化ノ効続ト云ヘシ其レ然リ人世終極ノ目的ヲ達セントセハ仁慈道義ノ風ヲ起サル、ヘカラス仁慈道義ハ宗教ノ本領分ニシテ

（真宗大谷派名古屋教区教化センター平和展スタッフ二〇一九）

日本が危機を迎えた際には、「仏号」の書かれた旗を掲げて敵を攻撃すべきであり、殺人は「愛国ノ公義公徳」や「仁慈道義」のために行われるのであれば、仏教にとって妨げとならない。それどころか、戦争中の大義ある殺人は、「宗教ノ本領分」や「人世終極ノ目的」にすらなりうる。国家護持ないしは社会貢献の掛け声のもと、「敵」とされた他者の生命への危害を容認していくこの種の論理は、大谷派だけでなく、広く近代日本の仏教界に共有された。近代の仏教者たちは、殺生

（殺人）もまた国民道徳の脈絡で受容していったのだ。

ただし、少数ではあるが、人命を奪う戦争という営みに決然と反対した仏教者たちもおり、これは見逃せない。近代日本の反戦論は、日露戦争（一九〇四〜〇五年）を契機として、おもにキリスト教徒や社会主義者によって唱えられるようになる。これに影響されつつ、やや遅れて仏教界からも反戦の主張が出て来るのだ（大谷二〇一二）。

たとえば、曹洞宗僧侶の井上秀天（一八八〇〜一九四五）は、一九一一年十二月、社会主義の影響下にあった仏教雑誌『新仏教』に「平凡極まる平和論」を発表し、「戦争は如何なる名称の下に行はれても、無上の罪悪である」と言い切った。昭和初期には同じく社会主義の影響下にあった仏教団体（新興仏教青年同盟）を率いた妹尾義郎が、自らの主宰する仏教雑誌を通して、「仏教は本来反戦的思想」であり、「仏教徒の根本戒律である王戒にはその劈頭に「不殺生戒」を設けられてある」と述べている。

このほかにも反戦の仏教者の例はいくつかあるが、興味深いのは、その多くが真宗大谷派の僧侶であったということだ。先述の通り、大谷派は教団としては戦争協力に極めて前向きであったが、そうした宗派の大勢にどうしても納得のいかなかった人物が、ごくわずかであれ存在したのである。以下に三名の大谷派僧侶の例を挙げる。

高木顕明（一八六四〜一九一四）は、日露戦争が開戦した一九〇四年、「余が社会主義」という短い論文を執筆した。そこには、「極楽世界には他方之国土を侵害したと云ふ事も聞かねば、義の為ニ大戦争を起したと云ふ事も一切聞かれた事はない。よりて余は非戦論者である」と書かれている。

人界を超えた極楽浄土への信念に基づき、戦争の大義が全否定されたのだ。高木は、国家が社会主義者を弾圧した「大逆事件」（一九一〇～一一年）に連座し、獄中で死亡する（菱木二〇一二）。

竹中彰元（一八六七～一九四五）は、日中戦争（一九三七～四五年）を推進する国家に追随する宗派の現況に疑問を抱きはじめ、一九三七年九月以降、反戦発言をしはじめる。それは「自分ハ戦争ハ沢山ナ彼我ノ人命ヲ損シ、悲惨ノ極ミテアリ罪悪テアルト思フ」といったもので、こうした発言は、周囲の僧侶たちを驚愕させた。竹中は、仲間の僧侶の通報により警察に逮捕され、裁判で有罪判決を受ける（大東二〇〇八）。

植木徹誠（一八九五～一九七八）は、日中戦争で出征する若者に向けて「戦争というのは集団殺人だ。それに加担させられることになったわけだから、なるべく戦地では弾のこないような所を選ぶように」と語ったと伝わる。また、当時の戦況を分析して「今度ノ戦争モ、日本デハ志那が悪イト云フガ、志那カラ云ハスト日本が悪イト云フテ居ル。戦争トイフモノハソンナモノヤロ」と断じた。植木は、共産主義の活動などを理由に治安維持法違反で逮捕され、有罪判決を受ける（大東二〇一八）。

これらの大谷派僧侶は、いずれも地方寺院の住職であり、宗派の要職にある僧侶に比べれば、ローカルな環境で自由な発言のできる立場にあった、ともいえる。しかし、同様に反戦の声をあげる僧侶が全国にほとんど存在しなかった事実を考慮すれば、彼らの仏教者としての倫理観には際立ったものがあったと評価できるだろう。

このように、真宗大谷派を筆頭として、近代日本にも反戦僧侶が若干であれ出現した。彼らの反戦言動の根拠には、「不殺生戒」、「極楽世界」、「彼我ノ人命ヲ損シ、悲惨ノ極ミテアリ罪悪」といった、仏教を基盤とした規範意識が確かに認められる。戦争という国家有事の局面では、殺生に反するモラルがおおよそ棚上げされてしまった仏教界だが、それでもなお、仏教者として決して譲れない規律を通すための生き方は、かろうじて残っていたのである。

五　現代日本の僧侶たち

本章の冒頭で述べたとおり、現代日本の僧侶は、戒律を守ることを総じて期待されていない。僧侶の飲酒や性交に関しては、それが他人への危害や不倫による騒乱などにつながらない限り、目くじらを立てる者はそう多くはないだろう。殺生についても、殺人のような違法行為ではなく、たとえば魚介類の躍り食いのようなものであれば、僧侶がプライベートで行っている限り特に問題にはならないはずだ。かくして仏教に固有の規範である戒律を失ってしまったかのように見える日本の仏教や僧侶の現状を、どう考えるべきか。

曹洞宗僧侶の妻であり宗教学者の川橋範子は、理念上は「出家」を掲げながら、当然のごとく妻帯し家庭を築く僧侶たちがつくる宗派を念頭に、これを「虚偽の出家主義」と批判的に位置づける（川橋二〇一二）。かつて河口慧海が日本の僧侶を「虚偽生活の悪魔」「詐欺師」と罵倒していたのを彷彿とさせるものいいだ。ただし、川橋の批判は、戒律をめぐる理念と現実のズレゆえに、宗派内の女性の地位が安定しない、もしくは女性への差別的な待遇がまま見られることから発せられたものである。すなわち、フェミニズムの影響を受けた、新しいタイプの日本仏教（僧侶）批判である。

川橋のように宗教界のジェンダー平等を求める視点は、日本の僧侶のあり方に関する新たな課題を投げかけている。

一方、仏教の戒律の研究者である佐々木閑は、日本では総じて戒律が機能していないがゆえに、日本で正しく自己の生活を律せられる出家僧は、むしろ僧侶が戒律を守るのが普通の仏教国の僧侶以上に僧侶として優れていることがわかるという、逆説的な指摘をする。

> 規制のない場所で自分を律するには人並みはずれた自制力が必要とされる。日本仏教は、律に縛られないという特性により、きわめてすぐれた僧侶と堕落した僧侶の両方を生み出す可能性を持つ、非常に変異性の高い宗教世界になっている。（佐々木二〇一一）

これはきわめて興味深い指摘だ。実際、天台宗などでは自己の宗教伝統を誇る際、千日回峰行のような厳しい修行を積んだ自宗の僧侶を表に出すケースがある。だが、そうした理想的な修行僧を公的にアピールした結果、現実のほとんどの僧侶の「堕落」がますます鮮明になるという困難が生じもする（Covell 2005）。

もっとも、現代日本の大勢の僧侶たちのあいだで、戒律が完全に機能していないかというと、そういうわけでもない。戒律を律儀には守れないという、揺るがぬ現実を前提としながら、個々人の内省を促す概念としての戒律はなお、少なからぬ僧侶のなかに存在しているようなのだ。ある天台宗僧侶の意見を引いてみよう。

美味な食事も酒も異性との交際も、みな人生をゆたかにしてくれる存在です。しかしその魅力に心を奪われ、我を忘れ独り善がりになってしまうと、途端に危険な存在となります。釈尊の制戒も、その危険を防ぐために他なりません。この基本をしっかり踏まえた上で、常に菩薩として自利利他が行えているか、卑下することなく驕り高ぶることなく自己の行動を省み続けることです。これは決して容易なことではありません。外から規制されるのではなく、自らに課すことなのですから、すました顔ではいられません。悩み、もがきながら、日々懺悔し発心し続ける生き方が僧侶なのです。

（多田、末木二〇〇四）

飲酒や性交は「人生をゆたかにしてくれる」ものとして肯定される一方、行き過ぎると欲望の歯止めが利かなくなるので、常に自省し、日々の反省を心掛ける、それが僧侶の生き方だ、というわけである。一見してごく常識的な道徳論であり、わざわざ「釈尊の制戒」を持ち出す必要があるのかという疑問が生じもする。とはいえ、こうした世俗道徳と明確には区別できない道徳論に、なおも仏教に固有の語彙──「釈尊の制戒」「菩薩として自利利他」「懺悔」「発心」──が用いられ、それらが当人の内面と行為を方向づける概念になっていることもまた確かである。現代日本仏教において、戒律は現実にはほぼ運用されずにいても、僧侶たちの心の片隅では、概念として常に引っかかり続けているようなのだ。

曹洞宗僧侶の南直哉（じきさい）は、出家僧として長期にわたり戒律に基づく修行生活を送った後、紆余曲折があり結婚したという自身の経験をもとに、不淫戒について再考した（南二〇一四）。そして、性行為は悟りへの道を決定的に阻害するものではない以上、「性行為の禁止は仏教的にも善悪を問うことができない」と結論づけた。ここでの関心は、この南の見解が、仏教とりわけ曹洞宗の教義や思想に照らして妥当か否かは、ここでの関心ではない。むしろ、不淫戒の妥当性について、現代日本に生きる妻帯僧の一人が言葉を尽くして論じているという事実に注目したい。僧侶でなければ、あるいは日本の仏教について真剣に考えている者でなければ、この種の議論をあえてする必然性はないからだ。こうした戒律をめぐる現代日本の僧侶たちの心意を、どのように理解すべきだろうか。

おわりに――半透明の規範

現代日本仏教では、戒律は目に見えるかたちでは、ほぼ遂行されていない。一方で、僧侶たちの心の中では、その度合いに個人差こそあれ、どこかで常に見えている。戒律は現代日本の僧侶にとって、いわば「半透明」の規範として存続しているように思える。

本章で見てきたとおり、戒律護持の姿勢が次第に衰え、国民道徳へ一辺倒となっていった近代日本の仏教界でも、戒律が完全に見失われることはなかった。戒律から自由になったはずの真宗関係者が禁酒の勧めを不飲酒戒と結びつけ、あるいは、戦争という国家的な殺人行為に反旗を翻して、不殺生の理想を取り戻そうとした僧侶たちもいた。おそらく、潜在的、もしくは歴史に残らないかたちで、国民道徳を尊重しながらも、依然として仏教に固有の戒律の護持を重んじた僧侶たちは、ほかにも少なからず存在したはずである。

こうした近現代の僧侶たちの半透明の規範は、戒律とは微妙に異なるところにも見て取れる。たとえば、女性僧侶にとっての「剃髪」をめぐる問題だ（丹羽二〇一九、ロウ二〇一九）。現代日本の女性僧侶は、戒律を徹底させた出家者として生きる「尼僧」と、通常の男性僧侶と同じく結婚し、戒律も厳密には守らない「女性僧侶」の二種類に大きく分かれる。このうち後者でときに問題になるのは、剃髪すなわち頭髪を完全に剃るか否かの選択だ。僧侶なのだから剃髪は当然だとする女性がいれば、僧侶とはいえ髪は剃らないで生きたいと願う女性や、さらには友人と会うときだけウィッグ（かつら）をかぶるという女性僧侶もいるのである。この剃髪をするか否かの選択が、彼女たち自身の僧侶としてのアイデンティティの構築や、他の女性僧侶への評価の仕方に、深く関係してくる。

剃髪は、俗世への執着から離れて修行に専念するため、仏教の僧侶に伝統的に求められてきた。現代日本では、曹洞宗など禅宗の僧侶は剃髪している場合が多く、逆に真宗の僧侶には有髪の人間が多い。それ以外の宗派に関しては、剃髪している者もいれば、短めに切りそろえるぐらいの者もいる。総じて、剃髪は日本仏教に共通の規範とはなっていないわけだが、真宗僧侶にしても、僧侶は剃髪するものだという観念が、どこかにある。こうした現代日本仏教における剃髪の、規範としての半透明さは、自分の髪を完全に剃ることに対して男性よりも気にする、ないしは気にされる機会が多い女性僧侶にとって、とりわけ大きな問題となる。

このように、ライフスタイルの次元では俗人と大差ない日本の僧侶たちのあいだには、それでもなお、俗人にはおおよそ共有されていない仏教固有の規範が今なお存在している。そうした規範の実態や変化について詳細に検討することは、「近代仏教とは何か」の真相を見極める上での有効なアプローチの一つとなるはずだ。

参考文献

赤松徹眞編『『反省会雑誌』とその周辺』法藏館（二〇一八）
大澤絢子『親鸞「六つの顔」はなぜ生まれたのか』筑摩選書（二〇一九）
大谷栄一『近代仏教という――視座戦争・アジア・社会主義』ぺりかん社（二〇一二）
小川原正道『近代日本の戦争と宗教』講談社選書メチエ（二〇一〇）
小川原正道『日本の戦争と宗教　一八九九―一九四五』講談社選書メチエ（二〇一四）
亀山光明「戒律主義と国民道徳宗門改革期の釈雲照」『近代仏教』二五号（二〇一八）
河口慧海『在家佛教』世界文庫刊行会（一九二六）
川橋範子『妻帯仏教の民族誌――ジェンダー宗教学からのアプローチ』人文書院（二〇一二）
清沢満之「法律、道徳、宗教」大谷大学編『清沢満之全集』六巻、岩波書店（二〇〇三）
近藤俊太郎『天皇制国家と「精神主義」――清沢満之とその門下』法藏館（二〇一三）
佐々木閑『「律」に学ぶ生き方の智慧』新潮選書（二〇一一）
繁田真爾『「悪」と統治の日本近代――道徳・宗教・監獄教誨』法藏館（二〇一九）
真宗大谷派名古屋教区教化センター平和展スタッフ編『第30回「平和展」仏教の社会活動――アジア太平洋戦争と大谷派』真宗大谷派名古屋教区教化センター（二〇一九）
大東仁『戦争は罪悪である――反戦僧侶・竹中彰元の叛骨』風媒社（二〇〇八）
大東仁『元来宗教家ハ戦争ニ反対スベキモノデアル――反戦僧侶・植木徹誠の不退不転』風媒社（二〇一八）
多田孝文、末木文美士『現代戒想――出家と在家のはざまで』仏教タイムス社（二〇〇四）

田中智学『仏教夫婦論』立正安国会本部（一八九四）
中村生雄『肉食妻帯考――日本仏教の発生』青土社（二〇一一）
丹羽宣子『〈僧侶らしさ〉と〈女性らしさ〉の宗教社会学――蓮宗女性僧侶の事例から』晃洋書房（二〇一九）
林淳「近代における仏教の変容と学知」大久保良峻編『日本仏教の展開――文献より読む史実と思想』春秋社（二〇一八）
菱木政晴『極楽の人数――高木顕明『余が社会主義』を読む』白澤社（二〇一二）
藤原暁三『仏教と酒――不飲酒戒史の変遷について』慧文社（二〇一七）
松尾剛次編『思想の身体戒の巻』春秋社（二〇〇六）
南直哉『善の根拠』講談社現代新書（二〇一四）
蓑輪顕量「現代日本仏教の特徴――妻帯の歴史的背景を考える」『愛知学院大学文学部紀要』三八号（二〇〇八）
森岡清美「身分から職分へ――明治維新期の法制改革にみる僧尼の世俗化」竹中信常『宗教文化の諸相』山喜房佛書林（一九八四）
ロウ、マーク「仏教人類学とジェンダー――女性僧侶の体験から」那須英勝、本多彩、碧海寿広編『現代日本の仏教と女性――文化の越境とジェンダー』法藏館（二〇一九）
Covell, Stephen, *Japanese Temple Buddhism: World linessina Religion of Renunciation*, University of Hawaii Press (2005)
Jaffe, Richard, *Neither Monknor Layman: Clerical Marriage in Modern Japanese Buddhism*, Princeton University Press (2001).
Victoria, Brian Daizen, *Zen at War* (2nd Edition), Rowman & Littlefield Publishers (2006)

第11章　教養主義、生命主義、日本宗教

はじめに

大正期、日本宗教の主役は、宗教者から非宗教者へと移り変わる。少なくとも、そうした変化を強く印象付ける出来事が、次から次に起きた。たとえば、僧侶や神官、神父や牧師といった専門の宗教者ではない、普通の学者や作家らの書いた宗教に関する著作が、続々とベストセラーになった。宗教者ではない人々が宗教について好き勝手に語りだし、宗教者のほうでも、その宗教の伝統を無視した自由な発言をする傾向が強まる。寺院などの宗教施設に、信仰心を持たずに別の目的でやってくる人々も顕著に増えた。これらは大正期の宗教をめぐる際立った動向であり、そして、この動向は現代に受け継がれる。宗教をめぐる近現代史の転換点だといっていい。

明治期から、こうした動向はすでに見られはした。仏教界では、既存の宗派のあり方を批判する青年たちが「新仏教徒同志会」を結成し、寺院や僧侶に依存しない仏教を求めて次第に発言力を増していく。一方、寺院出身者ではなく僧侶でもない高楠順次郎が西洋に留学し、当時の最先端の仏教学を日本に持ち帰った。キリスト教界では、熱烈なキリスト教徒であるクラークの影響下にあっ

た内村鑑三が、特定の教会に基づかない「無教会」キリスト教を広め始める。さらに、井上哲次郎のような哲学者が、諸宗教を総合した「新宗教」の構築を提唱して物議をかもしもする。非宗教者、あるいは伝統的な宗教者とは異質の主体による宗教的メッセージは、明治後期のあたりから量産されるようになった。

とはいえ、明治の宗教界では、依然として宗派や教会など特定の宗教伝統に属する宗教者らの活躍が立つ。廃仏毀釈という言葉に象徴される仏教界の危機のなか、日本仏教の立て直しをはかった僧侶たちの活動や、西洋の宣教師による開国後の日本への進出などが、明治宗教史を語る上では特に重要だろう。あるいは、国政と密に結びついた神社神道の再編や、近世後期から続くカリスマ教祖らによる新宗教教団の形成なども、これまで詳しく検証されてきた通りである。非宗教者は、明治宗教史の主役とはいい難い。

対して、大正期の宗教史は、非宗教者を主役に据えることで、その特徴がよく浮かび上がる。もちろん、この時代にも宗教者による活動が依然として重要だ。寺院や神社や教会や新宗教の教団といった組織の力は、大正期以降も実に巨大である。だが、大正期には非宗教者の存在感が大いに増したことで、宗教者の役割は明らかに相対化される。また、宗教者の側も、非宗教者が示す新たな宗教の語りやイメージに、少なからぬ影響を受けるようになった。ゆえに、大正期の宗教史を描くには、まずもって非宗教者に注目する必要がある。

非宗教者が宗教史の中心に躍り出るにあたり、二つの「主義」の社会的な広がりが、背景として重要である。本章のタイトルにある通り、教養主義と生命主義だ。この両者は、それぞれ別個に研究されてきたが、実は密接に関連する。とりわけ、この時期の宗教史を見ていく上では、両者の強い関連性を読み解かねばならない。

本章では、大正期の宗教とりわけ日本仏教の動向について、教養主義と生命主義の勃興という当時の文脈を踏まえながら論じる。登場するのは、和辻哲郎（一八八九〜一九六〇）、倉田百三、西田幾多郎（一八七〇〜一九四五）、暁烏敏、福来友吉（一八六九〜一九五二）といった面々だ。

一　教養主義と生命主義

修養主義から教養主義へ

近代日本を生きた少なからぬ人々にとって、教養は非常に大事だった。幅広い読書などにより教養を深め、自己の人格を高める。そして、教養によって磨かれた個人の人格の素晴らしさを、ほかの何にも代えがたい至上の価値とする。こうした価値観を共有する教養主義の風潮は、大正期に確立され、戦後にも一定期間にわたり維持される。だが、おおよそ一九七〇年代の頃から次第に衰微していった。ただし、「教養としての〇〇」といったタイトルの書籍が今なお刊行され続ける事実からも示唆されるように、現代日本にもなお教養主義の残滓は認められる。

教養主義は、それに先立つ修養主義から派生し展開したというのが定説だろう（筒井一九九五）。明治後期、国家体制の整備が進むのに応じて、それまでの立身出世主義に陰りが見え始める。立身出世を目指す者が一定数に達した結果、競争が激しくなり、努力しても報われない可能性が高まったのだ。一方で、国家に自己同一化しその発展に寄与するのが望ましいという価値観が、必ずしも自明ではなくなる。日清・日露戦争の勝利に象徴されるように、日本の「富国強兵」が一定の段階に達したのを受け、国力増強への貢献とは別のところに意識を注ぐ人々も増えてきたのだ。特に青年層ではそうした傾向が著しかった。

彼らのなかには、国家ではなく個人の内面にこそ価値の基準を置く者たちがいた。国力よりも人間性の高尚さのほうが肝心という考え方である。あるいは、国家や社会に貢献するためにも、まずは個人の人格を高めるのが欠かせないという発想だ。さらには、内面に意識を向け、自省を深めた結果、今の自分のあり方に悩み苦しむ若者たちも出て来た。彼らを称して「煩悶青年」という。そして、こうした個人の内面重視の若者たちをおもな受け皿として発生したのが、修養主義である。

修養主義では、学校での勉学や道徳的な訓練とは別のところで、何らかの文化活動に接し、個人の人格を高める営みが重んじられる。そこで接するべき文化は、世俗的な読書や社会運動だけでも、おそらく構わなかった。だが、修養主義では近代を通して、宗教者が主導した運動が大きな役割を果たす。時代の要請に応えて、個人の内面に向き合い人格の育成に役立つ思想や運動を提示した宗教者が、かなり多かったわけだ。真宗大谷派の僧侶で「精神主義」運動を率いた清沢満之や、托鉢・奉仕・懺悔の生活を説いて「一燈園」を設立した西田天香（一八七二～一九六八）などが、その代表である。

教養主義は、この修養主義とおおむね重なりあいながら、微妙に差別化するかたちで成立する。それはもっぱら学歴エリートによる差別化であり、人格形成の手段として摂取する文化が、高度な内容の本の読書などに偏った。たとえば、西洋由来の哲学や文学の翻訳書（または原著）や、日本の古典の読書である。これらは、生活に取り入れる上での一定の知的ハードルを課し、誰もが容易に親しめるものではない。教養主義は、こうした学歴エリートによる差別化の力学によって、おおよそ大正期の頃にその輪郭を整えていく。その枠組みの形成にあたっては、哲学書や古典作品を数多く刊行し学歴エリートに愛好された、岩波書店の存在意義が大きい。次節で取り上げる教養主義の必読書も、ほぼ岩波書店の刊行物である。

ただし、修養主義と教養主義は、いずれも人格の向上を目指す点で地盤を共有しており、それほど明確に区別できるわけでもない。実際、修養主義と同様に教養主義でも、宗教あるいは宗教者の役割が欠かせなかった。たとえば、「無教会」の運動を推進した内村鑑三のもとには、教養主義の拠点ともいえる第一高等学校（一校）の生徒たちが数多く集い、聖書に基づく内村の思想を真剣に学んだ。また、一校の生徒たちのなかには、真宗大谷派の僧侶で、本郷に求道会館（一九一五年に完成）という説教所をつくった近角常観のもとに足しげく通う者もいた。内村や近角のところには、一校生のようなエリート青年のみならず、より社会階層の低い信徒たちも、たくさん訪れていた。こうした点から考えても、修養主義と教養主義は地続きである。

さらに、修養にせよ教養にせよ、その主義に取り込まれる宗教は、伝統的な理解から多かれ少なかれ離れていき、やがて伝統とは無関係の場所で自立する、というのも共通の特質だ（碧海二〇一六）。人格の向上が至上の価値とされる修養／教養主義において、宗教はその伝統の護持よりも、個々人の内面にどれだけ有効に働きかけられるかが評価の基準となる。そうであれば、伝統的な受け止め方からは自由に、宗教が個の内面という場において再編成され、ときには伝統に反するような解釈のもと受容されるのは、いわば自然の成り行きだろう。そして次節で見るとおり、教養主義が勃興する大正期には、何人もの非宗教者たちが伝統とは異質な宗教理解を示し、多大な支持を集めるのである。

生命主義の形成

生命主義とは何か。それは「生命」をキーワードにして、やはり大正期に拡大した様々な思想や運動の総体を指す（鈴木貞美一九九六）。文学、哲学、芸術などの領域で、生命という概念が大きくクローズアップされ、しばしば、この世界の成り立ちを説明する際の根本的な原理として位置づけられた。

生命が特別視されたのは、それが宗教と科学という、表面的には相反するものを調停し、さらに双方を超える価値を発揮しうると考えられたからである。近代科学、とりわけダーウィンの進化論は、キリスト教をはじめとする宗教が示す世界観に挑戦し、宗教の成立根拠を脅かす可能性を有した。人間をはじめとする生物の発生と展開を、「自然選択」などの科学的な言葉で説明する進化論は、神による世界の創造や、人間に固有の精神性や道徳観を主張する宗教とは、概して相いれないわけだ（ゴダール二〇二〇）。とはいえ、近代の大勢の知識人にとって、科学を完全に無視した議論は到底受け入れられない。そこで、宗教的なものをなおも重んじる知識人のなかから、人間を含めた生命に、一方では科学的な認識で迫りながら、他方でそこに宗教に近似した力を読み取る、新たな思想や運動が出現してくる。

大正期の生命主義には多種多様な思想や運動が関与しているが、なかでもベルクソンの影響力の大きさは、はっきりと確認できる。この時代は「ベルクソン・ブーム」と評されるほどベルクソンに人気があり、生命主義の理論的な基盤の一つとしても、このフランスの哲学者の思想は大きな影響を与えた。彼が提示した「エラン・ヴィタル（生命の飛躍）」の概念は、遺伝学と進化論から出てきた突然変異説を哲学的に読み替え、生命に科学では説明しきれぬ創造性と、神秘的な意味を付与した。このダイナミックな生命観が、日本の学者や思想家、さらには宗教者も含めた知識人の心を揺さぶり、これと近似した各種の思想を表現させた。

なお、「生命」をキーワードにした思想であれば、すでに明治期にも存在し、同時代の少なからぬ反響もあった。北村透谷（きたむらとうこく）の「内部生命」がそれである（山田一九六一）。ただし、透谷の生命論は、国家や社会に還元されない個人の内面的な次元を尊ぶ、まさに「内部」に特化した思想であった。個人の内面を超えた、生命そのものの創造性に着目する大正期の生命主義とは性格が異なる。個を超越した生命の力を信じる生命主義は、国家のような全体的なもののなかに個の身体と精神を包摂する上でも有効に機能してしまうが、この点については本章のおわりに少し触れたい。

続いて、教養主義と生命主義の関係について述べておこう。次節で見るとおり、大正期の教養主義を後押しした主要人物の多くは、同時に生命主義的な思想を提示してもいる。両者のあいだには一定の理論的なつながりがある。先述の通り、教養主義の目指すところは、個人の人格の向上にある。では、人格の向上の先には、いったい何があるか。それは、一つの生命としての個人の、創造力に満ちた活発な人生だろう。あるいは、その豊かな人生を支える自然環境としての、大いなる生命への目覚めである。かくして、教養の深まりによる人格の高まりは、個人とそれを包み込む世界の全体の、生命としての高尚さや創造性への認識を導く。これが、教養主義が生命主義に接続する基本的なからくりだ。以下、具体的な人物に即して論じてみよう。

二　仏像・親鸞・哲学

和辻哲郎と古寺巡礼

和辻哲郎は、友人の阿部次郎などとともに、日本に「教養」という言葉を広めた代表的な人物である。その和辻いわく、教養とは「数千年来人類が築いて来た多くの精神的な宝」であるところの「芸術、哲学、宗教、歴史」によって、「貴い心情」を獲得することだ（「すべての芽を培え」、一九一七）。まさに教養主義者らしい発言だが、ここで教養の源になるものとして、芸術や哲学と並んで「宗教」が挙げられている点は見逃せない。教養主義の権化である和辻にとって、宗教は欠かせぬ文化的要素の一つであった。

ただし、和辻は宗教を尊重しこそすれ、いかなる宗教も、自己の信仰の対象とすることはなかった。鎌倉時代の高僧である道元を「哲学者」と評して、これを素朴に崇敬する宗派（曹洞宗）の人間を批判しさえしている（和辻二〇一一）。宗教を教養として受容する典型的なスタイルの一つが、ここに見える。

和辻の教養主義的な宗教との接し方は、彼の著作のうち最も多くの読者を獲得した『古寺巡礼』（一九一九）に、とりわけ鮮やかな文章で示される。和辻が友人と巡った奈良旅行の感想文をまとめた本であり、旅先で鑑賞した古寺の伽藍や仏像を、西洋美術に負けず劣らぬ傑作として、巧みに批評している。

仏像を信仰の対象としないという自身の態度について、和辻は本の前半部で次のように明言する。「たとえ僕が或仏像の前で、心底から頭を下げたい心持になったり、慈悲の光に打たれてしみじみと涙ぐんだりしたとしても、それは恐らく仏教の精神を生かした美術の力にまいったのであって、宗教的に仏に帰依したというものではなかろう」。仏像が、もともと仏教への信仰に基づき彫られたものであるのは疑いない。仏像を通して仏教への帰依の精神が喚起されなければ、その本来の目的は達成されない。だが、和辻にとって仏像は、あくまでも美術品として感動し、教養を高めるためのものであり、仏教への信仰は、そこでは不問に付された。

『古寺巡礼』を好意的に受け入れた大正期の読者たちもまた、おおむね和辻と近い感性で、古寺や仏像に向き合っていたと思われる。実際、仏像を美術品ないしは教養の対象として楽しむ環境が、『古寺巡礼』が刊行される頃には整いつつあった（碧海二〇一八）。たとえば、奈良や京都など古都の文化財について解説するガイドブックの刊行である。黒田鵬心（ほうしん）『古美術行脚』（一九一四）、佐々木恒清『奈良の美術』（同年）、足立源一郎、小嶋貞三、辰巳利文『古美術行脚 大和』（一九二三）など、大正期以降にたびたび出版された。いずれも『古寺巡礼』とは異なりロングセラーにはなりえなかったとはいえ、仏像鑑賞を教養文化のなかに定着させる上で、和辻の本と類似の役割を果たしたはずである。

また、奈良に美術鑑賞（研究）に訪れる人々のための専用の宿泊施設として、一九一四年には日吉館が創業される。ここには、歌人の会津八一を筆頭に、岡本太郎、山口蓬春、志賀直哉、堀辰雄、幸田文、小林秀雄ら、多くの美術家や作家が寄宿した。さらに、一九二二年には写真家の小川晴暘が奈良飛鳥園を設立し、古寺や仏像を被写体にした芸術写真を展示・販売し始める。個々の仏像の美しさを際立たせる小川の写真は多くのファンを獲得し、仏像を信仰ではなく教養の文脈で評価する風潮を、ますます世間に広めた。小川の写真の愛好者と、和辻の『古寺巡礼』の愛読者は、当然のごとく重なる。

和辻による仏像の解釈には、かすかながら、生命主義的な論調も読み取れる。古寺巡礼の最中に彼が最も感動した仏像の一つ、中宮寺の観音（菩薩半跏像）について、彼は次のような見解を述べている。「愛らしい、親しみ易い、優雅な、そのくせいずこの自然とも同じく底知れぬ神秘を持ったわが国の自然は、人間の姿に現せばあの観音となるほかない。自然に酔う甘美なこころもちは、日本文化を貫通して流れる著しい特長であるが、その根はあの観音と共通に、必竟我国土の自然自身から出ているのである」。古代の魅力的な仏像の根底に、自然の「神秘」を感じ取る和辻の思想には、生命主義の片鱗が見える。ただし、和辻の宗教に関する発言は、おおむね教養主義的な色彩が強く、この点は次に取り上げる倉田百三などとは、だいぶ異なる。

なお、こうした和辻の教養主義的な古寺巡礼に対しては、昭和初期に反感をあらわにする者たちが出現し、その筆頭が評論家の亀井勝一郎である。亀井もまた、当初は教養を得たいがために奈良の仏像巡りを開始した。だが、実際に現地を訪れた結果、仏への信仰に覚醒したと告白する(『大和古寺風物誌』、一九四三)。教養文化としての仏像鑑賞は、和辻の『古寺巡礼』の強大な影響力もあり、現在に至るまで安定的に維持される。だが、昭和初期の亀井が示したような、教養よりも信仰を重んじる立場の人間からの反動もときに生じるという事実には、注意を向けておく必要があろう。

倉田百三と親鸞ブーム

和辻が「あの生命に充ちた作を涙と感激で読んだ」と述べた本がある。倉田百三の『出家とその弟子』(一九一七)だ。和辻の『古寺巡礼』と同じく、大正期の刊行直後からよく読まれ、教養主義の必読書の一冊として、その後もロングセラー作品となる。

『出家とその弟子』は、浄土真宗の開祖である親鸞を題材とした戯曲である。親鸞と、その弟子をはじめとする周囲の人間による群像劇として構成される。同書の執筆に至るまで、倉田は一校生として哲学に親しみ、その後にキリスト教や一燈園に関与するなど、思想・宗教上の遍歴を経ていた。そうした経緯もあって、『出家とその弟子』に描かれる親鸞は、あたかも西洋の哲学者のようであり、キリスト教の聖職者のようでもあり、さらに言えば、一燈園の創始者である西田天香のようにも思える。いずれにせよ、同作に登場する親鸞は、真宗の開祖となった鎌倉時代の僧侶とは、とても思えない。親鸞に関するある程度の伝承や史実を参照しながら、それ以上に倉田の教養や宗教観に基づき描かれた、虚構の親鸞像がそこにある。

同書に対しては、真宗の関係者や仏教学者などから、いくつかの批判が寄せられた。ゆがんだ親鸞のイメージを提示し、真宗や仏教に関する誤解を広めている、といった趣旨の批判である。たとえば、真宗信徒で仏教学者の高楠順次郎は、「『出家と其弟子』の初から終りまでの信仰と云ふものは、全然耶蘇教〔引用者注：キリスト教〕の信仰」と断じ、「単に耶蘇教を述べる為に、真宗の親鸞聖人と云ふものを使つた」として、読者に警戒を呼び掛けた（『真宗の信仰と戯曲『出家と其弟子』』、一九二二）。高楠のほかにも、倉田の作品に伝統的な親鸞理解からの大きな逸脱を見て取り、違和感をおぼえた者は少なくなかった。

だが、倉田はこうした同時代の批判や違和感の表明を、あまり意に介さなかった。なぜなら、彼にとって同作は、親鸞の伝記でも、真宗の教義の解説書でもなく、「私の心に触れ、私の生命を動かし、私の霊のなかに坐を占める限りの親鸞」を描くためのものであったからだ。同作を執筆した頃の倉田は、人生上の悩みを抱えており、「心の中に寺を建てたい」と繰り返し述べていた。そうした苦悶する彼の内面を救うために建立された「寺」のなかで生み出されたのが、『出家とその弟子』の独創的な親鸞像であったのだ。

倉田の「内生命」を動かした親鸞像は、多数の教養主義的な読者に支持された。また一九二一年には同作が帝国劇場で上演され好評を博したことから、宗派の外部での親鸞への注目が、ますます高まっていく。そうしたなか、大正期には一種の「親鸞ブーム」が起きる。倉田の著作以外にも、親鸞を題材にした小説や戯曲が毎月のように刊行され、それぞれ広く読まれたのだ（大澤二〇一九）。

なかでも、作家の石丸梧平（ごへい）（一八八六〜一九六九）の小説『人間親鸞』（一九二二）は空前のベストセラーとなり、その発行部数は四十万部を突破したともいわれる。『出家とその弟子』以上に人間味あふれる親鸞像を提示した石丸の作品は、近代の出版文化の成熟により大正期に形成された大衆読者層から大いに歓迎されたわけである。同書に対してもまた、その理解に関し異議を唱える僧侶や仏教学者らが出てくる。だが、石丸は「生きた人間の直接経験」こそが『人間親鸞』のテーマであると反論し、むしろ宗派の人々が伝えてきた親鸞への凝り固まった信仰のあり方を批判した。

同書の続編として、石丸はさらに『受難の親鸞』を刊行。これらの親鸞作品によって、彼は流行作家となった。以後、石丸を宗教家と勘違いした悩める青年たちから、彼のもとに手紙が寄せられるようになる。大正期の親鸞ブームによって、渦中の作家に宗教者のような役割が期待されるようになったわけだ。

倉田に話を戻そう。親鸞を描くにあたり倉田がこだわったのは、それが自身の「内生命」に響くか否かであった。彼のこうした生命への関心は、本人も自覚するとおり、西田幾多郎の哲学に由来する。学生時代に西田の『善の研究』（一九一一）を読んで激しく感動した倉田は、「氏の哲学は実に概念の芸術であり、倫理の宗教である」として、西田の哲学に著しく傾倒するようになった。西田の倫理思想を、倉田は「人格的自然主義」と定義する。それは「生命の底に一層深く根を下ろしたる気分」によって発生する、と倉田は解説する。そして「生命の内部より送る本然の要求に押されつつ生きる」ことこそが、西田が提示した自然主義の倫理なのだと主張した（「生命の認識的努力」、一九一二）。

教養主義の風潮ときわめて相性の良い倉田の作品や思想の根底には、彼が西田から学んだ、生命の哲学があったわけである。『出家とその弟子』の高い評判により人気作家となった倉田は、自身の思想的立場は「生命の肯定」を「第一原理」とする「生命主義」である、と明言するようになる（鈴木一九八〇）。では、倉田を生命主義へと導いた西田の思想は、いかなる性格のものであったのか。

西田幾多郎の哲学と宗教

西田幾多郎の『善の研究』もまた、大正期の教養主義の広がりのなかで熱心に読まれた。西田は「善」なる行いとは何かを問うて、それは「人格を目的とした行為である」と論じる。「人格は凡ての価値の根本であって、宇宙間においてただ人格のみ絶対的価値をもっているのである。（中略）富貴、権力、健康、技能、学識もそれ自身において善なるのではない、もし人格的要求に反した時にはかえって悪となる」。こうした『善の研究』の人格至上主義的な発想が、個人の人格の高まりを重んじる教養主義の思潮のなかで熱烈に受け入れられたのは、当然の成り行きであった。

同書の西田はまた、宗教の本質について考察して、それは神と人間の合一にこそ認められると指摘する。そして、神人合一を達成した人間は、「内面的再生において直に神を見、これを信ずると共に、ここに自己の真生命を見出し無限の力を感ずる」と主張する。

『善の研究』では、宗教体験が自己の内側から沸き起こる「真生命」の発見として説明され、さらに、その「真生命」は個人に生きる力を与える、とされていたわけだ。いわく「信念とは単なる知識ではないかかる意味における直観であると共に活力であるのである」。

『善の研究』に表現された西田の哲学では、個人の人格に至高の価値がおかれる一方、その個人が神との合一を通して、生命の働きに目覚め、その働きのもと活発に生きることが説かれた。そこでは、宗教を媒介にするかたちで、教養主義的な価値観と生命主義的な理論が密に結び合わさっていたのだ。こうした哲学は、倉田百三のような内省的な知的青年にとって、非常に魅力的であった。また、『善の研究』で表現される宗教は、特定の宗派や教団を連想させない、ごく抽象的な概念として論じられている。その西田の宗教論の影響下にあった倉田が、宗派の伝統とはかけ離れた親鸞像を描いたことは、先述の通りである。

ただし、『善の研究』は、特定の宗教伝統に大きく規定されている、という意見もある。それは、「善」ならぬ「禅」である。『善の研究』で独自の哲学を開示する以前、西田が一定期間にわたり参禅に熱を入れていたという事実は、よく知られる。実際、彼は一九〇三年の日記に「余は禅を学の為になすは誤なり。余が心の為め、生命の為になすべし」とも書いている。西田の禅体験が、どれだけ彼の哲学に影響を及ぼしているかについては議論がある。だが、まったく無関係とするのは難しい。

西田が禅に関心を抱いたのは、金沢の第四高等学校に在学時に師事した、北条時敬を通してである。北条は、鎌倉の円覚寺の今北洪川のもとで参禅を繰り返した。西田も東京帝国大学の選科生だった時期に、同寺などに通い、禅を体験するようになる。それ以外にも、明治期に円覚寺に参禅した知識人は数多い。北条のような教育者のみならず、後年に政財界のエリートとなる青年層にも、円覚寺の禅が幅広く受容されたのだ（松本二〇一四）。西田との関係でいえば、生涯の親友である鈴木大拙が、西田に先立ち同寺に参禅している。こうした明治期の青年たちのあいだでの参禅熱の背景には、当時の修養主義の後押しもあった。したがって、参禅体験から一定の示唆を得た西田の哲学に、人格を極度に重んじつつ宗教体験の意義を強調する傾向があるのは、何ら不思議ではない。西田の哲学そのものは、大正期以降、宗教からはやや遠ざかり、主題的に論じられることも少なくなる。だが、彼の宗教への関心はその後も衰えることはなく、その思索は晩年に至り、「場所的論理と宗教的世界観」と題した遺稿に結実する。西田の哲学もまた、特定の宗教伝統とは異質のところから発信された宗教的メッセージの一種として、とても意義深い。

三　僧侶の教養／生命主義

暁烏敏と『歎異抄』

以上に見たとおり、大正期には非宗教者が発する宗教をめぐる語りや思想が一世を風靡し、人々の宗教のとらえ方を抜本的に変化させていく状況があった。こうした宗教状況の変化は、教養主義と生命主義の一脈を担いながら、これらの主義のさらなる拡張をもたらした。

だが、教養主義と生命主義の拡張を担ったのは、非宗教者だけではない。宗教者のなかにもまた、これら二つの主義を内面化し、その担い手になった人物がいたのだ。

たとえば、真宗大谷派の僧侶である暁烏敏が、その一人である。書籍がベストセラーとなった和辻や倉田、西田に比べれば、暁烏の社会的なプレゼンス、とりわけ知識層への影響力は明らかに劣る。しかしながら、カリスマ布教者として暁烏が、知識層よりも広い範囲の一般信徒にもたらした感化力は、決して軽視できない。そして、暁烏の思想のなかに教養主義と生命主義が十分に浸透しているのであれば、それはここで検討の対象とするに値する。

暁烏は、清沢満之の弟子である。青年時代から清沢の指導のもと、自己の内面を直視し、そこに見いだされる信仰の価値に重きを置いた。つまり、暁烏は若い頃から、修養主義的な仏教理解を受容していたわけだ。彼はまた、膨大な本を読み込む読書家であり、手に取る本のジャンルも、仏典などの宗教関係書はもちろんのこと、哲学や文学から自然科学の書物まで多岐にわたった。暁烏が僧侶であると同時に教養人でもあったことは疑いない。

清沢が率いた「精神主義」運動の機関誌『精神界』に、暁烏は一九〇三年から一九一〇年までの八年間、「歎異鈔を読む」を連載。その後、連載した文章を『歎異鈔講話』(一九一一)として一冊にまとめて出版した。同書によって暁烏は、やはり自己の説法に『歎異抄』をよく用いた近角常観とともに、『歎異抄』とそこに記された親鸞の思想を世間に普及させた僧侶の代表格となる。先述した倉田百三が、親鸞を自らの作品の題材としたのも、暁烏らが明治後期から大正期にかけて『歎異抄』を典拠に親鸞の魅力を世に広めていたことが大きい。

『歎異鈔講話』には、暁烏の教養主義的な価値観が、冒頭に近い部分から明瞭に見て取れる。『歎異抄』を、カントの『純粋理性批判』やダーウィンの『種の起源』、ダンテの『神曲』と比べても遜色のない「世界に示して大いに光明ある書物」であると評し、是非とも「世界全国の民」に読ませるべきだと主張するのだ。自身が属する宗派の仏典を「世界の名著」の一冊であるかのように語る彼の発想には、教養主義的な考え方がにじみ出ている。

ただし、同書に一貫する暁烏の言説の力点は、道徳や学問とは明確に差別化されるべき、宗教による絶対的な救済にこそあった。この点では、幅広い教養の摂取による人格の向上を目指す教養主義の理念とは、明らかな一線を画す。実際、同書で彼は「此身を以て完全円満なる人格とは思はぬ」と述べ、「人格の完成を遠くあの世に望んでおる」と語っている。現世の人間に可能なのは、信仰から得られる救済の喜びを甘受することのみであり、それ以上の人間性の発達や、あるいは悟りの探究は、来世（浄土）に期待すべき問題であるのだと。真宗の僧侶らしい主張である。もっとも、ここで「人格の完成」が問われ、来世ではそれが叶えられることが暗示されているのは、暁烏の思想への教養（修養）主義の浸透を十分に物語っているだろう。

教養から生命へ

大正期の暁烏は、妻の死による想定外の衝撃を受け、信仰の挫折を経験する。それから再起へと向かっていった自らの思考の変遷の記録を、彼は『更生の前後』（一九二〇）という著作にまとめた。同書もまた、トルストイやイプセンが親鸞と並列して引用されるなど、依然として教養主義の香りが濃厚だ。しかし、同書でそれ以上に際立つのは、むしろ暁烏のあからさまに生命主義的な宗教思想である。

いわく、「私の中心欲求は生命であります。私が善と思惟するところのものは、この生命を助成するところのものであります。私が悪と思惟するところのものは、生命を劫奪するところのものであります。（中略）生命の持続に対する欲求と努力とは私共の生活の全体ではありますまいか」。この文章は、自分の生活を充実させながらできるだけ長生きしたい、という単なる願望の表明のようにも読める。だが、こうした暁烏の意見は、彼の宗教的な信念と不即不離のものであった。

暁烏は、真宗の信仰対象である阿弥陀如来を、釈迦の高邁な理想の人格化として理解する。その上で、自分の苦しみにどこまでも共感し、仏としての心身を惜しげなく捧げてくれる存在として、如来をとらえる。すなわち、「私の今有する生命も、この如来の血肉によりて培養されてをるのである。私が将来持続して行く生命も、この如来の血肉によりてつながして頂けるのである。この如来は私の救主であります、私自身の魂であります」。ここでは、暁烏がそれまで信仰してきた阿弥陀如来が、生命主義の思想によって再解釈され、個人にとっての生命の源として語られている。

生命主義的な考え方には多様性があり、いずれもが必ず宗教思想につながるわけではない。だが、大正期の暁烏の語りでは、はっきりと宗教的信念に染まった生命主義の思想が示された。単に、人間を含めた生命が大事なのではない。生命そのものが、宗教的な信仰の対象と化しているのである。「生命の宗教といふのは、この最大の生の跳躍の信仰の上に建てられたる宗教のことをいふのであります。生命の宗教の信者といふのは、この生の大躍を味はひ得たる人をいふのであります」。「生の跳躍」という言葉遣いから明らかなように、ここにはベルクソンからの影響が露骨に見える。教養主義的な傾向のある僧侶として、時代の流行の西洋哲学をよく学び、その学びの結果、仏教的な生命主義の思想を説く。暁烏の言説からは、大正期の宗教者における教養主義と生命主義の連動が、実に容易に確かめられる。

時代思潮にシンクロした暁烏の宗教思想は、彼が属する真宗大谷派の伝統的な教義理解とは、かなり異質である。阿弥陀如来には、確かに「無限の生命」といった意味合いが本来ある。しかしながら、如来の存在を個体の生命の源とし、その生命の創造性を信仰の対象とするような考えは、良くも悪くも近代的で新しい。

真宗の教義への暁烏の斬新な解釈は、疑いなく、彼の豊富な読書経験に基づき構築されている。暁烏は、多種多様な本から得られた情報が集積された自己の内面で、仏教や親鸞の教えと、古今東西の哲学や文学を、独自の観点から編集した。そして、そのように形成された宗教思想を、自身の旺盛な表現欲に導かれて、各種のメディアを通して発表したのだ。大正期において、その思想は生命主義の色合いを非常に色濃く帯びていた。

暁烏が生きた近代に至る以前、僧侶による学びの形態は、前記のようなかたちとはだいぶ異質であった。過去から伝わる尊い仏典の読み方を、特定の師について、その師の読み方に忠実に学ぶ。これが伝統的な教義の学習の仕方の基本であった。個人による独自の解釈など、そこでは基本的に求められていない。つまり、僧侶による教義の学習とは、あくまでも教えの伝承のための営みであって、自己表現の手段などでは断じてなかった。

もちろん、前近代でも教義の新しい解釈が、しばしば生まれた。そもそも仏教史とは、釈迦が開示した真理の教えの絶えざる再解釈の歴史である。また、近代以降も大勢としては、師の教えを忠実に再現することが、僧侶の学びの規範であり続けた。だが、近代の出版文化の発達、とりわけ発行される書籍の数量の著しい増大と、それぞれの書籍が伝える情報の多様化によって、伝統の反復から新説の発想へと、仏教をめぐる知の形態が推移しやすくなったのは間違いない。そうした読書環境のなか、大正期の教養主義と生命主義に動機づけられた新鮮な宗教思想を率先して示したのが、暁烏敏であった。

四　生命主義から宗教へ

福来友吉と生命主義の信仰

暁烏は、生命主義の強い影響下にあった宗教者が、その影響ゆえに自己が属する宗教の伝統から少なからず逸脱した事例であった。これとは逆に、生命主義に開眼した非宗教者が、ひるがえって伝統宗教に接近した例もある。福来友吉の場合を見てみよう。

福来は心理学者である。東京帝国大学の心理学講座の初代教授である元良勇次郎の弟子として、同大学の助教授にまで上り詰めた。だが、次第に通常の心理学の範囲を超える研究に没頭し、それが原因で遂には大学を追われる。その後、宗教的な思想家となり、また伝統仏教の教義や修行法にも親しむようになった（碧海二〇二〇）。

福来が大学から追放される契機は、明治後期に催眠術の研究に着手したことにある。当時の心理学の業界では、催眠術に大きな注目が集まっており、それを研究すること自体はタブーではなかった。ところが、催眠術によって開発されると一部で考えられた、透視や念写（心に念じた観念を写真乾板などに焼き付ける技術）などの、いわゆる超能力の研究にも深入りしたことで、福来の立場は危うくなる。彼が立ち会った「千里眼」の実験が詐欺扱いされて物議を醸し、その責を負わされるかたちで彼は大学を辞任する。

福来はその後も、念写は科学的に証明できると信じ続けた。のみならず、一九一七年に発表した論文「観念は生物也」などで、従来の心理学説では捉えきれない、観念の力を強調するようになる。観念とは「それ自身で永続的に存在し、自らの要求に従って、客観的世界に作用する生きたものである」と彼は論じる。観念は心の内側の世界に限定されるものではなく、ある種の生命体として、外部の物理的な世界にも自律的な力を行使する、というわけだ。福来はまた、個人の心や身体を超えた観念は死後にも存続すると考えた。

この観念＝生命説をさらに深めた福来は、大正後期に「生命主義の信仰」を唱えはじめる（福来 一九二三）。それは端的にいえば、この宇宙の全体を構成する生命への絶対的な帰依を誓う宗教だ。すなわち、「生命主義の立場から言ふと、宗教とは物質の現世を逃れて、死後の唯心的生活に入るの道を説くものでなくして、物質の現世に即して、永劫の生命を味ふの道を説くものであります」。個体であると同時に個体を超えて永続する生命への信仰において、従来の宗教が想定するような死後の世界は、問題にならない。ありとあらゆる生命が未来永劫に渡って、この物質的世界に存在し続けるからだ。生命主義の信仰のなかで、すべての生命は必然的に「不死」となる。

さらに、「観念は生物也」という福来の基本的な見解から、永遠の生命が息づく場所は、物質的世界だけでなく、精神的世界にも当然のごとく広がる。この点について、福来は「神」という概念を用いながら次のように解説する。「信仰の人は、神を客観的に心外に在るものと考へ、自覚の人は、主観的に内心に在るものと考へます。併し実を言へば、神は客観又は主観に、心外又は内心に局限さるべきものでない。斯様に局限されたものは、神の部分であつて、其の全体でありません。

霊覚の人より言へば、神は客観と主観とを包含し、心外と心内とに遍在するものである。故に、神は宇宙の如何なる所にも自現します」。

近代の宗教思想では一般に、神仏の客観的な実在については沈黙し、個人の内面的な世界において神仏と主観的に出会うことの意味が語られる場合が多い。宗教を「主観的事実」として論じた清沢満之は、その典型である。だが、福来は「神」を主観と客観の両面から実在的に語り、「神」は人間の心身の内外に存在すると主張する。これは、福来が「神」とは生命そのものであると信じているからこそ可能になった見解だろう。「神」を特定の宗教伝統から切り離し、現世に遍在する生命体として把握し、その宗教としての優位性を誇らしげに述べているわけだ。

ただし興味深いことに、福来は特定のいかなる宗教伝統からも距離を置く、いわば生命主義の信者としてのみ活動したのではない。ある宗教伝統に、積極的に親しむ局面もあったのだ。その宗教とは、真言密教である。

伝統宗教への接近

東京帝国大学から退き、生命主義の宗教を模索しはじめた福来は、高野山の奥の院で修行に取り組むようになる。宿坊（宝蔵院）に寄宿しながら、日中は真言密教のなかで伝承されてきた行に励んだのだ。その最たる目的は、彼自身が念写などの超能力を得るためである。また、仏教の真髄を素人なりに理解するためでもあった。近代的な超科学への関心と、伝統的な宗教への敬意がないまぜになった、独特の感覚がそこには見える。

修行中のある日、福来は金剛峰寺に近い明王院で、不動像の前に坐り、瞑想を行い精神統一した。すると、「宇宙の大霊」あるいは「大生命」が、自分の身体に浸透するように感じられた。こうした宗教体験を得た後、山を降りた彼は、背中に腫れ物のある老人に出会い、彼の患部をさすって病を治すことができたという。この一種の超能力は数日で消失し使えなくなったらしい。だが、これら一連の出来事が、生命が有する神秘的な力や、そうした力を人間が操作できる可能性を福来に確信させたのは間違いない。

一九二一年、福来は真言宗が経営する大阪の宣真(せんしん)高等女学校(現在の宣真高等学校)の、初代校長に迎えられる。同校を辞した後、さらに一九二六年には、高野山大学教授に就任した。この間、彼は四国遍路に挑戦して、伝統的な巡礼の意義を高く評価し、また大著『心霊と神秘世界』(一九三二)では、真言密教の解釈に百ページ以上の紙幅を費やした。一九三〇年には「弘法大師の御霊影(ごれいえい)」として、自称超能力者の三田光一(こういち)に、空海の念写をさせている。

このように、福来は真言宗(密教)との密接なつながりのもと、大正・昭和初期の活動を続けた。しかし、彼は真言宗の信徒や、ましては僧侶ではまったくなかった。福来の生家の宗旨は浄土真宗であり、その後に仙台の寺院に墓を移したが、こちらも真宗であった。彼は、「家は真宗だが、超心理については真言宗が最も多くの説明原理を含んでいる」と、しばしば述べていたようだ。福来にとって真言密教は、彼の超能力研究や生命主義の信仰に適切な説明を付与してくれる言葉や、あるいは理論的な枠組みに過ぎず、全身全霊で帰依すべき対象ではなかったのである。

これを先述した暁烏の例と比較してみよう。教養主義的な僧侶であった暁烏は、生命主義の思想を取り入れることで真宗の伝統を再解釈し、その教義を宗派の外部へと開いた。あるいは、宗派の伝統から大きく逸脱した。それに対し、自意識的には科学者であった福来は、生命主義の信仰を磨くためにも真言宗の伝統を再解釈し、その教義をやはり宗派の外部へ開いたといえる。

彼らが関与した真宗と真言宗は、いずれも伝統仏教の一宗派ではあれ、それぞれが伝えてきた教義は、だいぶ異質である。個人の自助努力の意義を否定し、阿弥陀如来への絶対帰依による救いを説く真宗と、修行によって人間が獲得する霊力によって、自他の救いを達成しようとする真言宗では、教義の性格がほぼ真逆とすらいえる。

だが、生命主義の媒介により、両者は大正期の宗教空間で交差した。単に、真宗の関係者と真言宗の関係者が、同じ場で対話したり、一緒に活動したりといったような、ごく表面的な交流ではない。それぞれの教義の受け止め方という、宗教としての根幹にかかわる部分で、互いが接近したのだ。これは、たとえ局所的にではあれ、生命主義が宗派の伝統の垣根を超える、ないしは無効化する力を発揮したことを意味する。

しかしながら、宗教間の差異や伝統を超えて広がる生命主義の力は、やがて一つの宗教的なイデオロギーへと収斂し、そこに、あらゆる宗派の宗教者や、宗教に接近した非宗教者たちを流し込んでいく。すなわち、昭和初期に繁盛した日本主義というイデオロギーに。

おわりに

本章のおもな登場人物は、一部の例外を除きほとんどが、昭和期に広い意味での日本主義者となる。つまり、神聖性を認められた天皇を中心とする日本と日本人を礼賛し、国家を宗教のように絶対視する論客、または活動家へと変貌したのだ。

日本文化論者としての評価を高めた昭和初期の和辻哲郎は、大正期までに重んじた仏教よりも、皇室や神道のほうに傾き、そこに「日本民族の生」の重大さを読み取った。作家として毀誉褒貶を被った倉田百三は、「日本民族の世界史的使命」を自覚し、生命主義の立場からの国家護持と国民動員を推進する。暁烏敏は、真宗の僧侶ながら神道にも帰依し、天皇より阿弥陀如来を大事にする者は日本から出ていくべきだと息巻いた。福来友吉は、日本神話について独特の論調で語りながら、日本人こそ「選ばれた民族」だと絶叫した。西田幾多郎は、こうした日本主義の熱狂とは一線を画す。とはいえ、彼の薫陶を受けた弟子たちの多くは、昭和の戦争を知識人の立場からサポートし、日本人が国のために自己の生命をささげるのを肯定した。

教養主義では、特定の宗教伝統にこだわらず、個人の人格を高める文化を積極的に受容することが重んじられた。ゆえに、個人の人格を強化してくれる文化であれば、それが日本主義の思想や国家護持の運動であろうと、拒絶すべき理由は特になかった。教養として評価できるものであれば、状況によって何にでも染まるのが、教養主義のスタイルである。そして、国家権力の存在感に満たされた昭和初期の日本では、教養の対象として国家や天皇に関する文化を選びとるのが、多くの教養主義者にとって都合の悪くない選択であった。

生命主義は、個人が属する宗教伝統を超えて、人々の心と身体を包み込む。あるいは、特定の宗教伝統に属さない者たちをも、宗教に接近させながら、巻き込んでいく。この生命主義が、日本人の民族的な優位性への信仰と結びついたとき、そこに宗教も非宗教も超えた、国民動員のかたちが生まれる。

教養主義も生命主義も、本質的に領域横断的な性格を備えており、それゆえにこそ、特定の宗教伝統の垣根を超えた新たな宗教のあり方を創造できた。これら二つの主義の拡張によって、非宗教者が宗教について自由に語る場が広がり、また宗教者が自らの属する伝統から飛翔するのも容易になった。

だが、その領域横断性は、少なくとも昭和期の日本では、国家ないしは民族という垣根を超えられなかった。むしろ、宗派の違いや宗教と非宗教の分断を超えて、天皇制国家としての日本のもとに、大多数の人間を包摂する結果となった。

敗戦後の天皇制国家の廃絶を受けて、教養主義と生命主義は、それぞれ新たな展開を遂げていく。教養主義は、その後もしばらくは学歴エリートに信奉され、そこでは仏教やキリスト教などの伝統宗教も一定の役割を果たした。だが、一九七〇年代以降の大学の大衆化などによって、教養主義は次第に衰退する。現在も日本の読書文化の豊かさや市民講座の盛況などに、教養主義の名残はある。だが、もはや「主義」として多くの人間を動かすだけの力は、明らかに持ち得ていない。

生命主義のほうはどうか。国家主義が破綻した後の戦後の日本人にとっては、「生きる」ことが至上の価値となった。日本主義という宗教的イデオロギーのもとで多くの命が失われ、国土の荒廃も経験した日本人にとって、依拠すべき最大公約数的な価値は、何はともあれ「生きる」ことへと転換した。戦後の大勢の日本人にとって何よりも大事なのは、国家や宗教、あるいはそれらを取り巻く伝統ではなく、生命の尊重にほかならない。

これは、おそらくは形を変えた生命主義である。宗教的な思想や理念との関係は断ちつつ、なおも生命の持続にこそ救いを求める生命主義だ。大正期の福来友吉は、「私の宣伝する生命主義の人生観は、「俺は生きて居る」と言ふ、否定することの出来ない事実から出立して居るのであります」と述べていた。この「俺は生きて居る」という事実を、大いなる生命への宗教的な傾倒や、あるいは「神」や「仏」とは無関係に価値の基準とするのが、戦後版の生命主義だと思われる。

こうしたタイプの生命主義は近年、遺伝子治療やナノテクノロジー、ロボット工学などの科学技術の発達を根拠として、「不死」の生を人類に夢見させ始めている。各種のテクノロジーによって、かつてない長命と延命が現実化する機運が高まっているのだ。本章で論じた福来の思想が改めて信ぴょう性も持ちそうな状況だが、その近未来に日本の宗教はいかに変容し、あるいは再解釈されていくのだろうか。生命主義と宗教の交錯する物語は、おそらく、まだ結末を迎えていない。

参考文献

暁烏敏『歎異鈔講話』無我山房（一九一一）
暁烏敏『更生の前後』丁子屋書店（一九二〇）
大澤絢子『親鸞「六つの顔」はなぜ生まれたのか』筑摩選書（二〇一九）
大澤絢子『「修養」の日本近代――自分磨きの150年をたどる』NHKブックス（二〇二二）
碧海寿広『入門 近代仏教思想』ちくま新書（二〇一六）
碧海寿広『仏像と日本人――宗教と美の近現代』中公新書（二〇一八）
碧海寿広『科学化する仏教――瞑想と心身の近現代』角川選書（二〇二〇）
倉田百三『出家とその弟子』岩波文庫（二〇〇三）
ゴダール、クリントン『ダーウィン、仏教、神――近代日本の進化論と宗教』碧海寿広訳、人文書院（二〇二〇）
鈴木貞美『「生命」で読む日本近代――大正生命主義の誕生と展開』NHKブックス（一九九六）
鈴木範久『倉田百三（増補版）』大明堂（一九八〇）
竹村牧男『西田幾多郎と仏教――禅と真宗の根底を究める』大東出版社（二〇〇二）
筒井清忠『日本型「教養」の運命――歴史社会学的考察』岩波書店（一九九五）
西田幾多郎『善の研究』岩波文庫（一九七九）
福来友吉『生命主義の信仰』日本心霊学会（一九二三）
福来友吉『心霊と神秘世界』人文書院（一九三二）
松本皓一『宗教的人格と教育者』秋山書店（二〇一四）
山田宗睦『日本型思想の原像』三一書房（一九六一）
和辻哲郎『道元』河出文庫（二〇一一）
和辻哲郎『初版 古寺巡礼』ちくま学芸文庫（二〇一二）

第12章　役行者の近代

一　超人としての役行者

平井和正（一九三八～二〇一五）のSF小説『真幻魔大戦』（一九七九～一九八五）の登場人物の一人に、「役の小角」がいる。七世紀に実在したと伝わる修験道の開祖、役行者（小角）その人だ。役行者を登場させた近現代のフィクションとしては、この『真幻魔大戦』が最もよく読まれた作品の一つだろう。

『真幻魔大戦』では、超能力を使いこなす主人公の東丈が、時空を超えて活躍する。「役の小角」は、この東丈の古代日本における別人格の一つという設定だ。世間を捨てて山岳修行に専心する小角は、「巨大なPK者（念力能力者）」であり、空中浮揚の能力者」という体裁で小説中に姿を現す。そこに描かれる彼の風貌は、一九八〇年代の日本における一部の若者たちの姿を彷彿とさせる。超能力の獲得を目指して、オウム真理教の出家者となった高学歴の若者たちだ。

やはり超能力者の一人として未来からやって来た女性キャラクターは、こうした小角の印象を次のように評している。

我儘いっぱいに育った豪族のお坊ちゃんで、ちやほやされて育った挙句、何思ったか山中へこもって独善的な苦行に凝っている小角だ。良家の苦労知らずの坊やが家を飛び出してネパールあたりで放浪し、脱文明を気取っているのと大差はない。実家の経済力に頼り、甘ったれているだけなのだ。（平井一九八三）

ここに描写されるのは、まさに一九八〇年代の日本で見られた風俗のフィルターを介して表現される、役行者の相貌だ。この平井の小説が刊行されたのと同時期には、ネパールでチベット仏教の僧侶に師事した中沢新一の著書『チベットのモーツァルト』（せりか書房、一九八三）が出版され、ベストセラーとなっている。世界でも頂点クラスの経済大国であった当時の日本では、物質文明の果ての世界を夢見て、宗教に期待を寄せる者たちが少なからず存在した。そのような人々は、中沢の著作に惚れ込んだり、オウム真理教に入信したり、あるいはその両方の道に進んだりした。

平井が小説のなかで表現した役行者には、そうした当時の世相が強く反映されている。過去の宗教家を現代のフィクションで描き直す場合、同時代の風俗や社会状況がそこに影を落とすというのは、もちろん、この平井の作品の例に限った話ではない。釈迦や親鸞、日蓮など、日本で人気のある宗教家たちは、近現代を通して時期ごとに微妙に異なる格好のもと、小説、絵画、舞台、映画、マンガなどに登場してきた（森二〇二〇、森、大澤二〇二四）。

とはいえ、近現代における役行者の表現のされ方には、ほかの日本の宗教家たちの場合とはやや異なる特徴も見出せる。その違いとは、著しい超人性である。

後述の通り、親鸞をはじめとする日本仏教の教祖らは、近代以降、「人間」として語られる場面が増えていく。前近代における彼らは、信徒たちのあいだで、あたかも神仏の一種のように通常の人間を超えた存在として認識されるのが普通であった。しかし、近現代の歴史学やフィクションのなかでは、教祖の人間性が強調される傾向が著しくなる。

それに対して、役行者の近代的なイメージには、超人性の持続が明確に認められる。ほかの教祖たちとは、一見して大きな違いが読み取れるのだ。役行者を超能力者として描く『真幻魔大戦』はその一例である。

役行者は、近代以降も徹底的な人間化を被ることのない日本宗教の教祖の代表例である、といえるかもしれない。おそらくは空海がこれに匹敵すると思われるが、空海を主人公とした近現代の作品として筆頭に挙げられるのは、司馬遼太郎の『空海の風景』（一九七五）である。司馬が描く空海は、日本史上の屈指の天才ではあれ、あくまでも一人の人間だ。役行者のように、その実像を解明するための歴史的資料に乏しく、本人による著作も残されていない宗教家に比べ、空海の場合、彼の事績や思想について参照可能な一定量の史料や文献が存在する。そのため、空海は歴史上の一人の人間として描きやすい、もしくは作家がそう描くよう強いられがちなのだろう。

とはいえ、役行者もまた、近代以降には人間化される局面が確実に増える。超人性と人間性の交差するところに、近現代の役行者像はある。その典型的な例が、作家の坪内逍遥（一八五九〜一九三五）による戯曲「役の行者」に登場する役行者だ。本章では、この坪内の作品を中心的な事例にして、役行者の近代的なイメージについて論じる。その上で、役行者という超人／人間の肖像が、近代の仏教者をめぐる言説や表象の空間において、いかに特異な位置を占めるのかを鮮明にしよう。

二　教祖像の近代化

役行者に関する正史の記録は、『続日本紀』（六九九）に見える記述しかない。葛城山を拠点として呪術や鬼神を乱用していた役行者が、弟子の韓国連広足（からくにのむらじひろたり）からの通報によって捕えられ、伊豆島に流された、という趣旨の記事だ。その後、役行者は『日本霊異記』などの説話のなかで様々に語られながら、中世以降の修験道の教団形成にともない、その教祖として仰がれるようになる。やがて、修験道の各派のなかで役行者の神話化が進み、遂には大日如来ないしは不動明王の化身として語られるようにもなった。宗教学者の宮家準（ひとし）が指摘する通り、役行者は「山林修行者たちによって、自分たちの修行や宗教活動の範とするにふさわしい人物として描かれた宗教者」であり、まさに「彼らによって創られた宗祖」であった（宮家二〇〇〇）。

明治期以降、役行者は実証的な歴史研究の対象となる。一八九五年には仏教史家の鷲尾順敬（わしおじゅんきょう）（一八六八～一九四一）が『仏教史林』（二編二一號）に「役小角」を掲載、「愚俗の蒙昧なる崇拝」を乗り越えた事実の解明を求めた。しかし、役行者に関する歴史的研究は、近代以降、それほど活発に行われてきたとはいえない。一九二八年に『文化史上に於ける役行者』を上梓した牛窪弘善（一八八〇～?）が指摘するように、昔から役行者は「一般の学者や歴史家などからは奇術師か魔術師かの様に伝へられて」おり、そうした理解は近代以降もそう簡単には変わらなかったからである。牛窪が同書を刊行する少し前、役行者に関する「小伝を綴つて東大の某専門博士の一覧を求めた」ところ、「役行者の伝記なんぞは残らず虚談に過ぎない」と一蹴されたという。

ただし、役行者を日本史とりわけ仏教史のなかに位置付けようとする試みも、細々ではあれ行われてきた。たとえば、石門心学の研究者である足立栗園（?〜一九三五）が、一八九九年の『批判的日本仏教史』のなかで、役行者の歴史的解明に挑んでいる。同書では、役行者が呪術によって使役したと伝わる一言主を、神ではなく「葛城を領したる古来の地主」だと断定するなど、役行者を取り巻く伝承の脱神話化への意志が強く認められる。また、役行者が伊豆島へ流罪になる際、官憲が彼の母親を人質に取り役行者を捕えたとする伝承について、足立は、この説話は仏教者たちが信徒に親孝行を説くための方便として創作されたのだろう、と分析する。役行者に関する伝承を、真に受けるのでも、まったくの嘘偽りとして拒絶するのでもなく、その創作過程を客観的に論じようとしているのだ。

一方、啓蒙的な仏教者であった井上円了は、「仏教と社会事業との関係」と題した一文のなかで、日本仏教史上の重要人物の一人として役行者に言及している。すなわち、「我邦の史上にありて役小角、僧行基、伝教、弘法、勝道等の如き高僧大徳が山を開き家を起し、村を成し井を穿ち堤を築き橋を架す道を通する等、我国家に尽くせし功労賞に偉大なり」というわけで、井上は、行基や最澄や空海らと並び日本社会に多大な貢献をした国宝級の仏教者の一人として、役行者を高く評価した（井上一九〇二）。

こうした学術や仏教界での動向に続き、修験道の教学者たちのあいだでも、役行者を日本仏教史のなかで再評価しようとする動きが出て来る。宗教学者の林淳(まこと)が検証した通り、一九二一年に創刊された雑誌『修験研究』などを介して、教学者たちは宗派を超えた修験道のかたちを提唱しつつ、修験道の教学や儀礼に関する資料の収集・公開や解説に努めた。そうした学術的な活動に基づき、彼らは役行者を聖徳太子の正当な後継者として称揚し、大乗仏教は役行者によってこそ日本に定着したとする歴史観を提示した(林二〇一五)。

たとえば、先述の『文化史上に於ける役行者』において牛窪弘善は、「役行者の開かれた修験道は聖徳太子の理想的宗教在家菩薩宗の実現である」と断言し、在家仏教を主軸とした日本仏教史の中心に役行者を位置付けた。牛窪は続けて、「後世親鸞聖人に依つて唱導された俗諦の風儀なども、或は役行者の活手段に模倣されたのかも知れない」とすら述べており、浄土真宗という日本最大の在家教団もまた、役行者の仏教からの派生物であると示唆している(牛窪一九二八)。

こうした修験道の当事者による役行者の顕彰や研究の一つとして特に注目に値するのが、金峰山寺に所属の教学者、山田文造が編纂した著書『役行者』(一九二九)である。同書は役行者の開示した「実修体験」の宗教の意義を、次のように説明する。

役行者の強要する宗義は経典の詮索や論議に、只口先きのみで諜諜喧々してゐる様な陽気半分な上代的宗教ではなく、実社会の如何なる階級の人、如何なる職業の人の上にも採用し、真剣に苦修の体験を強ふる宗教でありまして(中略)然かも何等外儀外装に拘束せられないで、人間の本能は本能として尊重し、肉食も嫌はない、妻帯も禁じない剃髪も要せない、只、五戒を保つだけで宜しいと言ふ宗教であります（後略）

役行者は、伝統仏教に特有の教義の研究や煩瑣な儀礼から自由な、誰にでも実践可能な体験の宗教を創造したというわけだ。また、それは肉食妻帯のような人間の本能に即した行為も妨げない、万人向けの宗教なのであると。

これは、近代社会に最もふさわしい宗教としての役行者の宗教＝修験道、という喧伝だろう。歴史的に見て、近代以降で最も成功したと評せる日本の伝統仏教は、真宗である（本書序章）。宗祖である親鸞の教説に基づき前近代から肉食妻帯の風習を重んじていた真宗は、俗化の進行する近代の日本社会に最も巧みに適応し、仏教界をリードした。それに対し『役行者』の著者は、役行者の宗教こそ階級や職業の違いを超えて日本社会に受容されるべき価値を有する、と主張するのだ。

その際、同書が「苦修の体験」を持ち出している点が重要だろう。こうした身体を駆使する「行の宗教」は、宗教の内面化――個人の心の問題としての宗教――が顕著になる明治以降、いったんは後退する。だが、昭和初期には坐禅の大衆的な人気の高まりなどに代表されるように、「行の宗教」が息を吹き返した（武井二〇二三）。「苦修の体験」の開拓者としての役行者の表象は、こうした歴史的な文脈と明確に呼応したものである。

さらに『役行者』では、修験道が得意とする加持祈禱の再評価もなされる。次の通りだ。

行者宗に於ては、加持祈禱は人心改善上宗義の眼目とせられてゐます、此種精神的祈禱の妙証は、物的科学の考証と反駁するは無論であります、ダガ、之を以て迷信呼ばはりをするには当らない、実に行者は之を以て前人を教化し、災厄を消沈し、国利民福を如実に示して来たのであります（後略）

加持祈禱の実践は、明治以降、行の宗教よりもなお否定的に扱われる傾向が強まった。引用中の文章にある通り、非科学的な迷信として侮蔑される場合が多かったのだ。それに対し、役行者の宗教は加持祈禱の実践により国民の幸福に多大な貢献をしてきた、とここでは強調されている。これも、役行者を日本史上の偉人として近代社会に再定位するための取り組みの一つだろう。

こうした論調の変化を受け、知識人のあいだで従来は「奇術師か魔術師」のように軽視されてきた役行者が、日本宗教史のなかに確たる地位を得ていく。一九三〇年代以降には、宗教学者らによる修験道研究が本格化し、宇野円空『修験道』（一九三四）、村上俊雄『修験道の発達』（一九四三）、和歌森太郎『修験道史研究』（一九四三）などの先駆的な研究書が出版される。そしてこれらの書物では、日本の「民族的宗教」の根底をなす修験道の開祖として、役行者が論じられるに至った（鈴木二〇二〇）。

かくして、修験道の教祖として神格化され崇拝されてきた役行者は、日本の近代化の過程に呼応しながら、国民的な宗教家の一人となった。その教祖像の変遷や、広い世間への普及のプロセスには、実のところ、著名な作家による虚構の物語も一役買っていた。坪内逍遥の「役の行者」がそれである。

三　坪内逍遥「役の行者」

『役の行者』は、一九一七年に玄文社から刊行された、坪内逍遥の代表的な戯曲の一つである。原稿自体は一九一三年に完成していたが、作者の意志によってすぐには発表されず、一九一六年に一部改作の上、「女魔人」と題して『新演劇』に掲載された。翌年、タイトルを再び「役の行者」に変え、改めて単行本として出版される。その後、さらなる改作を行い、タイトルも「行者と女魔」に変更して、一九二二年の『新演劇』に掲載。最後に、これらの原作をもとにした影絵映画用の物語として、逍遥は「神変大菩薩伝」を創作し、一九三二年の『藝術殿』誌上で連載した。この「神変大菩薩伝」については、物語だけでなく絵の部分も逍遥自身が描いている。

こうした再三にわたる改作からもわかる通り、逍遥がこの作品に並々ならぬ思い入れを抱いたのは間違いない。同作には、彼がそれまでの作家人生で築き上げてきた思想や人間観が大いに反映されている。なお、「役の行者」は一九二六年の築地小劇場での初演（演出は小山内薫）以来、帝国劇場、大阪公会堂、早稲田の大隈講堂などを舞台に何度も上演され、おおむね好評を博した。

同作の主要登場人物――とはいえ登場するキャラクターの半分は妖怪や魔物だが――は、動物的な欲求の化身として姿を現す一言主と女怪（女魔）、人間的な欲望と修行者としての理想の狭間で葛藤する韓国連広足、そして、自己の「力」によって人界からの超越を試みる（役の）行者だ。動物的あるいは自然的なものと、人間的なもの、そして超人間的なもののあいだを行き来しながら、登場人物たちが行動や対話を重ねる物語である。

作品のハイライトの一つは、行者が人質に取られた実母への情念を断ち切ろうとする場面だろう。『日本霊異記』など古来の伝説では、官憲が役行者を捕えようとするも失敗し、彼の母を人質に取ることでやっと捕縛に成功する、という筋書きになっている。だが、逍遥の描出する行者は、母への思いを振り切り、彼女を見捨てるのだ。

昔からある伝説のほうは、一般的に、役行者の親孝行ぶりをよく示す話として解釈されることが多い。たとえば、逍遥の戯曲より十年ほど前に刊行された『役行者御伝記』(一九〇八)でも、この話のくだりを「行者曰く。身に罪なしと雖も母を救ん為に来る。願くば我身に刑を蒙ん。母を免し玉へと願い玉ふ。依之孝心のおもむきを」というように語っている。先述の通り、足立栗園もこれを仏教者たちが親孝行を説くために創作した方便と解した。

それに対して、逍遥はこの話の筋書きを根底的に改変し、物語から親孝行の要素を排する。とはいえ、そこで描かれるのは行者の非情ぶりではない。むしろ、彼の人間らしさだ。人質に取られた母を(千里眼で)遠目に見つつ、行者は「覚えず目をしばたゝき、両眼からはら〳〵と落涙し、遂に堪へかね、右の手で半面を掩うて、声は出さねど、しばらくは嗚咽してゐるらしかつた」と、ト書きに記述される。それから行者は次のようなセリフを吐く。

や! どうして此の心に隙間があつたぞ⁉ 一切の塵縁を断滅し、あらゆる恩愛を棄て、悉く無為に入つて、金剛不壊の大誓願に住するおれが！（中略）……あゝ母！　……あゝ、母といふ仮の相に！

　ここに表現されるのは、厳しい修行によって人間的な欲望から自由になろうとした行者の、なおも放棄し切れぬ執着心としての母親への愛情だ。物語では、こうした愛着の念は最終的に乗り越えられる。だが、それを超克するに至るまでの行者の葛藤や、人間としての弱さを鮮烈に描写したところに、逍遥の作品の独創性があった。逍遥は、役行者を神格化された教祖ではなく、一人の人間として虚構のなかに再生したのだ。

『役の行者』は、フランス文学者の吉江喬松（一八八〇～一九四〇）によって一九二〇年に仏訳され、この訳書を読んだマルセル・ロベェルなる人物の感想文の邦訳が、一九三二年の『藝術殿』に掲載された。そこで高く評価されるのが、『役の行者』の描く「人間」にほかならない。特に母親への執着ゆえに懊悩する行者の姿に、山上で悪魔の誘惑と戦った「基督のそれ」を想起しつつ、ロベェルは次のように論じている。

行者もまた彼のストイックな不動を以て我々を感動させる。遂ひに行者は、最後の努力によつて、彼を地上に結びつけてゐた最後の肉の絆を断ち切つた。彼は己れ自身に打勝つた。それは本当の意味に於ける英雄である。英雄、だからこれは人間である。

（ロベェル一九三二）

激しい苦悶の果てに家族愛という人間らしさを振り切った逍遥の描く行者は、その英雄ぶりによって、あまりにも人間らしい。ロベェルはそのように断定する。行者がもし最初から神のような存在であれば、人間らしさを超えようと努力する必要はなかっただろうと。

逍遥自身も自作を解説する際に、これと近い批評を残している。自分が創作した劇中の行者は「自然とも人間ともおのが小我とも闘ひつゞけて」おり、「世間的であり、功利的である。出世間的でもなく、超道徳的でもない」、「一個の行者」であると自著のなかで評しているのだ（坪内一九二九）。こうした著者自身の評からも明快な通り、『役の行者』には「人間」としての役行者の像がくっきりと描かれている。この点は疑いの余地がない。しかし、果たしてそれだけだろうか。

四　人間と超人のあいだ

一九二六年三月に築地小劇場で「役の行者」が初演された後、匿名の劇評が同年五月の『早稲田文学』に掲載された（「「役の行者」を観て」）。そこには次のような興味深い記述が見える。

〔「役の行者」は〕その構想が余りに雄大であるためか、その登場人物には、半神半獣ともいふべきグロテスクなものなどのあるためか、上演が困難だといふことが殆ど定評になつてゐて、〔原作が〕公けにされてから、すでに十年近く経過した今日まで、上演されなかつた。

普通の人間でない「半神半獣」が登場する「役の行者」は、大正期には上演がなかなか難しかったようである。実際、本作では前半部から多数の「妖怪」が登場して奇声を上げながら踊り狂う場面があり、また、巨漢の魔物として出現する一言主が女怪の捕らえてきた獣の血をするなど、「グロテスク」で異様な雰囲気が漂っている。当時の近代演劇のなかでは、かなり異色の作品だったようだ。

近代文学研究者の三浦正雄は「役の行者」のこうした作風について、そこには既存の「近代文学」とは異なる方向性の創作を目指した逍遥の企図があった、と鋭く指摘する（三浦二〇一七）。三浦の論じる通り、逍遥は井上円了の主催する不思議研究会に参加するなど、超自然現象に強い関心を持っており、また三遊亭円朝（一八三九～一九〇〇）の『怪談牡丹灯籠』（文事堂、一八八五）に序文を付したことから分かるように、怪談話にも親しみを感じていた。そうした超自然現象や怪異への逍遥の興味は、彼の近代的な文学理論からは排除された。しかし「役の行者」では、もともとあった彼の神秘的なものへの憧れが全面的に噴出したというわけだ。

「役の行者」は、確かに役行者の人間性を鮮やかに描いた作品である。他方で同時に、妖怪や魔物たちが跳梁跋扈する超人間性の色濃い物語でもある。そうした超人間性は、妖怪や魔物たちだけでなく、主人公の役行者にも明確に託されていた。

母親への執着心を振り切った行者は、物語の終盤、真言の呪文を唱えながら「念力と行力」を駆使して山内の巨岩を粉砕する。すると、そこには金剛蔵王の像が出現した。それから行者の手下である二匹の鬼（前鬼と後鬼）が辺りを見回すも、粉々に砕け散った岩のあいだに行者の姿は見えない。

彼はいったいどこに消えたのか？　結末のト書きには次のように書かれている。

前鬼はふと顔をあげて、北方に漂ふ綿毛のような白雲に目を附け、急に後鬼の袖を引き、崖際まで連れていつて白雲を指さし示す。暫く何か囁きあひ、指さしゝつゝうなづきあつてゐたが、遂に二人とも膝まづいて、恭しく合掌し、白雲の漂ふ方を拝む。

明言されてはいないが、ここで行者は人間の次元を超越して天空と一体化した、と考えるのが一つの妥当な解釈だろう。彼は超能力を用いて周囲の物質を破壊し、それから超人的な存在と化したのだ。

このように、逍遥が創作した役行者は、人間であるとともに、超人であった。この役行者のように、近代以降のフィクションのなかで超人として造形される宗教家は、かなり珍しい部類に入る。近現代の教祖の表象としては、親鸞を代表として、あくまでも人間として物語られる事例のほうが主流なのである。

たとえば、逍遥の『役の行者』が刊行されたのと同年には、倉田百三が親鸞を題材とした戯曲『出家とその弟子』（一九一七）を出版している。同作に登場する親鸞は、逍遥の生み出した役行者とは異なり、どこまでも人間臭い。弟子の唯円の恋愛相談に乗ったり、自分の死を目前にして断末魔の苦しみへの恐怖を感じたりするなど、高僧としての超然さが欠けている。

この『出家とその弟子』が大きな反響を呼んだ後、大正期には親鸞を主人公とした小説や戯曲が量産されるようになった。「親鸞ブーム」などと評される状況だ。そのブームの渦中でも特に読まれた作品に、石丸梧平の『人間親鸞』（一九二二）がある。同作では自己の性欲などに悩む、まさに「人間親鸞」が描かれた（大澤二〇一九）。その一目瞭然の人間らしさは、逍遥の描写する人間の煩悩を超えた役行者のイメージとは、かけ離れている。

また、逍遥は『役の行者』の発表からそう間もなく、日蓮を主役に据えた戯曲『法難』（一九二〇）を刊行した。念仏を声高に批判する日蓮に対し、浄土教信者の武将である東条景信が襲撃をかけるも殺害に失敗するという、いわゆる小松原法難のエピソードに基づく創作だ。同作では、吃音症のある若い女性が『法華経』の題目を熱心に唱えることで障害がたちまち解消されるというような、超自然的な現象を表現する場面がある。とはいえ、主人公の日蓮自身には、そうした超自然現象を操作する能力は与えられていない。『法難』での日蓮は、基本的に「人間日蓮」として理解できる。すなわち、逍遥は役行者だからこそ、その超人的な側面をはっきりと書き込んだのであり、日本仏教のどのような教祖にも超人性をまとわせようとしたわけでは、決してない。逍遥が人間であると同時に超人でもある宗教家を自作で活躍させられたのは、それが役行者という、日本仏教史上できわめて特異な存在だったからである。

そして、こうした近代的な役行者像に託される人間性と超人性の交錯は、戦後の時代にも確かに継承される。

五　近代化されざるもの

在野の古代史研究者である東條淳祐（一九一五〜？）は、『役行者』と題した小説を一九八二年に出版した。同作に登場する役行者の姿は、一面では著しく脱神話化されている。たとえば、この小説では役行者の駆使する呪術が、超自然的な能力ではなく「催眠術」として描写されるのだ。主人公の「小角」（役行者）が自らに襲いかかろうとする悪党をねじ伏せる場面は、次のように描かれている。

「さあ、その弓と竹槍を前に置け、それから鉄杖の前に出て胡坐をかけ。」
若い男は小角の命令に従順に従った。
「さあ目を瞑るのじゃ。俺が十まで数えてやる。その前にお前は眠れ。ひとつふたつ、みっつ、それお前はだんだん眠くなった。（後略）」

ここに見える役行者は、あからさまな催眠術師である。小説中では、役行者が葛城山の人々を催眠術によって服従させることで、神のような存在として仰がれるようになった、と記される。この部分だけを読むと、役行者は宗教家というよりもむしろ詐欺師に近い印象を受ける。

ちなみに、役行者による呪術は催眠術の一種だったという理解は、催眠術の一大ブームが起きた明治時代の頃から既に存在する（碧海二〇二〇）。そこでは、仏教の僧侶による加持祈禱もまた催眠術と変わらない、といった見解も示された。こうした見方はその後もずっとあるようだ。たとえば、戦後に出版された忍術研究家の奥瀬平七郎（一九一一〜一九九七）による本では、役行者が開拓しその後の修験者たちも用いてきた「三つの力」とは、「気合術、催眠術、医療法」であったと説明されている（奥瀬一九六三）。

このように役行者を催眠術師に見立てる言説は、役行者像の人間化の試みの一つとして把握できるだろう。彼は神秘的な能力者などではなく、科学的に説明可能な技術を利用する、ただの人間に過ぎなかった、というわけである。

一方で、東條の『役行者』を読み進めて行くと、役行者は単に普通の人間ではないことも示唆されてくる。日照りの続く土地の恵まれない状況を改善するために、小角が「不動明王の秘法」に従った雨乞いの行に挑戦し、これを見事に成し遂げるのだ。地上に久々の雨が降り注ぐ際には天空に龍王が舞い、小角の唱える呪術は「山中の獣や生きとし生けるものを蘇らせた」と記述される。かくして彼は、山民から「生き神」として崇拝され続ける。

こうしたくだりに描かれる役行者は、やはり超人だと見なすべきだろう。戦前の坪内逍遥の戯曲と同様に、この戦後の小説中でもまた、役行者は人間であり、同時に超人なのである。

繰り返しになるが、日本の宗教家や教祖たちは、近代以降、人間として語られることが多くなる。人間を超越した神仏のような存在として彼らを思い描くのは、近代の科学・合理的世界観のなかでは通用しにくいのだろう。その典型が親鸞である。近代以前には阿弥陀如来の化身のように信仰されたこの僧侶は、近代以降、高邁な思想家や社会運動の指導者のようにイメージされるようになった。

それに対して、役行者は近代以降も、通常の人間を超えた神のような力の持主であることを決してやめない。人々はそこに科学や合理の世界に回収しきれない、神秘への欲望や憧れを投影し続けてきた。役行者は、近代化のなかで部分的には人間化されながらも、別の部分では近代化されざる側面を常に保持してきたのである。

こうした超能力者や魔術師のような役行者の相貌は、SFやファンタジー作品が量産され人気を集める現代のフィクションの世界とも、きわめて相性が良い。最近の日本で国民的に支持される映画には、妖怪やオカルトを扱ったアニメ作品が実に多いが、ここで逍遥の「役の行者」が最終的に影絵映画（「神変大菩薩伝」）に結実した過去を想起してもよいだろう。近代の枠を超え続ける日本の宗教家である役行者は、あるいは、現代世界で最も虚構上の可能性を秘めた教祖の一人なのかもしれない。

参考文献
足立栗園『批判的日本仏教史』警醒社（一八九九）
井上円了『甫水論集』博文館（一九〇二）
牛窪弘善『文化史上に於ける役行者』修験社（一九二八）
大澤絢子『親鸞「六つの顔」はなぜ生まれたのか』筑摩選書（二〇一九）

碧海寿広『科学化する仏教——瞑想と心身の近現代』角川選書（二〇二〇）
奥瀬平七郎『忍術——その歴史と忍者』人物往来社（一九六三）
鈴木正崇「日本型ファシズムと学問の系譜——宇野圓空とその時代」平藤喜久子編『ファシズムと聖なるもの／古代的なるもの』北海道大学出版会（二〇二〇）
武井謙悟「メディアによる行の宗教の形成——仏教系雑誌に見られる身体実践」『駒沢大学仏教学部論集』五四号（二〇二三）
坪内士行『坪内逍遥研究』早稲田大学出版部（一九五三）
坪内逍遥『法難』実業之日本社（一九二〇）
坪内逍遥『良寛と子守』早稲田大学出版部（一九二九）
坪内逍遥『役の行者』岩波文庫（一九五二）
東條淳祐『役行者』早稲田大学出版部（一九八二）
林淳「修験道研究の前夜」時枝務、長谷川賢二、林淳編『修験道史入門』岩田書院（二〇一五）
広安恭寿閲『役行者御伝記』藤井文政堂（一九〇八）
平井和正『真幻魔大戦（10）超絶の死闘』徳間書店（一九八三）
三浦正雄「坪内逍遥〈役の行者作品群〉をめぐって」『近代文学研究』三〇号（二〇一七）
宮家準『役行者と修験道の歴史』吉川弘文館（二〇〇〇）
森覚編『メディアのなかの仏教——近現代の仏教的人間像』勉誠出版（二〇二〇）
森覚、大澤絢子編『読んで観て聴く　近代日本の仏教文化』法藏館（二〇二四）
山田文造編『役行者』金峰山寺（一九二九）
ロベェル、マルセル（新庄嘉章訳）「『役の行者』に就いて」『藝術殿』二巻一号（一九三二）

第13章　仏教民俗学の思想——五来重について

はじめに

　二十一世紀に入り近代仏教の研究は加速的に進展する。その大きな推進力の一つとなったのが、末木文美士による近代思想としての仏教をテーマにした著書の刊行だろう。[1]末木は、仏教を単に規範的な経典等に記された教説や、大昔の高僧たちの思索や運動として研究するだけでなく、それが思念された時代から私たちの現在にまで持ち越されている思想的な課題として論述するというスタイルを、魅力的に示した。いまなお常に問い直されるべき近現代の日本という身近な現場の問題として、仏教をめぐる思想の研究に取り組む必要があるというわけだ。

　今世紀の仏教研究において注目される動向として、ほかに「生活」の再評価というのがある。「生活仏教」と銘打った佐々木宏幹による一連の論考がまず想起されるが、[2]二〇〇二年の『宗教研

（1）　末木文美士『明治思想家論——近代日本の思想・再考Ⅰ』トランスビュー（二〇〇四）、同『近代日本と仏教——近代日本の思想・再考Ⅱ』トランスビュー（二〇〇四）、同『他者・死者たちの近代——近代日本の思想・再考Ⅲ』トランスビュー（二〇一〇）

究』での特集が、この動向に関連してくる研究領域の広がりを示唆しており重要である[3]。その巻頭論文として下田正弘が述べているように、近代西洋に始まる従来の仏教研究は文献資料を偏重し、特に思想や教義内容を説くテクストの研究に極端に傾斜してきた。だが、「仏教が歴史の中に結実してきた実態をより正確に描こうとするなら、規範的、理念的な文献の記述を再現するのみでは不十分であり、生活経験の中でその理念がいかなる形で機能しているかを理解しなければならない」[4]。もっともな意見である。こうした見解を全否定する仏教研究者はいないだろう。

しかし、ここで下田は言及していないが、あるいはそもそも仏教研究者たちがそれについて論及すること自体が少ないが、この「生活経験」の内部において機能している仏教についてこれまで多くの言葉を積み重ねてきた学問領域として、日本には仏教民俗学というジャンルが存在する[5]。このジャンルに属する言説は、日本の民俗、すなわち普通の人々の生活に密着した文化のなかに根づいてきた仏教の歴史と現在、あるいは仏教が日本人の生活に浸透していく過程とその意義について、少なからぬ言葉を残してきた。ゆえに、仏教を現実の「生活」との関連性において考察していく上で、このジャンルの生産してきた言葉の数々は、決して見過ごすことのできない重みを持つ。無視してしまうのは不当である。

だが、狭義の仏教研究に携わる人々が、この仏教民俗学の成果をあまり参照したがらない理由も、わからないではない。それは、この学問が「民俗学」という仏教研究とは視点も方法も著しく異なる専門分野に属しているから、ではおそらくない。そうではなく、そこに仏教研究の探究課題の中心をなす「思想」を問い深めようとする姿勢が、あまり存在していないように感じられてしまうから、であろうと思う。このジャンルに属する学問的な論述の多くは、単に「仏教民俗」（「ヒジリ」等の民間の宗教者、葬送、供養、祈禱、寺院法会、年中行事、芸能、巡礼など）の現象的な面を記述しその歴史的な展開を跡づけることに終始している印象が、総じてある。ひるがえって、それらの「仏教民俗」は仏教の歴史、すなわち各種の教義に方向づけられながら様々に分岐してきた仏教史の総体に対して、どのような問題を投げかけており、またそれを通して仏教という宗教現象について何を反省したらよいのか、あるいは究極的には、仏教者として生きる上でそれら「仏教民俗」に関する知見や認識がいかなる意味や価値を持ちうるのか、といった思想的な課題として仏教を問おうとする姿勢が、ほとんど見られないのである。それゆえ、仏教をめぐる思想や教義の研究に没頭しがちな仏教研究者たちが、仏教民俗学の言葉に魅力を感じずこれを真正面から取り上げようとしないのも、無理はない。

（2）佐々木宏幹『〈ほとけ〉と力——日本仏教文化の実像』吉川弘文館（二〇〇二）
（3）「特集『生活の宗教』としての仏教」『宗教研究』三三三号（二〇〇二）
（4）下田正弘「生活世界の復権——新たなる仏教学の地平へ」『宗教研究』三三三号（二〇〇二：四）
（5）ただし一口に「仏教民俗学」と言っても、高野山大学歴史研究会の雑誌『仏教民俗』（第一号は一九五二年三月刊）に端を発する関西方面の学問系統や、大正大学の星野俊英を会長として発足した仏教民俗学会（一九五六年六月創立、雑誌『仏教と民俗』一九五七年十月刊）に連なる関東の系統があり、のみならず、「仏教習俗」「仏教系民俗」「仏教風俗」という言葉を用いて「仏教民俗学」と同様の学問を試みた戦前の論説もあり、さらに、あえて「仏教民俗学」とは名乗っていないがこれに近似したまた別の学説も含め、その形態は多様である（坂本要「日本的仏教と仏教民俗」『歴史手帳』一四巻一〇号（一九八六））。ここでは、日本の民俗との関係において仏教を研究する学問、といった程度の意味で、このジャンルに該当する言説の範囲を定めておきたい。

だが、ここで五来重という人物が残した言論に改めて注目してみる必要がある。そこに思想があるからだ。この仏教民俗学の代弁者といってよい人物は、[6] ほかの多くの仏教民俗学の実践者たちとは異なり、自分が調査研究した「仏教民俗」をただ民俗学または歴史学的な論文として記述するだけではなく、それを仏教とりわけ日本の仏教について考えるための思想的な課題として論じ続けた。五来の言論は、仏教民俗学を一つの思想として強力に提示した、ほとんど唯一の、といっては異論もあるだろうから数少ない、しかし最高水準の成果である。仏教について思考する上でのいまだ重要な問いが、そこには多々含まれている。詳細に再検討するべき問いの数々が、である。

むろん問題点もある。林淳の意見を聴こう。[7] 林もまた、いま論じているような「生活」を重視する仏教研究の流れに連なる先駆的な仕事として、五来重（と堀一郎）の仏教（宗教）民俗学を評価する。他方でしかし、彼らの学問は「庶民信仰（民間信仰）の自立性を強調するあまり、現実の僧侶の活動を無視した。宗教民俗学が描く仏教（史）像は、その点で民俗学的な偏向を逃れていない」のだと林は批判する。[8] つまり、五来の言論をみれば一目瞭然の事実であるが、彼は「庶民信仰」や「民俗」の側から日本の仏教について考える傾向が強すぎ、仏教の教理を主体的に学び取り入れ、それを「庶民信仰」や「民俗」の世界に生きる人々に対して伝達し、その教理に基づき彼らの「民俗」を改変させていこうとする僧侶や寺院の側からの自律的な働きかけに関しては、これを過小評価する傾向にあった。もっとも、こうした偏りはあくまでも、日本の仏教を論じるにあたって仏教と民俗のうちどちらを重視するのかという、いわば力点の置き方にみられる偏りであって、五来が現実の僧侶の活動を無視した、という林の説明には完全に無理がある。とはいえ、五来の言論にこうしたある種の偏向性が見られるという事実は否定できない[9]。

しかし、そうした問題点があったとしても、五来の仏教民俗学においては今日、改めて再検討するべき思想的な課題が提示されている、という事実は変わらない。また、そのような思想・学問的な問題点というのは、それを過誤として放置しておくのではなく、その問題のある思想の特性についてよく反省し今後の私たちの反面教師になってもらうことで、現在的な価値をもってくる。五来重における仏教民俗学の思想。その言論にみられる今日的な課題や可能性、限界となる問題点について、これを私たちの生きる現代にまで続く仏教をめぐる思想の問題として再考し、問いを深めること。それが本章の目的である。

一　仏教批判としての民俗学

五来重の学問と思想を考えるにあたっては、彼がもともと東京帝国大学の印度哲学科の出身であ

（6）五来は雑誌『仏教民俗』の主催者であり、また仏教民俗学の存在意義を、仏教（史）研究者や民俗学者のみならず、一般世間に対しても積極的に唱え続けてきた。五来重『仏教と民俗――仏教民俗学入門』角川書店（一九七六）、『続仏教と民俗』角川書店（一九七九）
（7）林には、五来の仏教民俗学を日本仏教史研究の脈絡に位置づけた論考がある。林淳「仏教民俗学」日本仏教研究会編『日本仏教の研究法』法藏館（二〇〇〇）
（8）林淳「近代日本における仏教学と宗教学――大学制度の問題として」『宗教研究』三三三号（二〇〇二：四九）
（9）五来のこうした偏向性に対する批判的な論及として、ほかに藤井正雄『祖先祭祀の儀礼構造と民俗』弘文堂（一九九三：三五九～六二）

り、そこでインド仏教の哲学や思想に魅了され、にもかかわらずその後に専攻を変えて、しかしなお仏教について思考し研究し続けた、という遍歴の事情がまず重要である[10]。本人いわく、

私はインド仏教の観念性と論理性の面白さにもかかわらず、その非現実性と非実践性と煩瑣哲学には釈然としないものがあった。それは私が日本人だからで、日本人は現実的で実践的で、直截簡明な信仰でなければ、ついてゆけないのである[11]。

ここで確認しておくべきは、五来が同時代の仏教研究の知的なスタイルをある程度わかった上で、けれどその学問としてのあり方に疑問を抱き、日本人の「現実的で実践的で、直截簡明な信仰」に基づく仏教を自己の探究のテーマとして選んだ、という経緯である。裏を返せば、「現実的で実践的」でない仏教に対する懐疑の念こそ、彼の学問・思想的な言論の根底に常にあったものだといえる。

そして、同時代に「仏教」という概念によりながら語られ行われていることに対して何かと物申す、しかもできるだけ批判的に物申す、という実践を、五来は自己の言論生活における課題の一つとしていた。なぜか。彼が生きた時代の日本における仏教の語られ方や行われ方に対して、五来が多大な不満を抱いていたからである。それはまずもって、仏教について何かしら言述や行動をしようとする人々の念頭にある仏教観、言い換えれば「仏教」をめぐるイメージに対する不満であった。

現代の仏教観は、仏教は哲学であり、体系化された世界観、あるいは人生観の宗教だという立場をしめしている。これでは仏教は一握りのインテリやエリートのものでしかなくなってしまう。明治以後、仏教をになう僧侶の教育機関が充実し、仏教研究も西洋哲学や宗教学や言語学の導入で高度化した結果であるが、そのために一般民衆から遊離したことも否定できないだろう。[12]

普通の人々の生活からはかけ離れたところで研究や教育を進めている、と少なくとも五来には思われた、「明治以後の近代仏教学と、宗祖以来の教団的伝統をまもる仏教各宗の教学」の「原典研究や経典解釈の立場」[13]。そのような生活感の欠落した観点から発せられる言葉や、個々の僧侶や教団による実践は、五来にはどうしても納得がいかなかった。日本の仏教は「近代仏教学」や「仏教各宗の教学」によったのでは正確に理解することはできないし、正しい理解のないところには正しい実践もうまれてこない。むしろ、目の前にいる普通の人々の生活文化として現出している仏教、すなわち仏教民俗の諸相を観察し、その来歴を跡づけ、これについてよく反省することから、学問も実践も始められるべきである。五来はそう考えた。

そのような五来の批判的な認識の背後には、彼の日本仏教に関する稀有壮大なイメージ、彼の独

(10) 五来のライフヒストリーについては本書の次章を参照。
(11) 五来重『日本人の仏教史』角川書店(一九八九:三五)
(12) 五来『続仏教と民俗』(一九七九:八二〜八三)
(13) 五来(一九七九:二五一)

創的な日本仏教観が存在していた。

現在の日本仏教は、かぎられた数人の宗教的天才のあたまのなかに描かれた理想像ではなくて、同時代的には数千万の、歴史的持続のなかでは何百億かの、平凡な大衆の生活と信仰がつくりあげた成果で、いわばぎりぎり決着の歴史的現実なのである。(14)

このような力強い観点がなければ、同時代の支配的な仏教観にひとりで立ち向かうような言論活動を、五来はなしえなかっただろうと思う。もとより、彼の仏教民俗学が出現することすらなかったかもしれない。彼はたぶんこう考えたのだ。仏教研究者たちの関心が集まりがちな「数人の宗教的天才のあたまのなかに描かれた理想像」や、それを取り巻く狭い集団の脳裏にうかんだ言葉やイメージについてばかり思考していたのでは、日本の歴史上を生き死んできた無数の人々の関与によりながら創造されてきた日本の仏教という「ぎりぎり決着の歴史的現実」の広大さを、正しく理解することはできない。そこで、「近代仏教学」や「仏教各宗の教学」とは別の新しい学問的な仏教の言葉が必要とされた。五来の仏教民俗学とは、そうした現状の仏教をめぐる理念的な思考や想定に対する彼の不満を媒介にして出生してきた、現実を著しく重視する批判的な学問実践にほかならなかった。

すなわち、彼が仏教民俗学の文章を「書く動機といえば、それは仏教の教団化と教理化のなかで、宗派をこえた庶民信仰としての仏教が無視され、疎外されていることへの抗議であった。そのような庶民仏教は宗派としての教団にとっては一文にもならないように見えるが、実際には真言宗も天台宗も禅宗も、そして念仏芸能や日蓮宗も、この庶民仏教にささえられて存立している。（中略）このような日本仏教の下部構造が無視されてよいはずはない、という義憤みたいなものが、私を仏教史と民俗学の接近へかりたてた」のである。[15] 彼の民俗学の思想が、ある種の仏教批判としての側面を持っていたことは明らかだろう。むろん、批判とは否認に同じではない。批判の作業を通した、よりよい日本仏教の未来へとつながる思想と実践の道が模索されていたことは疑いない。

たとえば、「葬式仏教」をめぐる批判の試みである。五来は、葬式は本来の仏教とは何ら関係がないという理由でその儀礼の遂行を厭う同時代の日本の僧侶たちの言動に対して、嫌悪や反感の態度をあからさまに示し続けた。

大部分の日本人の葬をあつかう宗教者は日本仏教の僧侶である。その僧侶のなかには、ちかごろは葬式をおこなうのは「仏教」ではないといってこれを嫌うばかりか、みずからを「葬式仏教」といって自嘲する。（中略）「死」こそ宗教のもっとも大きな課題であり、それを「成仏」や「往生」のような仏教的理念であつかうのが日本仏教であったが、僧侶が死者を成仏させたり、往生させたりする自信を失ったとき、日本仏教は葬式仏教になったのである。[16]

（14）五来（一九七九：二八一）
（15）五来『仏教と民俗』（一九七六：二七六）

五来はおそらく、「日本仏教は葬式仏教だといって、自嘲しながら、むなしい気持ちで葬式の導師をしたり、引導作法をおこなう」僧侶たちを一度ならず目にしてきたのだろう。それは「まことに死者を冒瀆し、自己を侮辱する行為」として断罪されるべきものであった。[17]「霊魂の実在は精神の実在とおなじく確実なのであって、その故にこそ宗教は存在している」のであり、「霊魂不滅と霊魂実在なしに、久遠実成の仏が実在するはずがない」と信じる五来にとって、[18]葬送儀礼を自己の仏教実践の一部あるいは中核として誠実に執行することのない僧侶の意識と行動は、あるいは霊魂の実在を否定しやはり葬式仏教を揶揄するような知識人の発言は、激烈な批判の対象となった。[19]

こうした五来による仏教批判の言論は、もちろん、彼の仏教民俗に関する分厚い知見の裏づけがあったからこそ可能になっていた。また、今度はその知見を日本の僧侶たちが学び応用することで、彼らがよりよい仏教実践に取り組んでいけることを、五来は強く願っていた。すなわち、現代の僧侶は「葬送習俗の意味と歴史を知った上で、これをいかに仏教や宗派の摂化に生かすかを工夫すべきものであろうとおもう」。[20]仏教批判は仏教否認に同じではなく、仏教に関係してくる多種多様な知識と実践の進化・発展・普及こそが、彼の現代仏教に対する批判の動機であったといってよい。

しかし、仏教の進化・発展・普及とはいかなることか。それは、仏教の理念ができるだけたくさんの人々の生活のなかで多種多様に現実化され何らかの役に立つ、ということにほかならない。五来の批判的な言論の根底の所には、そうした、仏教の理念がますます現実化され生活のなかで有効に機能することを夢見る切実な願望があったといえる。仏教には非常に期待していた。だからこそ、その主要な担い手となる僧侶たちには、彼らが属する特定宗派の教理を学び説き伝える場合にも、教化の対象となる人々が今まさに直面している現実について、真剣に考えをめぐらせて欲しいと願っていた。

たとえば、浄土真宗の「絶対他力」の教説について五来が述べた言を引く。

宗教の極致、またはもっとも純粋な形が絶対他力の信仰であることは論ずるまでもない。それはまた真宗の信者の目ざす理想であるが、そこに至る過程または方法にはそれぞれの業や機根、それ以上にその人のおかれた環境によっていろいろの変化があるのが実態だとおもう。寺院生活をする者や農業を営むもの、官公吏、教員をする者や商売をする者などがみなおなじ過程と方法で、絶対他力をもとめることはかんがえられない。(中略)在俗者の生活は本山やお寺で生活するよりもはるかに厳しく、複雑なのだから、理想の追求にも多くの屈折があっても致し方はない。[21]

(16) 五来重『葬と供養』東方出版(一九九二:五)
(17) 五来(一九九二:八五)
(18) 五来(一九九二:八五)
(19) たとえば五来は「霊魂無存在論を主張する作家真継伸彦氏」と論争したが、それは真継が「葬と供養」という日本仏教の「聖域を犯したからで」ある。五来(一九九二:三九二)
(20) 五来(一九九二:四九五)
(21) 五来『仏教と民俗』(一九七六:二八~二九)

圧倒的に複雑な現実を前にして、あるいはその複雑な現実に対応するように、仏教の理念は「多くの屈折」を被り変容する。理念的な教理をそのまま現実化させるというのは、どうしたって無理がある。よって、阿弥陀如来という一仏への純粋な「絶対他力の信仰」を徹底しきれずに、たとえば盆行事の際に先祖供養を熱心に行い、現世利益を求めて諸神仏への祈禱にも頼ろうとする人々を、「本山やお寺で生活する」真宗の僧侶や、あるいは教団が責めるのは酷である、と五来はいう。そうした現実に応じた「多くの屈折」があるからこそ、仏教の理念も断片的にではあれ多数の人々に受け入れられてきたのではないか。ゆえに仏教の理念と現実のはざまで活動する僧侶たちは、伝える人ごとに教理の内容を考え直し、それによって教理の内容が変わってしまうことすら恐れるな、と五来はいいたかったに違いない。そうでなければ、彼が仏教民俗という、仏教の日本における「多くの屈折」の跡を振り返り、その存在意義を肯定的に評価することもなかったはずである。

仏教民俗学とは、そのようにして人々の生活形態に応じるかたちで理念を現実化してきた仏教の、その変貌の過程や諸相を追及するための学問であった。そこには、仏教という「宗教」の歴史と本質を見極めるという学び方ではなく、仏教を自分たちなりに受け入れつくりなおしてきた「人間」を見極め、その生活経験について反省し、そこで得られた知見を後世につないでいくための学び方があった。この仏教に対する学び方の決定的な差異、その背景をなす思想の相違そのものが、今なお熟慮されるべき主題であるように思える。

たとえば後者のような学び方、つまり仏教の理念を現実化させる人間の側にこそ主眼をおく学問の、その論理を徹底的に推し進めてみれば、次のような見解が導き出されてくる。五来重の代表作のひとつ『高野聖』から、「聖」（在野的な宗教者）による仏教実践について論じた一節。

聖というものは、仏教が庶民化するために、必然的に発生した宗教者の形態であった。それは仏教の姿をとりながら、仏教より庶民に奉仕する宗教活動をおこなった。したがって必要とあれば、仏教を捨ててでも庶民救済をとるのである。これは求道者とか、護法者とかいわれる僧侶が、庶民を捨てても仏教を生かそうとするのと、まったく正反対である。[22]

これはあくまでも、仏僧的な体裁をとりながらも世俗的な勧進活動や呪術的な宗教実践に取り組んできた歴史上の聖たちについて述べた文章だが、ここで前提とされている五来の仏教に対する理念的な構えは明らかだろう。すなわち、仏教は人間の現実生活のために存在していなければならず、またもしそれが人間の現に直面している状況のためにならないのならば、すぐに放棄されてしかるべきであると。自分の信じる仏教を守り伝えようとする仏教者も、彼らの目の前にいる現実の人々の生き方にその仏教の理念が寄与しないとわかったならば、それを迷わず捨て去り、別の手立てを模索しなければならないだろう、と。

むろん、極論である。たとえ自己の唱える仏教の理念が人々の現実と乖離していたとしても、ま

(22) 五来重『増補高野聖』角川書店（一九七五：二七八）

たその理念を現実化させていく努力をする気がなかったとしても、寺院で僧侶として生活し続けることは可能である。また、自己の学ぶ仏教の知識が現代人の生き方と関連性をもっているか否かなどといった問題は不問に付したままでも、時間に余裕がありまた生活が保障されていれば、仏教研究はやっていける。そもそも、仏教の理念が人々の生活において現実化されるとはいかなることか、それ自体が容易には回答不能の問いであり、そういう不確かな基準で仏教を放棄するとかしないとか、誰にも判断できないともいえる。それこそ複雑な現実を前にして、理念と現実の一致や不一致など、判定不能ではないか。

だが、こうした多くの疑問が即座にわき起こってくるにしても、その種の極論にまで到達しうる明確な観点があるからこそはっきりと自覚できる、私たちの問うべき思想的な課題が存在する。すなわち、仏教を、ある種の自明の前提としておきその理念的な教理の研究や現実の実践に邁進する、というのではなく、まずはその仏教を受容する人間の生活の側に立ってみて、その上で仏教の理念と現実について考える、ということ。特定の時間・空間に規定された現実生活のなかで展開する仏教の、その理念と現実の相克あるいは融合、そこにこそおもな参照点を定めて、仏教の存在意義に関して改めて思考してみる、ということ。五来重の学問的な言論から示唆されるのは、なによりもそういった課題である。

そうした課題を読み取れる五来重の言論の、仏教思想的な側面について、次に検討する。

二　実践の日本仏教

「必要とあれば、仏教を捨ててでも庶民救済をとる」という極論。この本覚思想も顔負けの現実肯定的で人間賛歌に満ちた極論に到達した地点から、五来は独自の仏教思想を繰り広げていた。仏教を「実践」つまりは人々の身体的・行為的な様相において捉え、それを思想的に言語化していたのである。この五来思想において、仏教とは人々の具体的な実践のなかで意味をもつことによってのみ、あるいは人々の「役に立つ」ことによってのみ、探究するに値する対象だった。

庶民は仏教を自分たちの生活や信仰に都合のよいように変質させて受け容れる。それはオーソドックスな仏教から見れば、まったく無智な誤解なのだけれども、その方が彼らに理解できるし、役に立つのである。(23)

人々の生活実践に応じて「変質」しなければ、仏教はそもそも理解されない。認知することができず、したがって意味がない。受容者の生活形態や彼らをとりまく文化的な環境ごとに特有の「誤解」がなされてはじめて、仏教はこの世に存在しうる。

（23）五来重「総説仏教民俗学の概念」五来重他編『講座日本の民俗宗教2　仏教民俗学』弘文堂（一九八〇：三）

仏教も純粋（本物）のままでは抽象的で、はっきりした形をもたない。それはある時代のある民族文化と化合したとき、はっきりした形をあらわす。それが本物をゆがめたり、政治に利用されたりしたとしても、われわれが認識でき、生活にかかわりをもつことができるのは、その不純な化合としての仏教なのである。もっとも純粋な仏教といっても正体はよくわっていない。なぜかといえば仏教経典は釈尊入滅後数百年たってから、印度各地のいろいろの学派によってつくられたものだからである。それらの経典の操作で、原始仏教を知り、それを抽象して根本仏教を知ろうとすれば、四聖諦、十二因縁、八正道というような抽象的な概念になってしまう。[24]

非常におおざっぱな議論ではあるが、その議論を支えている五来の思想自体は確固たるものであり、きちんと検討しておく必要がある。すなわち、「仏教」という概念で把握される様々な現象は、その存在様式や形態ごとに抽象レベルの高低に格差があり、そして「純粋（本物）」なそれとして認識される経典操作的な「仏教」は、抽象度が高すぎて認知しがたくゆえに意味をもつ可能性が低い。しかし、それが特定集団ごとの生活実践にまきこまれ「不純な化合物」となり抽象度を落とせば、具体的な事象として現出し、多数の人間に認知され意味のある「仏教」になりやすい、ということだ。

その抽象レベルの加減と意味創出の可能性に着目しつつ、仏教を実践の位相において思考していくためには、文字言語を媒体として残存している仏教だけでなく、日本に存在する様々な肉体や物体を貫通していく仏教、日本人の庶民生活のなかにとけこんだ「庶民仏教」の本質や変遷について、真正面から考えなければならない。

庶民仏教の条件の一つは行為的であるとともに即物的だということである。庶民にとっては思弁はもっとも難物とするところで、五官によって認識できるものでなければならない。自ら神仏詣り、巡礼遍路、お百度踏み、水垢離や断ち物をするとともに、このような宗教行為をした宗教者に信頼を寄せる。それはこのような行為によって、超人間的霊力（験力）が獲得できると信じているからで、結局、験力によって起こされる奇蹟を、庶民は期待する。このような庶民の信仰構造にあてはめて、仏教はわが国で庶民化したのであるから、外面だけを見て迷信とか俗信とかと非難することはできないとおもう。[25]

仏教をはじめ宗教は一般に、「五官」で、つまり眼・耳・鼻・舌・皮膚でまず認知される。いうなれば全身で、しかもその全身を用いた行為を通して認知される。その後、それが時に意識化され仏教的な概念によりながら認識される。そうして理解される仏教を、抽象度の高い言語活動に過度に依拠した「思弁」のみで認識し理解しようとするのは、多くの人々にとって困難な作業である。

（24）五来（一九八〇：八）
（25）五来重『日本の庶民仏教』角川書店（一九八五：二五〇）

五官＝全身をフル活用した仏教認識が阻害されるからだ。にもかかわらず、その全身で認知され理解される日本の仏教、たとえば「神仏詣り、巡礼遍路、お百度踏み、水垢離や断ち物」などを、思弁ばかりしている者たちはときに「迷信とか俗信とかと非難する」。庶民の現実生活に応じて多彩に変化しその実践的な可能性を広げてきた仏教も、思弁的に狭く定義された仏教の枠組みに囚われている人々の目には貧しく映る。「仏教」という単語で時に包括的に把握され語られる様々な概念のゆるやかな集合が、人々の生活実践のなかで使いこなされ転変しつつその意味を拡大し、無数の身体において何らかの意味をもってきたという日本仏教史の豊かさも、それを豊かさとして見ることを知らない者の頭脳には、仏教の歪曲の歴史として表象されてしまう。残念なことに。

実践の日本仏教。それが五来重の日本の仏教史に対する独特のものの見方や考え方であり、つまりは彼の仏教思想であった。実践を通して全身で理解される仏教。その極限的な形態とはむろん、個々の身体が自己の消滅の危機を予感し、そこから派生する恐怖感のなかでそれぞれの全身の存在が避けがたく認知されてしまう体験、すなわち「死」とのかかわりにおいて理解される仏教だ。日本人が仏教を全身で認識しようとするとき、そこでは多くの場合において、自己や身内、仲間や同族の「死」の感覚が身近に迫っている。その「死」の感覚から反射される「霊」の観念が、脳裏をよぎっている。

生きている私どもは、なまじ肉体をもつが故に有限である。しかし霊は有限な肉体をすてたために無限大であり、永遠であり、万能になった。その意味で無限・永遠・万能な「ほとけ」と霊は同じだという。そのように日本人は死者と霊と「ほとけ」を同じものと見た。難しい仏教書では「ほとけ」は覚者であり正覚をえたものというけれども、日本人は死者も先祖も「ほとけ」と見たのである。これは実に平易で明解な仏教の理解であった。／仏教では坐禅をしたり、三昧行を実践したり、真言を唱えたりすれば「ほとけ」になれると教える。これを即心成仏といったり、即身成仏といったりする。しかし、日本人は信仰をもって正しい死に方をすれば、そのまま「ほとけ」なのである。[26]

このような自他の「死」を媒介としたごく具体的な仏教理解もまた、「難しい仏教書」の愛読者からすれば、やはり「誤解」であり「不純」であり「迷信」であるのかもしれない。だが、それもまた一つの正当な仏教理解であり、一つの否定しえない仏教形態だろう、という透徹した認識から出発するのが、五来重の仏教思想であった。

こうした実践主義的な思想を鍛え上げ表現する過程で五来は、ある日本の有名な僧侶の思想を論じつつ、一方でその思想との対決を試みるような著作を残している。親鸞の『歎異抄』を「鑑賞」しながら五来が自らの仏教思想を開陳した本である。[27] 清沢満之による「再発見」以来、近現代の日本の思想家や学者たちが、その書物のなかに自己の思考を試すための場所を見出し、それぞれの

（26）五来重『日本人の死生観』角川書店（一九九四：一九五）
（27）五来重『鑑賞歎異抄』東方出版（一九九一）

探究や表現、救済の欲望に応じたオリジナルな解釈をこの書物の文言に付与してきた歴史がある、というのは周知の事実だろう。五来もまた、その近現代の日本における『歎異抄』解釈史の目録の上に、自己の名前を記入したというわけだ。ここでその五来による解釈のすべてを詳細に吟味する余裕はなく、また、それを『歎異抄』の解釈史というより大きな脈絡に位置づけるだけの余力もない。さしあたり、五来の仏教思想の性格をなるべく広範に理解しておくための方便として、『歎異抄』の文言に対する彼の解釈の一部について、簡単に検討をしておきたいと思う。

取り上げるのは、第十八条。唯円が、自分の師匠である親鸞は生前につねづね「弥陀の五劫思惟の願をよくよく案ずれば、ひとへに親鸞一人がためなりけり」と語っていた、と述べているくだりである。五来は、この親鸞による発言の趣意は、個人による「罪業感の強烈な自覚」が不可欠となる「阿弥陀如来と一対一、当世流行のマンツーマンの強烈な救済観の表明」であることをまず確認する。その上で、しかしそこで重要なのは、弥陀の慈悲が無限である以上、一対一の組み合わせは阿弥陀如来×親鸞のそれ以外にも無限に想定が可能なのであり、であれば「五劫思惟の願をよくよく案ずれば、ひとへに衆生すべてがためなりけり」となるのが理の必然だろうと述べ、「親鸞はこれを衆生全体を内包した個としての「親鸞一人がため」としたのであった」と論じる。[28] 親鸞の「個」の固有性をあまり強調しすぎてはならず、むしろ無数の「個」の集合である「全体」が、この親鸞の発言の論理を展開させていった果てに見出しうるはずだろう、という解釈である。

しかし、こうした解釈を加えた親鸞の思想に対決を挑もうとするかのように、さらに続けて五来はいう。

このような諒解の仕方も優等生向きになってしまうが、私の言いたいのは無知な農民はこのような個の自覚がなかったし、弥陀の救済は集団としてうけとる考えがつよかったことである。そのような時代にこの法語は強烈な個の自覚として評価できるが、現実の農民の意識をこれと対比して、全く価値がないといってはならない。そこにエリートと凡俗の差はあっても、双方とも絶対に正しいのである。個の自覚はいつの世にも個体で生きる能力をもったエリートのものである。これに対して凡俗はお互いに寄りかかり合って生きるほかない。（中略）私は衆生というような全体概念も抽象的だが、完全に独一なる個あるいは自我意識というのも観念的だとおもう。何となれば完全な全も完全な個も存在しないからである。実在はするかもしれないが存在はしない。いつも存在するのはそのいずれでもない集団である。[29]

ここで五来が述べている、人間がこの世に生き仏教とかかわることにおいて、完全な「全」も「個」も「実在はするかもしれないが存在はしない」とはどういうことか。おそらくこういうことだ。すなわち、「衆生」のような「全体」の概念や「自我意識」のような「個」の概念は、観念的な言語の上では確かに実在する。だが、現実に生活する人々の身体はどこまでも相互に「寄りかか

(28) 五来（一九九一：一六八〜六九）
(29) 五来（一九九一：一六九〜七〇）

り合って生きる」「集団」として存在しており、その身体のうちの限られた個体の自覚的な意識のうちに、ときたま「全体」や「個」といった概念が去来するにすぎない、と。生まれてから死ぬまでいかなる他者とも生活をともにしない人間などありえず、また現世のあらゆる他者と依存しながら人間が生きるというのも、生活の実感に即さない抽象論である。ただ、思弁的な個体の観念の上でのみ「個」や「全体」といった実在的な概念が何らかの意味をもつ。『歎異抄』に示される親鸞の思想も、ある特定の集団の一員として存在していたはずの親鸞が、その概念としての「個」の自覚にもとづき苦労の末に創造した、非常に洗練された仏教的概念の構築物であったにすぎない。それは「弥陀の救済」のような簡素な概念を、「個」の自覚を伴わずに集団的な存在として実践的に受けとめ理解する「無知な農民」たちの意識と、質に違いはあるが等価である。「個」の自覚の有無を問わず、あるいは概念としての洗練の度合いの格差を超えて、仏教はあくまでも集団の次元においてのみ存在する。

五来は、「強烈な個の自覚」を尊び「現実の農民の意識」を軽んじて、前者の後者からの超越にこそ仏教としての正しさを認めているように思えた支配的な仏教思想のあり方に、疑問を抱いていた。そして、「個」にも「全体」にも回収されない「集団」の仏教の存在意義を、彼の仏教民俗学の思想を通して弁護しようと試みた。その弁護のための言論からは、あらゆる「仏教」の概念を人々の集団的な実践の層において水平的に認知・評価し、それぞれの抽象レベルの格差に注意を払いながら、しかしどんな「仏教」でも同等の価値を有するものとして誠実に考えていくための視点と方法を学ぶことができるだろう。

とはいえ、では彼の思想は常にそうした「集団」の次元に焦点をあわせる具体的な思考となりえていたかというと、そうとも言い切れないから残念である。五来は、「個」による自覚的な仏教思想に対抗しそれぞれの仏教を実践する「集団」について深く考えることからさらに超越して、むしろ「全体」の次元において自己の思想を探究する傾向が強かった。すなわち、日本で生活する普通の人間なら時代や地域を問わず誰でも所持している（と五来の信じる）「庶民信仰」という「全体」的なレベルの宗教思想を、しばしば展開することに熱心だったのである。先に紹介した林淳による批判、五来の学問は「庶民信仰の自立性」を強調しすぎ「民俗学的な偏向」に毒されているという問題点もまた、この五来の思想のあり方にこそ根本的な問題の背景を摘出しうる。

以下、その五来思想の難点と思われる部分について、これを批判的に考察する。

三　庶民信仰の論理

宗教史をどのような観点から眺めるか。五来の場合、その立場は明快であった。

私は歴史は「初めに庶民ありき」とおもうのであるが、「初めにロゴスありき」や「初めに祖師ありき」と信ずる人々には、なかなか私の考えは承認してもらえないことは、よく分かっている。[30]

経典や学者の「ロゴス」や、「祖師」という特権的にまつりあげられる個人ではなく、ふつうの「庶民」から出発する。これが五来の変わらぬ立場であった。いや、ひとつの学問的な立場であるというよりも、ひとつの主義、あるいは思想的な原理として、五来は彼のいう「庶民」が所持している「信仰」の力を思い描いていたように思える。

「庶民信仰」とは何か。それは「仏教や神道の宗派というものをもたない日本人の宗教」であり、「教理も開祖も教団も」なく、「日本の宗教・宗派に共通するところの原点」である。この「庶民信仰」は、時と共に多様化し複雑化する宗教史の推移にもかかわらず、その「原始性」を常に保ち続けており、そうした「原始性」や「原点」を「忘れたときに宗教は観念になり、哲学になる」ということだ。[31]日本でこれまで生活してきた「庶民」の宗教性に関する、一種の本質論であるといってよい。

五来が仏教の思想家ではなく仏教民俗学の思想家であったことの利点と弱点は、この種の論理の展開によく見て取れる。利点はすでに論じてきた通り、仏教を受容する「庶民」から考えることで、仏教の歴史的な変化の過程を現実に即して理解するための視座を確保できたことである。他方、弱点とは、「庶民」の主体性を強調するあまりその「信仰」の超歴史的な一貫性を闇雲に信じ込み、それゆえ議論が単純化される傾向である。五来は、彼が多大な影響を受けた柳田國男が日本に独自の「固有信仰」の意義を説き仏教の理念や僧侶の活動にはあまり価値を認めようとしなかったのとは異なり、日本人の信仰生活に対する仏教の貢献について、ごく肯定的な調査研究を進めていった。[32]だが、他方で同時に、日本の様々な仏教（宗教）現象を根底で支えているとされる日本独自の

「信仰」が、超時代・地域的にその本質を保持し続けているという信念を、同時代の他の多くの民俗学者たちと共有していた。時代・地域的な現象面での差異はあれども、日本国内であれば、その基層には同質の心性が存在しているに違いない、というわけだ。こうした信念に基づき展開される論理は、五来の「庶民信仰」の言論のすべてに貫徹されていた。

そうした論理を徹底させながら仏教の歴史を考えると、次のような発言が現れてくる。

仏教史の種々の現象の底に何があるのか。それはある宗教的天才が神や仏の啓示によってつくる信仰や宗派や教理もありましょう。しかしそれも庶民信仰に促されて一宗ができ、宗教的天才が一宗をつくるのであり、一宗の祖師が別のあたらしい宗教をつくり出すのだとおもいます。[33]

仏教史は、「宗教的天才」の創造した新しい仏教が「庶民」に布教され受容される過程ではない。そうではなく、「庶民信仰」が「宗教的天才」たちを導くことで新しい仏教の流れを開拓していく過程なのである。真理の一面に接近した洞察だと思うが、けれど問題含みの見解である。問題は、それが仏教史の歴史的な事実に反している、ことにあるのではない。五来の学問や思想

（30）五来『葬と供養』（一九九二：三五六）
（31）五来重『宗教民俗講義』角川書店（一九九五：二七八）
（32）鈴木昭英「仏教民俗」野村純一他編『柳田國男事典』勉誠出版（一九九八）
（33）五来『宗教民俗講義』（一九九五：二七九）

に内在的な問題として、このような見解は批判されるべきなのだ。五来は「近代仏教学」や「仏教各宗の教学」の言説と実践が、人々の生活実感から遊離しているように思われたことを一つの契機として、彼の仏教民俗学の言論を展開し、仏教の現実態を彼なりに理解しその意義を説こうとした。そうであれば、彼は仏教の理念と「庶民」の現実がどこで分離しどこで融合しているのかを具体的に精査し、その意味を考察すべきであって、日本の宗教史を一貫して流れるとされる「庶民信仰」が、常に必ず仏教を再創造するといったような、事態を単純化しすぎているように聞こえる物語を述べるべきではなかった。

なぜそうした物語が生まれてしまうのか。二つの理由から説明できる。もともと五来の目の前には、彼がフィールドで集めた民俗資料や過去の文献に記された、具体的な仏教民俗があり、それこそが彼の思想を成り立たせるための素材であった。だが五来は、その仏教民俗をありのままに理解し思考するだけでは満足せず、そこから仏教的な要素を除去して日本独自の「庶民信仰」を抽象し、日本人の心性の本質を語ることを望んだ。そうした欲望は、彼の民俗学者としての自意識がしからしめたところであり、この種の欲望は日本の宗教文化を日本人の心性の表出形態として理解しようとした他の民俗学者の言論にも、しばしば見られる。それに加えて五来の場合、理念的な仏教論（学）に向けられた彼の対抗心が、その「庶民信仰」論の抽象的な論理化に拍車をかけたといえる。つまり、五来は現実生活を軽視する理念的な仏教論を必死で相対化しようとするあまり、逆に現実の「庶民」の「信仰」を理念的に語りすぎてしまったのである。宗教現象の現実態こそを論じたかった五来にとって、それは問題なしとはしえない議論の後退であった。

このように、五来が彼の仏教民俗の知見に基づき構築した「庶民信仰の論理」は、日本の仏教について具体的に考えるその学問と思想を根底で基礎づけていた理論であったとともに、それが行き過ぎると、個々の文脈を誠実に見据える態度を放棄した、一種の理念論に傾斜しがちな論理であった。こうした両刃の剣のような論理を構築したのは、ほかならぬ五来重という「個」であった。しかし今後、彼に近い立場から人々の生活を念頭においた仏教研究に取り組もうとする別の者たちが、再びこの種の論理の陥穽にはまらないとは限らない。それゆえ、五来が提示した信仰の論理の負の側面は、巨大な先達が遺してくれた、それぞれの「個」が自戒すべき問題点として、これからも常に心にとどめておく必要があるだろう。

四　五来重のあとに

以上、五来重の仏教民俗学の可能性と限界について反省的に論じてきたが、最後に結論めいたことを少し述べておきたい。はじめの問いに戻ろう。私たちが生活し思想し研究するこの現在において、五来重の遺した過去の言葉はいったい何を示唆してくれるのか。

それは、私たちが仏教についてよく考えるとき、特定の学問が構築してきた認識の枠組みから自由でいられる観点を常に持ち続けよう、ということだろうと思う。近代仏教学は文献史料中心の教理・思想的な仏教観に囚われすぎであり、逆に仏教民俗学は日本人の生活文化としての仏教の歴史の追求に没入し、その仏教を思想的に考究する姿勢が欠けていた。その両者間の断絶を独自の思考によってつなぐ役割を果たしていたのが五来重の仏教民俗学であったが、これも民俗学者が陥りがちな日本本質論的な発想に傾斜するきらいがあり、結果、仏教の現実を理解し考察を深めるという目的を達成する上では限界があった。

だが、そうした問題すら今後の反省のための資料として活用することも含めて、五来の言論が現在なお持ちうる有効性は十分である。仏教学は従来の哲学的な仏教観を相対化し現実の生活世界の方へとどのように開かれていくべきか。あるいは、仏教民俗学は自己の収蔵している仏教民俗の知見を、単に「日本仏教史」を構成するための資料としてではなく、より広く仏教一般を考えていくためのツールとしてどう応用したらよいのか。そのような問いに人が至った時、五来の言論から学べること、学ぶべきことは少なくない。まさにその種の問いに直面し続け自己の学問や思想を展開したのが、五来重その人であったからだ。

いまここにあり、あるいはこれまであったはずの仏教。それを、個々の学問伝統に拘束された視点や方法から離れて、現在に生きるそれぞれの「個」として新しく見つめ考えなおすこと。その上で、自己が属する学問伝統のあり方を再構築していくこと。五来重の仏教民俗学の思想は、私たちがそのような探究を行う際に参照すべき強力な古典である。

第14章　五来重と仏教民俗学の誕生

はじめに

その人は、それ以前の人たちとは少し異なる仏教の論じ方をした。経典に説かれてある仏教ではなく、日本人の暮らしのなかに息づく仏教。著名な高僧たちが開拓した仏教ではなく、どこにでもいるふつうの庶民が伝えてきた仏教。悟りを開くための仏教ではなく、空や唯識の理論について考究する仏教でもなく、死者の魂を鎮めるための仏教。あるいは、生者の幸福を祈り、彼らの一年の生活を季節ごとに彩る仏教。たとえば盆や修正会といった年中行事、念仏踊りのような民俗芸能、巡礼・遍路、各種の祈禱、葬儀や墓などにおける死者供養としての仏教。そうした庶民的な仏教、あるいは民俗的な仏教の歴史と現在について、広く深く調べ、徹底的に考え、論じたその人が、五来重であった。彼の学問は、「仏教民俗学」という看板のもとに実践された。広義の仏教史学の範疇に属しつつ、また一方でいわゆる日本民俗学の一分野でもあったこの領域横断的な学問の、その創始者である人物について、以下に論じる。

五来の学問や思想については、一九九三年の彼の逝去から後、いくつかの研究が提出されてきた。林淳による論文がその嚆矢といってよく、「民俗資料を使った仏教史」の開拓者として五来を評価している。[1] 林のまた別の論文で述べられている通り、五来は「中世の踊り念仏、中世の勧進聖、中世の高野山を対象にして、膨大な関係史料を活用して、その多様な歴史的展開を明らかにした」。[2] まずは中世を専門とする日本仏教史家の一人として、研究史に位置づけられたといえよう。これに対して、同時代の仏教や僧侶のあり方に対する批判的な思想家としての五来について検討したのが筆者の研究であり、五来の学問の「仏教批判」としての側面や、その身体的・実践的な仏教思想の可能性を論じている。[3] また、土居浩も独自の観点から五来の言説について考察しており、「近代仏教」が切り捨てた「民俗」「俗信」に対する五来の好意と、同時代の「新宗教」などに対する彼の蔑視といった点を指摘している。[4]

本章ではこれらの研究をふまえつつ、五来の学問の形成期とそれが本格的に展開し始めた時期におもな焦点をあわせ、そこから彼の仏教史研究の特徴や、独特といってよいその歴史観などを明かにする。本題に入る前に、まずは彼の生涯の概略を記しておこう。

五来重は、一九〇八年三月七日、茨城県久慈郡久慈町（現、日立市）に生まれた。一九三二年三月、東京帝国大学印度哲学科を卒業し、同年四月、高野山大学文学部助手に就任。二年後の一九三四年四月、東京帝国大学大学院文学研究科に入学し、一九三六年三月に満期退学。翌月に、今度は京都帝国大学文学部史学科（国史学専攻）に入学し、翌年の六月にそこで柳田國男を知った。一九三九年三月に同大学を卒業し、同年四月、京都府師範学校教諭（日本史）に就任。一九四〇年四月、高野山大学文学部助教授に転任し、二年後に教授に昇進。一九五一年四月、同大学で「日本仏教民俗史」の講義を行い、翌年三月に『仏教民俗』を創刊した。一九五五年四月、大谷大学文学部教授（国史学）に転任。一九六二年三月、『日本仏教民俗学論攷』で同大学から文学博士の学位を取得した。一九六四年九月、日本宗教民俗学研究所が開設され所長に就任。一九七八年三月、大谷大学を退職し、同年六月、同大学名誉教授となった。一九九三年十二月十一日に死去。享年八十五。戒名「大勳院殿智哲諦道大居士」。おおよそ、ひたすら勉学や研究と執筆活動にささげられた生涯であったといえよう。

一　仏教民俗学以前——戦前の学問形成期

五来自身による二つの回想的なエピソードを、まずは紹介したい。それらの物語のなかに、彼の学問の性格について考える上での示唆的な内容が含まれているからだ。一つは彼の学生時代の思い出で、郷里（日立市）の墓堂に住む坊主（墓堂を管理する僧侶）に出逢った時の話である。ある夏の夜、その「薄気味わるい墓地」で知り合った「小柄な老人」から、五来はいろいろな話を聞き、坐禅をしてみないかとすすめられた。それでときどきこのお堂に通いながら「坐禅の真似事」をしていた

（1）林淳「仏教民俗学」日本仏教研究会編『日本教の研究法』法藏館（二〇〇〇）
（2）林淳「五来と仏教民俗学の構想」『宗教民俗研究』一八号（二〇〇八：五六）
（3）本書の第13章を参照。
（4）土居浩「仏教民俗学と近代仏教研究のあいだ」『季刊日本思想史』七五号（二〇〇九）

が、そんなある日のこと、目の覚めるような経験をする。

この老人は、しばらく実家の寺へかえるから、よかったら遊びにおいでといった。教えられた二駅はなれた助川駅（現在日立駅）に下りて寺をたずねると、すばらしい大きな寺であった。この老人は地方の名刹、大雄院の隠居で、ほんとうの寮坊主ではなかった。このときから、私の仏教への興味が芽生えた。(5)

老人の面影は、それから次第に五来のなかで「仏教」のイメージが形成されていくにあたり、大きな役割を果たしたものと思われる。彼にとって日本の仏教とは、まずもって墓堂の管理のように庶民の実生活に奉仕する、どこか泥臭いところのあるものであった。しかしそれは同時に、日本文化の誇るべき「名刹」の仏教とも確かなつながりのなかにあり、どこかで相互に関係している。日本の仏教は多層的な厚みを持っており、だからこそ興味深い。五来の仏教観が育まれていく上での重要な発見が、そこにはあった。

もう一つは、彼の母親をめぐる記憶である。五来の母親の実家は、茨城の浄土真宗寺院の檀家であり、彼はお盆の時に母親に連れられて、菩提寺に祖父母の墓参りに行ったことがあるという。墓地はその寺院の目の前にあったが、そこに入るには生け垣の破れ目からもぐり込む必要があった。というのも「もし和尚さんに見つかると、浄土真宗というのは、平生業成といって、お盆だからといってお参りする必要はないと叱られてしまう」からであった。それゆえ、しかたがないから、犬みたいに生け垣をくぐって入るんです。みんなそうやって入って、墓地ではけっこうにぎやかにお盆をやっているんです。そういう先祖や死者をまつろうという実際の民衆の信仰と離れていいのかどうか。ぼくは、いわば教理に足をとられているんじゃないかと思いますけどね。(6)

後年の五来の学問を突き動かしていた、根本的な動機を語るかのようなエピソードである。宗派ごとの教理からは外れたところで行われている民俗的な仏教への共感と、その共感と背中合わせの、凝り固まった教義中心の仏教に対する反感。この共感と反感のダイナミズムは、彼の思想と学問を駆動する力の源泉となっていく。

こうして仏教に対する彼なりの見方を育みながら、五来は東京帝国大学でインド哲学と仏教学を学び始める。まずは仏教の本流を知ろうとしたのだろう。しかし、当人が後に「私はインド仏教の観念性と論理性の面白さにもかかわらず、その非現実性と非実践性と煩瑣哲学には釈然としないものがあった」と述懐している通り、あまり満足のいくものではなかったようだ。

とはいえ、この東大仏教学の時代にも、重要な出会いや学びはあった。一つは、後に民間信

(5) 五来重『日本の庶民仏教』角川書店(一九八五:五一)
(6) 五来重『仏教と民俗を語る』角川書店(一九九五:一〇七~一〇八)

仰（民俗宗教）研究の大家となり五来のライバル的な存在にもなった堀一郎（一九一〇～一九七四）と、同期の学生として席を並べたことである。もう一つは、日本主義的な哲学者、紀平正美（当時は学習院大学教授）のヘーゲル哲学講義に魅了され、しまいには「龍樹の『中論』の八不中道を、ヘーゲル弁証法によって解釈するというテーマを、卒業論文にとりあげるようになってしまった[7]」ことである。堀との関係については後述するが、紀平からの影響については、その日本主義的な発想の五来への伝播という点を指摘しておくべきだろう。

紀平は、日本神話や日本宗教の根底には、「日本精神」という日本人の魂の本質のようなものが必ず存在する、といった趣旨の言説を繰り返し示していた[8]。これは、日本の仏教の深層には日本の庶民に固有の信仰世界が必ず存在するという、後年の五来の基本的な主張と地続きである。五来によるその種の主張は、柳田民俗学の踏襲という側面も大きい。しかし、五来が柳田と出会う以前に、紀平の日本主義的な思想に触れ感路を受けていたという事実は、決して見過ごせない。

東大を卒業後、今度は京都帝国大学で日本史を学んでいた五来は、学内で開催された柳田國男の講演会を、知人に誘われてたまたま聴きに行くこととなった。彼が柳田の学問に触れたのはこの時が初めてであったが、それは衝撃であった。

そのときの講演題目は「盆と行器」というものだったんですが、一般に民俗学というもののもつ性格の一つに、自分の故郷へのノスタルジアというものが基礎にある。それが非常に大きな動機となっているると思うんですけれども、ぼくもこの講演で一ぺんに火をつけられたような形で、自

分の田舎での生活というものが一時に自分の学問のうえにおおいかぶさったような感じがしました。(9)

このインパクトは決定的であった。五来の心のなかにしまわれていた郷里の民俗的世界、さらにはその背後に広がる列島各地に住む人々それぞれにとっての郷土の生活が、彼の学問の対象あるいは方法として、はっきりと自覚されるに至ったのだ。しかもその直後、やはり柳田の言葉に導かれるかたちで、五来の仏教観もほぼ確定する。

それからまもなくぼくは〔柳田の著作である〕『俗聖沿革史』と『毛坊主考』というものを読むに至って、自分の学問の方向が決まったような感じがいたします、日本の常民〔庶民〕がすべての文化現象に対して受身であると思っていたのが、実はそうじゃなくて、自分から文化をつくっていたんだ……ただ支配される、あるいは外国からきたのをそのままうのみにさせられているんではなくて、自分でそいつをある場合には変容し、ある場合は捨てたり、あるいは再構成したりして、日本の庶民の仏教というのはできていった。それまでならった教団中心の仏教の歴史のもつむなしさというものを、ぼくはそれで一ぺんに解放したような感じがいたしました。(10)

(7) 五来重「堀一郎博士の日本仏教史研究」『堀一郎著作集』一巻、未來社(一九七七:五九〇〜九一)
(8) 紀平正美『日本精神』岩波書店(一九三〇)
(9) 五来重『仏教と民俗』角川書店(一九七二:一一)

エリート的な僧侶たちが教団組織を基盤にして構築してきた仏教ではなく、日本の庶民が独自に創り上げてきた仏教の歴史の探究へ。五来の民俗学的な仏教研究の実践が、ここから始まる。

柳田に出会い彼の創始した民俗学に触発されて以来、それから単独で全国各地の調査を行っていた五来は、戦時下の一九四一年、おそらく初めて公的な場に論文を発表する。「弘法大師伝説の精神史的意義」と題されたその論考は、弘法大師（空海）に関する全国各地の伝承を採集し、そこに表現される「日本精神」の解明を試みる、という趣旨のものであった。論文のなかで五来は、空海についての民間伝承を資料として採用する理由として、記紀のような文字言語に依拠する神話よりも口頭伝承の方が「民族精神」の動態を理解するのに役立つこと、また国家が公的に定めた神話とは異なり、伝説は「凡愚の大衆」も含めた「国民全体」が保持してきたものだから、日本に「固有のもの」を保存している可能性が高いと主張している。[11]

「日本精神」の解明という趣向は、ごく時局的なテーマ設定であり、また先述した紀平からの影響が色濃い。しかし他方で、文字言語に対するオーラルな資料の優位性を述べ、また民衆文化の意義を強調しており、こうした論調は戦後の彼の学説を予感させるに十分である。すなわち、この戦前の時点ですでに、柳田由来の民俗学的な視点や方法を用いた仏教論（史学）という五来の学風は、おおよそ確立していたといえる。

また、このような戦前の五来の学問は、東大時代の同窓である堀一郎によるそれと、かなり近しいところにあった。堀は柳田の娘婿であり、五来の回想によれば、戦時中においても「当時精神文化研究所に居た同窓の堀一郎氏とともに〔柳田〕先生の書斎を訪れて御指導をうけた。そのころ庶民の生活と伝承のなかにひそむ「日本のこころ」を、先生と堀氏と三人で夜が更けるまで、あの広い書斎で鼎談した想出は生涯忘れることのできない」[12]。五来と堀は、ともに柳田の薫陶を受け続けた。一方、堀は前記引用文中の「精神文化研究所」という国策的な研究機関で紀平の部下として働いており、こちらからの影響も少なからずあったといえる。戦時下の堀の研究、たとえば一九四〇年に出版の『日本仏教史』や『日本上代文化と仏教』といった著作で提示された学知には、文化史学的な仏教史研究の方法論的な新しさと、「国家神道」的なナショナリズムの双方が見て取れる[13]。すなわち、柳田による民俗学的な視座の斬新さと、時局に即した紀平の日本主義的な思想の共存、ということだ。このような特徴をもつ堀の戦時期の学問は、日本各地の「弘法大師伝説」から「日本精神」を抽出することに挑戦していた五来のそれと、明らかに近似していた。

だが、こうした両者の研究は、戦後になると微妙に分岐していく。次節で詳述する通り、戦後の五来は民俗学の援用による仏教研究の立て直しを、第一の目標とするようになる。それに対し、堀のほうは仏教には必ずしもこだわらなくなり、むしろ日本の村落社会における民間信仰(民俗宗教)の探究に、自身の関心の中心を移行させた。堀は自己の学問を総称して「宗教民俗学」と名付けて

(10) 五来(一九七二:一二～一三)
(11) 五来重「弘法大師伝説の精神史的意義(上)」『密教研究』七八号(一九四一)
(12) 五来(一九七二:八一)
(13) 松岡秀明「日本仏教と国民精神——初期堀一郎の文化史学批判序説」『東京大学宗教学年報』二七号(二〇一〇)

いたが、同じく日本宗教の民俗学的な研究に取り組みながらも、仏教にこそ徹底してこだわった五来と、日本の宗教民俗一般に注目した両者の相違が、こうした名乗りの違いにも垣間見える。[14]

二　仏教民俗学の誕生――戦後の実践学として

一九五一年四月、高野山大学で「日本仏教民俗史」と題した講義が行われ、さらに翌年三月、同大学から学術誌『仏教民俗』が創刊される。そして同誌に掲載された論文「仏教と民俗学」において、「仏教民俗学」という新しい学問の誕生が高らかに宣言された。それはどのような願いのもとに産声をあげた学問か。創始者である五来自身の解説をきいてみよう。

いわく、仏教の研究や教育は明治以降、著しい進歩を遂げてきた。ヨーロッパの東洋学者らによって開拓された実証的な原典研究が多大な成果をあげ、日本仏教の各宗派の教育機関も充実し、一般僧侶の学識教養は大いに向上してきた。しかしながら、こうした仏教学の進展が一般仏教徒の信仰心の深化につながっているようには、どうしても思えない。それはなぜかといえば、近代の仏教学が、過去の経典類に記された教説や高邁な思想としての仏教にばかり目を向け、「現に日本人の精神生活のなかに生きている宗教としての仏教」を把握できていないからである。[15]

また、そのような生活世界から乖離した仏教学を各宗門大学などで学んでくる僧侶らは、仏教の高遠な哲理や外国語に通じていながらも、「自分の寺へ帰ってから、檀信徒のあいだにおこなわれる行事や信仰を理解することができないばかりか、これに関する簡単な質問にもこたえられない」

という弊害が生じている。[16] 僧侶や檀信徒をとりまく現実の環境と、大学のような研究・教育機関における学問の内容が、かけ離れてしまっているというわけだ。

こうした困った状況を打破するためにも、日本の多くの寺院の面前にある習俗としての仏教、すなわち、葬儀、墓、塔婆、盆、彼岸、各寺の本尊会式などのかたちで現に存在している仏教を、近年発達の目覚ましい日本民俗学の手法によりながら研究する必要がある。加えて、その研究成果を仏教伝道にも役立てていくべきではあるまいか。日本仏教の現実と学問の断絶を、なんとかつなぎ直し、仏教を再生していくためにも。

そうした民俗学を援用した仏教再生の試みの、主たるプレイヤーとして五来が期待していたのは、日本仏教の現場に生きる、僧侶たち自身にほかならなかった。

仏教の民俗学への寄与はけっして低く評価されるべきではない。仏教者がこのようなみずからもてる宝を自覚するならば、いまからでも民俗学との協力をこばむものではないだろうし、この人たちの何よりの強味は職業柄、つねに常民の生活にもっとも密接に接触し、精神生活の内部にま

(14) もっとも、一九七四年の堀の没後には、五来もまた自らの学を「宗教民俗学」と称するようになる(ただし「仏教民俗学」という呼称も引き続き場合に応じて使用している)。修験道など「仏教民俗」には必ずしも収まらない対象も研究するようになったがゆえの改称であると当人は説明しているが、「宗教民俗学」の第一人者である堀がいなくなったことも、名乗りの変化の原因としては大きかったはずだ。
(15) 五来重「仏教と民俗学」『五来重著作集』一巻、法藏館(二〇〇七:四)
(16) 五来(二〇〇七:九)

で立ち入る権利を有することで、その協力はきわめて強力である。その結果、仏教者の手にゆだねられた教化対象たる常民の心意をしっかりにぎって布教伝道に活用するならば、護教的精神もまたみたされることを信ずるものである。[17]

寺院に集う「常民」すなわち一般の檀信徒らが今まさに行っている日常的な営みの意味を、僧侶らが民俗学への取り組みを通してよく理解し、その知見をひるがえって、檀信徒らに対する布教や教化に役立てていくこと。仏教民俗学という新しい学問を生みだした五来の初発の意図は、そのような実践的な次元にこそあった。

こうした仏教民俗学の実践性というのは、五来の学問自体に固有の特質というよりは、当時の日本民俗学一般に広く見られる性格であった。すなわち、日本の敗戦後、新たな社会の形成を学術の方面で後押しするという意欲に満ちていた民俗学には、実践性ないしは社会参加志向の強さといったものが濃厚にあったのだ。

たとえば、「国家神道」の崩壊後に精神的な指針を見失った日本国民に対し、柳田國男は民間の神道を理論化し宣教するための「新国学」としての民俗学を推進した。[18] 柳田はまた、それまで収集してきた村落社会に関する知見を応用しつつ、民法改正にも関与している。あるいは、当時の民俗学者には社会教育に接近する者が少なくなかったが、それは和歌森太郎によれば、「身ぢかな日常社会生活について、どんな問題にせよ、その今を知ること、今がどんな風な経過の末にどうしてこうなっているのかを知ること、それを経験的にとらえること。これが社会科の進みの上に肝要だとすれば、そこに民俗学の活動領域が大きく横たわっていることは自明」だからである。[19] 日本に住む普通の人々の生活文化や信仰の今昔について知り、それを国民の知識向上に役立てていくための学問として、民俗学は社会に積極的に関与していくことが望まれていたのだ。

つまり、五来の仏教民俗学とは、実践的な学問としての自意識を強く有した戦後の日本民俗学の、いわば仏教研究バージョンであり、僧侶をはじめとする寺院の当事者たちが、自らの身のまわりにある仏教の歴史や意味を探究ないしは再確認するための試みとして開始された。そうした始まりの意志は、この学問に取り組むことになった主体の大半がけっきょくのところ専門的な研究者であり、現場の僧侶らの参入があまり進まなかったこともあって、次第に希薄化していく。しかし、この学問の根本にそうした初発の意図があり続けてきたことは疑いない。

いずれにせよ、この新奇な学問には、やはりそれまでの仏教研究にはなかった、斬新な方法が導入されることとなった。それは、民俗学的な視点から仏教史関係の資料を読み解くことで、これまで掘り下げが不十分であった日本仏教史の深層に迫るというものだ。煎じ詰めると、次のように説明される方法である。

元来、伝承というものは記録され、造型化されないかぎり、変化したり消滅したりするものであ

(17) 五来（二〇〇七：一四）
(18) 林淳「固有信仰論の学史的意義について」脇木平也ほか編『アジア宗教と精神文化』新曜社（一九九七）
(19) 福田アジオ『日本の民俗学――「野」の学問の二〇〇年』吉川弘文館（二〇〇九：二〇五〜二〇九）

る。いわばそれは不安定な元素といわなければならない。ところが、これが仏教と化合すると安定した伝承資料となって、仏教信者のあいだに継承され、現在でも原型のまま見られる民俗になる。そのばあい、その民俗への解釈は仏教教理や経典の附加がされるけれども、それを操作によって還元すれば、原型がよみがえってくる。[20]

全国各地から調査によって採集された、あるいは諸種の文献のなかに発見された暮らしのなかの仏教を語る資料には、庶民が脈々と伝承してきた「民俗」の原型が、安定的なかたちで保存されている。そうした庶民仏教に関する資料から、まずは既存の教理史や教団史とは異なる日本仏教の歴史を再構成する。その上で、今度はその庶民仏教史から仏教的な要素をそぎ落としていくことで、「民俗」の原型に迫っていく。この二重のサイクルが、五来による仏教民俗学の基本的な手法であったといってよい。

そうした手法を巧みに生かした五来の初期の作品として、たとえば『高野聖』という魅力的な一冊がある。

三　聖の仏教――『高野聖』について

一九六五年に刊行され、十年後の一九七五年に増補新版が出た『高野聖』は、仏教史学者としての五来のおそらくは代表作といってよい著書である。五来の学問のエッセンスというべきものが、ほとんど語りつくされているような印象を、同書からは受ける。

本書のねらいは、高野山に集った庶民仏教の唱道者としての「聖」の事跡を再考することから、「高野山と弘法大師を見直」し、「弘法大師そのものに庶民宗教家としての性格を見る」、あるいは高野山に「高野浄土としての他界信仰を見出すこと」である。[21] かつては「念仏や浄土信仰の山」とみなされてきた高野山も、江戸時代の幕藩体制の影響や、その後の宗派意識の強化により、それ以前の歴史はすっかり忘れ去られ、「真言宗の総本山」として認知されるのが当たり前のようになった。だが、そのような宗派的な理解の仕方では、なぜにこの山が「日本総菩提所」と呼ばれるようになったのかがわからない。日本仏教の真実の歴史は見えてこない。「すべては物の視点のすえ方でまったく違った光景が見えてくる」。その視点を変えてみよう。

三業度人をゆるされた官寺的性格の高野山は、金胎両部曼荼羅の上に立つ密教教学の山としか見えない。それは真言宗徒の勉学と修行の場としての存在意義はあるが、庶民とは無縁の存在だったのである。これを高野聖が谷々を埋めつくした庶民信仰の霊場として見ると、弘法大師は真言宗の開祖というよりは、庶民の病気をいやし、願望をかなえる現世の救済者となるばかりでなく、来世には浄土往生をたしかにするところとし納骨供養の山となる。[22]

(20) 五来『仏教と民俗』(一九七二：二七七)
(21) 五来重『高野聖』角川書店(一九七五：二八四)
(22) 五来(一九七五：二八四〜二八五)

「密教教学の山」から「庶民信仰の霊場」へ。高野山という霊山の歴史を、民俗学の力によって読み替えること。そうした読み替えを可能にするためにも、五来はこの山をめぐる数々の事象に関する、まったく新しい解釈を提示していく。

たとえば、高野聖たちがしばしば開催した大法会の一部である「灌頂」儀礼に関して。これを密教教理的な意味の「灌頂」で説明するのは誤解であり、その実態はすべて死者に対する「生前の罪業の滅罪」にほかならず、さらにいえば、これは「日本の民俗信仰のミソギの観念を根底にもった鎮魂呪術」である、と五来は論じる。[23] あるいは、重源が高野山で組織した「迎講」という浄土教的な信仰サークルが結成された目的も、「念仏の結縁」という表向きの理由のためではない。むしろ、「原始宗教」における「うまりきよまり」、つまりは「民俗における通過儀礼としての擬死再生儀礼」を実施することが、その眼目であった。そこでは、日本人が人生の節目ごとに行う「生れ代り」の儀礼にこめられた発想と、「死んで二十五菩薩にむかえとられて浄土へ行き、生れ代って娑婆へ帰ってくる」という浄土教の思想とが、見事に結び付けられている、という解釈である。[24]

このように、五来は高野山の歴史に残る仏教文化のなかから、仏教的な衣を剝ぎ取り、その内側にある民俗的な信仰世界を指し示すことで、庶民信仰の聖地としての高野山を描き出した。また、そうした庶民信仰と仏教のあいだを取り持ち、「日本総菩提所」の完成に貢献した「聖」たちの活躍ぶりを復元することで、現代に生きる僧侶たちに反省を促した。「繁栄のかげに一兵卒として枯れていった無名の聖の万骨にたいして、高野山僧は頭をたれねばならないのであり、[25] 今日の僧侶はすべからく、庶民信仰に殉じた先達たちの活動を想起し、改めて自己のなすべきことを考えるべきなのだ、と。

彼らがなすべきこととは何か。それはもちろん、庶民を救うための仏教を実践することである。

聖というものは、仏教が庶民化するために、必然的に発生した宗教者の形であった。それは仏教の姿をとりながら、仏教よりも庶民に奉仕する宗教活動をおこなった。したがって必要とあらば、仏教を捨ててでも庶民救済をとるのである。これは求道者とか、護法者とかいわれる僧侶が、庶民を捨ててでも仏教を生かそうとするのと、まったく正反対である。[26]

仏教は庶民を救済するためにこそ存在しており、それがかなわないのなら、仏教など棄ててしまってかまわない。あるいは、そのかたちを大きく変えていくべきである。これは五来の一貫した信念であった。そして、そのような信念に忠実な宗教者たちを信頼しつつ、彼らとともに日本に固有の仏教をつくってきた庶民の歴史について考えることが、五来の生涯の仕事であった。

すなわち、庶民信仰の仏教史。五来の仕事はそうした言葉で総括されようが、それは彼一流の、

(23) 五来（一九七五：一二八〜二九）
(24) 五来（一九七五：一九九〜二〇〇）
(25) 五来（一九七五：九一）
(26) 五来（一九七五：二七八〜七九）

独特の歴史観によって成り立っていた。

四　庶民信仰の仏教史――五来重の歴史観

庶民の宗教はエリートのそれに勝る。五来は、しばしばそういった趣旨の発言をしていた。特権的な地位にある者たちの信仰や、高度な思想を弄することのできる知識人の宗教論よりも、無知な庶民の素朴な信心のほうが宗教の真相に迫っており、尊いのであると。

たとえば、平清盛がかつて兵庫の港（大輪田泊）を修築したとき、経文の文字を一字ずつ書いた無数の石を海に投げ込んで、防波堤としての経ヶ島を造り上げた。この大規模な「千僧供養」の功徳の事例を、貧しい巡礼者に対する施行のような、庶民による目立たない利他的行為と対比して、五来は次のように論じる。

民衆は一人ではそんな大それた事業はできないが、みんなで小さな善根をつむことは、その善意の一つ一つがすべて千僧供養にあたるというのである。……貧者の一灯、長者の万灯のように、ささやかな善意を大勢で積むことは、一人の金持のする売名的行為より、御仏の心にかなうことを民衆は知っていた。[27]

五来が言及するような「民衆」が、ほんとうにそうした事柄を「知っていた」かどうかは、ここでは問わない。押さえておくべきは、五来にとっては「民衆」が共同で行う信仰実践こそ「御仏の心」にかなうものであり、また、そうした実践の歴史的な展開こそが、日本仏教史の本流であるということだ。

民衆を重視した仏教史というのは、何も五来の専売特許ではない。戦後の言論空間のなかで人気を博した、親鸞に代表される鎌倉新仏教の民衆性を強調する論者（服部之総、笠原一男など）の仕事などにも、共通して見られるところだろう。だが、ある時代の特定の仏教思想や運動のなかに民衆性を発見し、これを賛美した他の多くの論者たちとは異なり、五来は、日本においては過去も現在も、そして未来も、民衆（庶民）がつくる仏教こそが本来の宗教であり、それを離れては正しい信仰などありえない、という強固な観念を徹底させていた。そこには、彼特有の考え方があったといってよい。

日本仏教史を、五来はたとえばこんなふうに素描してみせる。

私は庶民信仰というものは民衆がつくりあげるのであって、開祖もなければ教理もなく、教団もないものとおもっている。……その点からいえば浄行者の小本尊を安置する庵か草堂に庶民があつまり、その呪術、巫術による祈祷や予言を依頼するところから、宗教は出発するとおもう。その結果寺院の堂舎が建立され、仏像が彫刻され、縁起ができ、開創者が記録された。やがてしか

（27）五来重『熊野詣』講談社学術文庫（二〇〇四：一一八）

るべき宗派教団に属し、荘園をもち、講が組織されて経済力はゆたかになる。輪奐の美はととのい、諸法会は華麗になるとともに、権力争いがおこり、宗教は空洞化していく、というのが歴史である。[28]

日本宗教の根源にあるのは、行者に「呪術」を期待する庶民信仰であり、その信仰の横溢する時空の周囲に、寺院が建立され、開祖が仮構され、ついには宗派や教団が形成されていく――宗派の開祖や高僧たちの思想や運動を歴史の端緒におく通常の仏教史からすれば、まるで転倒した理解だ。いずれにせよ、そのようにして形成された教団は、やがて規模を拡大し、権勢を獲得していくがゆえにこそ、庶民信仰から離れ、自壊する。庶民信仰ではなく、特定の教理や教団組織によりかかった仏教は、歴史のなかで必ず骨抜きになってきたし、今後もそうなっていくだろう。これが五来の歴史観であった。あるいは、日本の仏教教団や寺院の現状を念頭に置いてみれば、今日もなお十分に通用する慧眼といえよう。

しかし、こうした五来の歴史観は、その庶民信仰中心主義ゆえに、教理や宗教制度が民衆の意向とは異なる次元で独自にもつ影響力を、見落としてしまう傾向があった。[29] また、五来が庶民信仰とは無関係だと判断した、ある種の歴史的な現実の意義も捨象されてしまう弊害もあった。たとえば五来は、「神仏習合といい、神仏分離といい、日本人の心の深層からいえば、水面の波風」「庶民信仰の立場からは、習合以前も以後も、分離以前も以後も変化がなかった」などと述べているが、[30] こうした断言に首肯する宗教史研究者はあまりいないだろう。五来の庶民礼讃の歴史観には、少し極端に過ぎるバランスの悪さがときに目立った。

おわりに

五来による仏教の論じ方、あるいは彼の仏教民俗学の視座や方法というのは、今日の仏教研究にとって、どのような意義をもっているだろうか。広く日本の仏教史学において、文字資料のみならず民俗資料を用いるというアプローチは、もはやとりたてて珍しいものではない。人々の日常生活から遊離しているとして、五来が散々批判していた仏教学の界隈でも、「生活世界の復権」などといった文言が発せられるようになった。[31] また、大学を出てから寺に入った僧侶が、教理にばかり足を取られて現場の仏教の意味をよく理解しておらず困る、といった五来が嘆いていた問題に対しては、宗教人類学者による「生活仏教」論などによって、実践的な解決方法が模索されている。[32] あるいは近年では、国外の研究者が、思想や教理では割り切れない生々しい寺院の現場から日本仏教について考えなおすという、興味津々の研究を次々と提示している。[33] かつては五来の独自性が

(28) 五来重『巻物と民俗』角川書店(一九八一:一七八)
(29) 藤井正雄『祖先祭祀の儀礼構造と民俗』弘文堂(一九九三:三五九~六二)
(30) 五来重『日本人の仏教史』角川書店(一九八九:三一九)
(31) 下田正弘「生活世界の復権――新たなる仏教学の地平へ」『宗教研究』三三三号(二〇〇二)
(32) 佐々木宏幹『生活仏教の民俗誌――誰が死者を鎮め、生者を安心させるのか』春秋社(二〇一二)、村上晶「生活仏教論再考――Lived Religion 研究との比較から」『國學院大學研究開発推進機構紀要』一二巻(二〇二〇)

輝いていた研究の仕方も、その先鋭的であった問題意識も、現在の仏教研究では当たり前のようになっている。

だが、現在を生きる我々が、自分の念頭にある仏教についてよく考えようとして、既存の学問ではそれについての十分な理解が行き届かないと知り、これまでとは違う研究方法を模索し始めたとき、五来の学問の歩みから示唆されるところは、いまだに少なくないはずだ。彼の場合には、民俗学という目新しい学術との出会いがあり、その出会いを存分に活かすことで、新鮮な研究や論述が可能となった。今後の我々には、ではどのような新しい学問や思想の可能性がありえるか。五来重を読むことは、その可能性を模索するためのいまだに有望な手段の一つである。

（33） Stephen G. Covell, *Japanese Tempte Buddhism: Worldliness in a Religion of Renunciation*, University of Hawaii Press (2005), Mark M. Row, *Bonds of the Dead: Temples, Burials, and the Transformation of Contemporary Japanese Buddhism*, University of Chicago Press (2011)

第15章　梅原猛の仏教思想

私は八十歳まで生きるとは思わなかった。戦争に行って、友人がたくさん死んで、私は生き残った。戦後はニヒリズム、実存主義の思想にかぶれて、危ないこともしたし、自殺も考えたけれど、それでも生き残った。がんを二回経験したけれど、それも生き残った。(中略) 法然さんは八十歳で亡くなった。お釈迦さんも八十歳。私はもうお釈迦さん、法然さんを超えてしまった。親鸞さんは九十歳だから、親鸞さんまで生きたいな。

(梅原 二〇〇六a：三九～四〇)

はじめに

一年でも一日でも一分でも長く生きたい。この生にしがみつきたい。単に長生きするだけではない。この生を、できるだけ深く味わいたい。自分が生きている意味を、よく考えたい。梅原猛の思想の根底には、こうした生への強いこだわりがあったように思う。少なくとも、彼の仏教に関する発言や文章を読んでいると、そう感じずにはいられない。

後述する通り、また梅原自身も正しく理解していたように、仏教は本来、生にしがみつくことを拒絶する思想である。苦悩に満ちた生存への執着を否定し、この世に二度と生まれてこないための知恵の体得を目指す。長生きなど、仏教にとっては何の価値もない。

だが、梅原にとって仏教は、自分の生を心から肯定するための思想であった。そして、その仏教思想は同時代の多くの読者に支持された。戦後の少なからぬ日本人が求めた仏教の言葉が、そこにはあった。

本章は、梅原の仏教に関する膨大な著作を概観し、その特質と意義を、近現代の仏教思想のなかに位置づける。その上で、梅原という巨大な思想家が、現代日本に残した仏教をめぐる課題や可能性を指し示そう。

一　懐疑と批判による創造

梅原はまず、仏像の本の著者として頭角を現した。美術史家の望月信成（しんじょう）、佐和隆研（りゅうけん）との共著『仏像——心とかたち』（一九六五）が、彼の最初の本だ。NHKで一九六四年四月から翌年三月にかけて放映された、同著者らによる仏像の解説番組をもとに書かれた。美術史の観点から解説を行う他の二人の著者に対し、梅原は思想的な側面から様々な仏像の意味を論じる。同書は、いまだ読み継がれる仏像入門書のロングセラーだ。

もともと西洋哲学が専門の梅原が、仏教や日本文化に精通し始めたのは、この番組への出演と本の執筆を契機とする。「私は、その著書と共に、私のその後の人生が決定されてしまったと思う」とすら述べている（梅原一九八七：四）。そして、同書での梅原の仏像論には、後に全面展開される彼の独創的な仏教論の一端が、既に明確に見て取れる。

最も際立つのは、密教の再評価だ。その呪術性の色濃さゆえに、近代の知識人には概して忌避ないしは敬遠されがちであった密教への高い評価。それは、たとえば和辻哲郎への批判を通して示される。和辻は、奈良時代の仏像にギリシャ彫刻との近似性を見出し、西洋的な価値観から天平仏の美しさを語った。梅原はこうした和辻の奈良時代中心の見方を批判し、平安時代の密教美術にもっと目を向けるべきだと主張する（梅原一九八七：一〇八〜一〇九）。加えて、「自然は人間のように、生き、物言う世界」と信じる日本の神道と、最も密接に結びつき定着した仏教が真言密教であるのに、その意義が明治の神仏分離以降、見失われてしまったとも指摘する（梅原一九八七：一四九〜一五〇）。

こうした密教あるいは平安仏教の再評価を軸とした、先行する知識人の仏教観に対する懐疑の念は、梅原の最初の単著である論文集『美と宗教の発見』（一九六七）において、より顕著に示される。ここでも和辻が批判の対象だ。「鎌倉時代の新運動」に注目し、日本の高僧では道元の哲学を重んじた和辻には、「空海や最澄の運動はどんな独自性も思想的価値ももたないがごとき考え」が垣間見えるとし、そこには「根強い仏教に関する偏見」がなかったか、と論じたのだ（梅原二〇〇二：五五）。

梅原の熱い批判の矛先は、別の高名な知識人にも向けられる。鈴木大拙だ。大拙の主著の一つ『禅と日本文化』に見える、日本文化を禅で説明し尽くそうとする大拙の姿勢に梅原は疑問を呈し、また別の大拙の主著『日本的霊性』で提示される、中世の禅と浄土教を通して「日本的霊性」が長い眠りから覚めるという見解も否定した。「日本的霊性」は、中世を待たずとも、聖徳太子や行基、空海や最澄でも覚醒していたはずで、それに気づかなかった大拙のほうこそ、むしろ「眠って」いたのではないか、と（梅原二〇〇二：四五）。痛罵といっていい。

これらの批判は、一見すると個人攻撃である。だが、批判の射程はもっと広い。和辻や大拙という具体的な個人の背後に広がる、近代的な仏教観が撃たれているのだ。それは「鎌倉新仏教中心史観」などと評される（クラウタウ二〇一二）。特に親鸞を代表として、法然や道元、日蓮ら、鎌倉時代の祖師・高僧が唱えた仏教を頂点として日本仏教史を語る風潮は、明治以降の知識人に広く共有され、戦後を迎えてなお持続した。この鎌倉新仏教を重視し過ぎる近代的な仏教観を、平安時代の密教を再評価する梅原の言論は明快に相対化していた。

かくして、古代から中世、そして現代につながる日本の思想や宗教、あるいは美意識をトータルに考察するための魅力的な枠組みを、梅原は構築した。その基盤を成すのは、「人間や動植物ばかりか、山や川にすら生きた生命が宿り、世界はすべてこうした生きた生命から成り立っているという世界観」であり、それが「大乗仏教の中に含まれる「山川草木、悉有仏性」という存在論」を導く。その上で、密教が「絢爛にして陰影多き美」を、浄土教が「美を想像の浄土の世界に求める自然観」を、禅が「単色にしてしかも無限に複雑な自然観」を日本人に提供した、と梅原は述べる（梅原二〇〇二：三三～三四）。

先人たちの学問への徹底した懐疑と批判、その先に創造される新たな知と学び。このダイナミズムこそが、梅原の仕事の醍醐味だろう。彼の生涯最大のベストセラーとなった『隠された十字架』（一九七二）は、知られる通り、法隆寺を聖徳太子の「怨霊」を鎮めるための寺院と見立て、従来の古代史や美術史の通説を根底から覆そうとした。夢殿の救世観音を「呪いの人形」と批評するその語りは（梅原一九八一：五三七）、後のオカルトブームとの接点を感じさせもする、斬新な仏像論である。

梅原の批判精神は、晩年に至っても持続した。たとえば二〇〇〇年代の円空論である。天皇や武将と結びついた止利仏師や定朝、運慶などを特権的な研究対象とする美術史家を「権力者志向の学問から脱却できない」と断じ、近世社会の「民衆の幸せ」のために無数の仏を彫った円空を称揚したのだ（梅原二〇〇九：五九〜六〇）。一貫したスタイルである。

自身の疑問をひたすら突き詰め、他者の学問に切り込んでいく彼の姿勢は、仏教学者とのコラボ企画『仏教の思想』（角川書店、一九六八〜七〇）で、最も実り豊かな創造性を発揮したように思える。盟友の哲学者である上山春平（一九二一〜二〇一二）と協力し、増谷文雄、田村芳朗、柳田聖山、宮坂宥勝ら、当時の第一線の仏教学者らとの共同で完成させた企画だ。全十二巻にわたって、インド・中国・日本の仏教思想を、仏教学者と哲学者（梅原と上山）の双方の観点から読み解き、両者が対話する。仏教学者たちの仕事に真摯に学びながら、自らの思考で仏教学の限界を突破しようとする梅原の意欲から、幅広い読者に届く、画期的な仏教入門書が生まれた。

二　生きるための仏教

仏像の解説をきっかけとして仏教に関する見識を深めた梅原による最初の書き下ろしの本は、

『地獄の思想』（一九六七）である。仏教に由来する地獄の思想が、古代から現代までの日本思想や文学に、どのような影響を与え、いかに表現されてきたのかを分析した名著だ。同書には、人間の生のありようをじっと見つめ、考え、肯定する、梅原の思想が随所に刻まれている。たとえば次のような記述に。

暗いニヒリズムにも耐えられる生命の強さ、暗い生の相をも直視できる生の勇気、私はそこに日本文化の健康さがあると思う。自己のなかに暗さや闇をもたない人間を、私は尊敬しない。彼らは生の真相をみる勇気と誠実さに欠けている。私は、自己のなかに強い生命の歓喜の歌を歌うことができない人間を愛しはしない。彼らには、強い生の衝動が欠けている。（梅原一九六七：二六）

生きることの明と暗、苦と楽、絶望と歓喜、これらの両面を十全に経験してこそ、人間とその文化は健全だ。梅原はそう考える。そして、こうした生の二面性を日本人に教えたのは、仏教にほかならないと論じる。たとえば『源氏物語』について、仏教に目を背けた本居宣長はそこから恋愛肯定論しか引き出せず、素朴に過ぎたと梅原は批判する。『源氏物語』には「暗い闇のうめき」が絶えず響いており、その裏側には、人間の苦悩に切り込む仏教の思想が流れているというわけだ（梅原一九六七：一〇九）。『源氏物語』に浄土信仰をはじめとする仏教の影響があったことは疑いの余地がなく（末木二〇一八）、卓見だろう。

ただし、生の経験の広がりや深みに意を注ぐ梅原は、当初、死後に救済の場を設定する浄土教には、やや消極的な評価を下していた。先に見たとおり、和辻や大拙を批判していた頃の梅原が最も評価したのは、真言密教であり、この評価基準はその後もしばらく続く。たとえば親鸞については、「死後の国への憧れより、むしろ、念仏によって安心をえたときの心の歓喜を強調するもの」としながら、「真の浄土は、やはり、死後にのみ到達されるものという観念が残る。われわれが住むこの世界が全体として否定されている」とし、一定の距離を置いていた（梅原一九八〇：五八）。

ところが、梅原の浄土教あるいは親鸞への評価は、その後に大きく転換する。「最も日本の宗教の特徴を示す宗教」として、「親鸞の浄土真宗」を選択するようになるのだ（梅原一九九三：三八）。あたかも、自身がかつて批判していた「鎌倉新仏教中心史観」に後戻りしたかのような印象を受ける。だが、そこでの親鸞の捉え方は、従来のものとは明らかに異質であった。

梅原は、親鸞の往生論を日本人の「生まれ変わり」の思想に重ね合わせて考察する。すなわち、日本人は縄文時代にさかのぼる古来より、人間は死後やがてこの世に回帰し、生前とは別の新たな生を送ると信じてきた。魂がこの世とあの世を往還し、生と死は循環し続けると考えた。この「生まれ変わり」の思想は、「念仏の行者は菩薩となって、死後も、必ず浄土へ行き、そして菩薩の必然として、この世へ帰り、また他の衆生の救済教化に励む」という、親鸞の教えと通底する（梅原一九九三：五五）。こうした新たな親鸞理解をもとに、梅原は親鸞とその師の法然が宣布した日本の浄土教を改めて高く評価し、遂には自己の信念の根底に据えるようになる。

この世とあの世の循環構造を強調する梅原の親鸞論は、いうなれば、人間の「生きる」世界を死後の世界にも拡張する思想である。こうした親鸞理解は、西方浄土などの他界と現世との隔絶に中世思想の本質を見出す近年の歴史研究に照らせば、明らかに妥当性を欠く（佐藤二〇〇八、小山二〇一九）。相対的な現世を厭い、絶対的な来世での救いを求めるのが、むしろ中世の宗教思想の核心だろう。しかし他方で、生を肯定する梅原の仏教思想にとっては、議論の枠組みの拡大であり、ある種の進歩ともいえる。

そして、あの世の問題に取り組んだ梅原の議論は、この世の問題に制約されがちであった近代的な親鸞論や浄土教理解への、真正面からの批判にも成り得ていた。「近代の浄土宗、浄土真宗の僧は、法然や親鸞のように熱烈に死後の浄土を説くことをしない。（中略）科学を信じる現代人に合わせて浄土教を改造しようとする。こういう要求の中から悪人正機説が生まれてきたのであろう」（梅原二〇〇四b：三六八〜三六九）。近代の親鸞論の多くは、自己の罪悪を反省し、阿弥陀如来の絶対他力を確信し、その信仰のもと安心を享受するという、内面のドラマの記述に終始する傾向が強い（子安二〇一四）。そこで「悪人正機説」がキーワード化していくわけだが、反面で、あの世の問題がおろそかにされてきたことは否めない。梅原は、この近代における親鸞思想ないしは浄土教の変質を、鋭く問題視したのだ。

近代的な浄土教理解を乗り越えようとする梅原は、また一方で、現代科学の知見に依拠した浄土の再解釈を行っており、こちらも非常に興味深い。それは生物学が明らかにした、遺伝子の知見である。自己の遺伝子が子孫に受け継がれる。この生物学の思想を、梅原は、自己が死後に再びこの世に生まれ変わり、あるいは、浄土から菩薩として現世に回帰する思想に対応するものと考えた。のみならず彼は、この生物学と仏教を掛け合わせた考えに、自らの救いと悟りへの道を発見する。

私もまた煩悩を断ち切れておらず、いろいろ子や孫のことが心配になるのである。そして、この生き死にを繰り返す永遠の遺伝子の思想に、何か救いを感じる。私もまた、無限の生き死にを繰り返す遺伝子を受け持つものとして、また個人として、一つの生命を生きるものである。それは駅伝の走者のようなもので、前から受け継いだバトンを子へ渡す、このような大きな永遠の動きの中にある生命の思想に、私は一種のあきらめに似たさとり、「等正覚」を感じるのである。

（梅原二〇一四a：九二）

これが生きるための仏教を追求した梅原の、晩年の到達点となる認識であった。

三　近代仏教思想のなかで

生を肯定する梅原の思想は、しばしば近代的な仏教観を超克する性格を持つ一方で、近代仏教思想の系譜のなかにも位置づけが可能である。日本の近代仏教は、天皇を中心に据えた国家のなかで、いかに活動的に振る舞い、社会に貢献するかを一つの大きな課題としていた。たとえば井上円了の思想は「活動主義」で総括でき、仏教の視点から肯定されたこの世界を、精一杯に生き抜くための道理を説いた（竹村二〇一七）。この種の思想を語った仏教者は、近現代には少なくない。

梅原の場合、直接的には椎尾弁匡（しいおべんきょう）（一八七六〜一九七一）の影響が大きい。増上寺の法主などを務めた、近代を代表する浄土宗僧侶である。「共生（ともいき）」の思想を唱えたことで知られる。梅原は、名古屋の東海中学校時代に、同校の名誉校長であった椎尾の講義を聴き、感化されたと述べている。その延長上で、「友人と共に宗教研究会をつくり、法然の著作などを読みあった」とのことだ（梅原二〇〇四a：三〇～三一）。

椎尾は、草や木を含めたあらゆる生命に仏性を認め、いのちを有するすべての存在が共存する世界を構想した。さらに、浄土への往生を来世の問題だけにとどめず、念仏者による現世での社会参加を強調した（林一九七七）。こうした椎尾の「共生」思想からの影響を、梅原は自らの浄土教研究を通して意識するようになったと語る。「私は中学生の時に椎尾辨匡先生から「共生」の思想を受けたのは、とても幸せなことだと思っています。なぜなら、「共生」の思想は、二種廻向で言えば、失われた還相廻向の思想だと言えるからです」（梅原二〇一四b：九八）。この世とあの世の循環構造に親鸞思想の要点を見る梅原の発想は、椎尾に由来する部分があったのだ。

とはいえ、両者の決定的な違いもある。それは国家との関係の取り方だ。昭和戦前期に「皇道仏教」を主唱し、「共生」する人間を天皇制国家へと動員しようとした椎尾と異なり、梅原は国家権力との微妙な距離を保ち続け、戦争に徹底して反対した。梅原は、戦中派の典型的な感性を所持していたように思う。

おわりに

本章の冒頭に述べた通り、仏教は生に対して必ずしも肯定的ではない。この点は梅原もよく理解していた。日本人の大勢が受容し、梅原も愛したのは、釈迦が開示した最初の仏教ではなく、密教や浄土教など、後世に二次創作された仏教であった。「日本人はむかしからこの世をたいへんよいところだと思っていました。（中略）こういう性情の日本人に、釈迦の教えのような、人生は苦であり、この苦から逃れてもう二度と生まれ変わらないほうがよい、などという思想は受け入れることがむずかしいのです」（梅原一九九六：三一〇）。

「この世をたいへんよいところ」だと思わない日本人は、今も昔も少なくないだろう。まして浄土教が活況を呈していた時代には、この世には「二度と生まれ変わらないほうがよい」という思想に共感が集まったのは間違いない。だが、戦後の日本では、「この世をたいへんよいところ」と考える人間が増えたように思う。経済成長や科学・医療技術の恩恵のもと、生の喜びや快楽を経験できる機会は確実に増えたのだから。梅原の仏教思想には、そうした戦後日本人にとって受け入れやすいアイデアが、数多く含まれていた。

だが、「人生は苦」だという信念のない世界で、仏教は果たして必要なのだろうか。人類の苦悩を除去するための最適解を与えるのが仏教であり、それは現代日本でも変わらないのではないか。生命の永遠の循環に救いを求めた晩年の梅原の思想からは、こうした問いに対する答えは出てこない。

　他方で、晩年の梅原は生の苦しみへの対峙とは別のところに、仏教の可能性を見ていた。それは道徳教育の領域である。近代以降の僧侶は世俗道徳に屈し、仏教に固有の道徳を説くのを怠ってきた。そう批判しながら梅原は、戒律や四弘誓願に基づく仏教の道徳を、若い世代に伝える活動に取り組んだのだ（梅原二〇〇六b）。僧侶ではなく哲学者が仏教道徳を説示するというのは、一見、奇妙な事態である。しかし、梅原が僧侶ではなく世俗の知識人だからこそ、人々はむしろ聞く耳を持ったともいえる。

　現代日本では、仏教を説きそうな僧侶ではなく、仏教を説かなそうな俗人が説く仏教こそ、より多くの人々に届きうるのかも知れない。仏教を語る必然性のない人間が、それでもなお語る必要のある思想がそこにあると考えられやすいからだ。俗人として仏教道徳を熱心に布教し、一定の支持を集めた晩年の梅原の試みは、そうした逆説的な可能性を指し示す。

参考文献

梅原猛『地獄の思想――日本精神の一系譜』中公新書（一九六七）
梅原猛『空海の思想について』講談社学術文庫（一九八〇）
梅原猛『隠された十字架――法隆寺論』新潮文庫（一九八一）
梅原猛『仏像のこころ』集英社文庫（一九八七）
梅原猛『日本人の「あの世」観』中公文庫（一九九三）
梅原猛『共生と循環の哲学――永遠を生きる』小学館（一九九六）

梅原猛『美と宗教の発見』ちくま学芸文庫（二〇〇二）
梅原猛『法然の哀しみ（上）』小学館文庫（二〇〇四ａ）
梅原猛『法然の哀しみ（下）』小学館文庫（二〇〇四ｂ）
梅原猛『梅原猛の授業――仏になろう』朝日新聞社（二〇〇六ａ）
梅原猛『梅原猛の授業――仏教』朝日文庫（二〇〇六ｂ）
梅原猛『歓喜する円空』新潮文庫（二〇〇九）
梅原猛「大特集　大胆宗教ロマン　梅原猛が解き明かす親鸞の謎」『芸術新潮』六五巻三号（二〇一四ａ）
梅原猛『梅原猛の仏教の授業――法然・親鸞・一遍』ＰＨＰ文庫（二〇一四ｂ）
クラウタウ、オリオン『近代日本思想としての仏教史学』法藏館（二〇一二）
子安宣邦『歎異抄の近代』白澤社（二〇一四）
小山聡子『往生際の日本史――人はいかに死を迎えてきたのか』春秋社（二〇一九）
佐藤弘夫『死者のゆくえ』岩田書院（二〇〇八）
末木文美士「源氏物語と仏教」『仏教からよむ古典文学』角川選書（二〇一八）
竹村牧男『井上円了――その哲学・思想』春秋社（二〇一七）
林霊法「椎尾弁匡上人の共生浄土教」『浄土宗学研究』一〇号（一九七七）
望月信成、佐和隆研、梅原猛『仏像――心とかたち』ＮＨＫブックス（一九六五）

第16章　仏教者　瀬戸内寂聴

現役の落語家で尼僧でもある露の団姫は、一念発起して出家した際、「瀬戸内寂聴さんみたいになりたいのか」と周囲からよく言われたという。寂聴が人気の女性作家から出家して尼僧にもなり世間の大きな注目を集めたように、落語家かつ尼僧という特異なプロフィールを得ることで、自分の名前を世間に売りたいのではないか、と。当人の発言を引く。

「寂聴さんみたいになることを狙っているのではないか?」。出家してから本当にこのことをよく言われます。「尼さん=瀬戸内寂聴さん」というのが日本人の典型的なイメージなのですね。[1]

現代日本で女性が僧侶として生きることの難儀さへの配慮に欠くこの周囲の反応はともかく、[2]ここで彼女が述べる「尼さん=瀬戸内寂聴さん」というイメージが、世の中に強くあるのは確かだ

（1）露の団姫『プロの尼さん落語家・まるこの仏道修行』新潮新書（二〇一三：一九六）
（2）丹羽宣子『〈僧侶らしさ〉と〈女性らしさ〉の宗教社会学——日蓮宗女性僧侶の事例から』晃洋書房（二〇一九）

ろう。寂聴の死後もなお、こうした想念はしばらく存続するかもしれない。

昭和後期における出家から後、平成さらには令和の現在まで、日本を代表する尼僧であり続けてきた稀代の仏教者、瀬戸内寂聴。だが、彼女の僧侶や仏教者としての性格について考察した文章は、これまでほとんど書かれてこなかったように思う。寂聴が存命の頃には、彼女自身の言動を見聞きしさえすれば、そこに優れた僧侶の生き様があり、それだけで十分であった。しかし、彼女が世を去った今、その仏教者としての活動や人間像を、客観的に歴史的に位置付けて行く作業が求められるようになったといえる。

本章は、そうした作業へ向けた試論である。ここでは、寂聴が出家した理由、彼女の僧侶としての生き方、キリスト教との関係という三つの観点から、論を展開する。

一　彼女はなぜ出家したのか

一九七三年十一月十四日、五十一歳の瀬戸内晴美は天台宗の中尊寺で出家得度し、僧侶となった。得度式には事前に情報を得ていたマスコミ関係者が詰めかけ、「異様な興奮状態」がもたらされたという[3]。式の後に開かれた記者会見で、仏教者・寂聴となった晴美は、「出家は長年ひそかに考えていたこと」であり、「自分の文学を深めるための出家でもある」と語った[4]。

この出来事は世間に衝撃を与えた。晴美が人気の小説家であったことに加え、本人も述べる通り「女の出家ということが、やはり珍しく、奇異な感じを与えたこともあったのであろう」[5]。彼女の友人たちの家庭では「午前様だった夫たちが急に早々と帰宅するようになり、「まさか、お前、瀬戸内さんの真似をして出家などしないだろうね」と戦々恐々とした」[6]という微笑ましいエピソードも伝わる。生じた波紋の大きさを推し量れよう。

彼女はなぜ出家したのか？　本人はその理由や経緯について繰り返し語っているが、内容はその時々で微妙に異なる。人間が行ったことに関する説明などすべて後付けでしかなく、後からの解釈は無限に変化しうるものだ。上記の通り、「自分の文学を深めるため」というのは一つの理由だろうが、それ以外にも様々な背景が本人の口から語られている。あるいは、関係者もいろいろな事情を推測し、言葉にしている。この内のどれかが決定的な理由だとは特定し難いが、それでも、いくつかを列挙することで、彼女の出家の動機がある程度は浮き彫りになるだろう。

まず、彼女の生家が「仏壇屋」（瀬戸内神仏具店）であった点は見過ごせない。寂聴の師僧であった今東光（こんとうこう）（一八九八～一九七七）は、彼女が出家した直後、「瀬戸内晴美が仏壇屋のお嬢さんだから仏教信者だと僕は言っていない。けれども仏壇屋に生い育った彼女のバックボーンは疑いもなく仏教であることは間違いがない」[7]と指摘している。彼女の両親は特に信心深い仏教徒ではなく、「仏壇

（3）『週刊文春』第七五四号（一九七三：三〇）
（4）『週刊文春』（一九七三：三〇）
（5）瀬戸内寂聴『寂聴まんだら』中公文庫（一九九七年：一八一～八二）
（6）瀬戸内（一九九七：一八二）
（7）『小説宝石』二、一一月号（一九七三）

も神棚もわが家の商品にすぎなかった」と彼女は回顧している。[8] とはいえ、曲りなりにも一定の仏縁が、彼女の幼少期の時点からあったことは確実だ。

一方、出家当時の週刊誌には、彼女の代表作の一つ『女徳』（一九六三）に触れるものが散見される。[9] 新橋の売れっ子の芸妓から出家して京都の祇王寺の庵主になった尼僧、高岡智照（ちしょう）をモデルにした小説だ。この作品が『瀬戸内晴美長編選集』に収録されて再刊された際――晴美が出家する前の月――、彼女は自著解説に「小説にもある命があるならば、『女徳』は私にとって最も運命的な暗示を未来に含んだ小説であったのではあるまいか」と書いている。[10] 得度の日に彼女が友人知人に宛てた挨拶状には、「いつとはなくわが作品にうながされ、ひそかに出離の想いをつづけるようになっていました」と書かれており、[11]『女徳』の執筆が尼僧という選択への導きとなった可能性は高い。

あるいは、巡礼について書いた本のなかで、寂聴は自身に流れる「無頼と放浪の血」について説明している。彼女の父方の祖父は、自分の住む村を訪れた旅芸人の一座の女役者に魅了されて、彼女らの後を追い、妻と幼い四人の子を捨てて出奔した。[12] 寂聴によれば、この祖父の血が父を介して自身にも流れており、自分が「二十六歳の時、家庭を捨て、出奔」したのに続く、出家という大きな人生の飛躍を彼女に選ばせたのだという。いわく「私がいきなり出家に踏み切れたのも、その後、唯の一度も、そのことに対して悔いがないのも、煎じつめれば、私のその血に由来するのであろう」。[13]

これ以外にも理由はいろいろとあるだろうが、おおむね以上に挙げたような要素が複合的に作用した結果としての出家、ということになるかと思う。ただし、得度からしばらくたった後の寂聴は、出家の決定的な理由を問われても、たいていは「わからない」と結論することが多かったようだ。たとえば次のように。

人間が五十年生きてくると、自分で知らない間に、仏縁というものが、仏様の手で糸を縫いつけるように私につけられていて、それがあるときに一斉に力を持って、私に出家をさせるようにし向けてくだすったんだとしか考えられないのでございます。[14]

あるいは、「ただ、何かに首根っこを摑まれて、ぐっと引き寄せられる気持ちがして、出家してしまった」のであると。[15] 当人の血筋や生活史には還元できない、仏の力や神秘的な何かによる後押しがあった、というわけだ。僧侶が他者に伝えるべき言葉としては、こうした語り方のほうが妥当であったろう。[16]

(8) 瀬戸内寂聴『風景』角川文庫(二〇一六：六一)
(9)『週刊読売』第一三〇七号(一九七三：二一)、『週刊文春』(一九七三：三二)
(10)『瀬戸内晴美長編選集』一巻月報、講談社(一九七三)
(11)『週刊読売』(一九七三：二〇)
(12) 瀬戸内寂聴『寂聴巡礼』〔改版〕集英社文庫(二〇〇三：三二)
(13) 瀬戸内(二〇〇三：三五)
(14)『婦人倶楽部』六二、九月号(一九八一)
(15) 瀬戸内寂聴『寂聴仏教塾』集英社文庫(二〇〇九：一六)

なお、彼女の法名「寂聴」は、師の東光が付けた。「聴」のほうは彼の法名「春聴」から取ったが、「寂」については、なかなか決められず悩みに悩んだ末、三十分も坐禅を組んでいると「〝寂〟という字がパァッと浮かんだ」のだという。[17]「出離者は寂なる乎、梵音を聴く」との意。彼女が実際に歩んだ僧侶としての人生は、「寂」からはほど遠い華やかで賑やかなものであったように思える。だが、その半世紀近い僧侶人生を通して、自分が「聴」いた仏法を、無数の読者や聴衆たちと共有することに成功した。

二　仏教の本来性を取り戻す

寂聴は出家の後も、作家としての仕事を主たる収入源とした。活動拠点としていた京都嵯峨野の単立寺院「寂庵」の運営費や、住職を務めた（一九八七～二〇〇五）岩手県の天台宗寺院、天台寺の復興費用など、すべて自身の原稿料や印税などから賄っている。文学を書き続けることと仏法を広めることとが、不即不離の人であった。

この点については、思想家の梅原猛が寂聴との対談において、「宗教家でもあり芸術家でもあるという」彼女のような存在は、雪舟や白隠、良寛などに連なる「本当の日本の仏教のあり方」を体現するものだ、と称えている。[18]また、同じ対談のなかで、彼女が出家後に国文学者の暉峻康隆（てるおか）（一九〇八～二〇〇一）のもとを訪れた際、暉峻から「昔の日本人は必ずある時がきたら出家して、それからきちんと文学をやった。（中略）今度のお前さんの決断は非常に古典的な日本の風習にのっとったことだ」と太鼓判を押された経験についても語られている。[19]
寂聴自身も、こうした自分の立ち位置について自覚的であったようだ。「仏教と文学」と題されたエッセイで、次のように述べている。
西行は自分の歌は真言だと言ったが、まさか私はそこまで自信のある口はきけない。しかし、もしかして、いつか自分の小説が真言のようになったら、そんな法悦の境地がまたとあろうかと憧れることはある。[20]
このように、寂聴の仏教者としての生き方は、日本に連綿と続く芸術的な僧侶の伝統に位置付け可能なものであった。一方で、彼女の思想や活動には、伝統的な高僧たちの系譜には収まりきらない、著しい近代性も見て取れる。
たとえば、寂聴が天台宗という宗派を選んだ理由である。それは、宗派への信仰心よりも学問的

(16) 最晩年の対談本には「〔出家の理由について〕最近では「更年期のヒステリーだった」と答えたりしていますが、結局、「わからない」というのが本音です」とある。瀬戸内寂聴、瀬尾まなほ『今を生きるあなたへ』SB新書（二〇二一：一七〇）
(17) 『海』第一〇三号（一九七七：二三二）
(18) 『一冊の本』第九三号（二〇〇三：七）
(19) 『一冊の本』（二〇〇三：一〇）
(20) 『禅と念仏』第一号（一九九九：六六）

な関心が高かったため、ということらしい。今東光との対談から彼女の発言を引く。

もちろん信心がないと宗教はできませんけど、わたくしは勉強したかったわけですよ。宗教学という学問として、宗教哲学とかそういったことを勉強したかったわけですよ。そうすると、結局、天台は仏教学の総合大学だから、いちばんよかった。(21)

「宗教学」は、科学的な手法で宗教を研究する近代的な学術である。「宗教哲学」や「仏教学」にしても似たようなものだ。少なくとも出家した当初の寂聴が仏教に何より求めたのは、神仏への帰依の心というより、知的な教養の一種であったと考えられる。

こうした近代的な発想は、寂聴の寺院に対するとらえ方に、より明瞭に見える。寺院とは何かを解説する際、彼女は観光地や葬式・法事のための場所といった通念を退け、「本来のお寺」として、古代インドにブッダ（釈迦）が開いた「サンガ」を持ち出す。(22)また、寺院の別称である「伽藍」も語源はサンスクリット語で建物を意味する「ガラン」にあるとした上で、次のように主張する。

お寺の根本の意味は、サンガ、つまり同じ志を持った人たちが集まる場所という意味です。／ですから、たとえ屋根がなくても同じ志の人が集まれば、そこはお寺、サンガになるというわけです。逆に、どんなに立派な建物であっても、そこに誰も来なければ、そのお寺はただの「がらんどう」なんです。(23)

寺院の本来の姿を古代インドに求める寂聴の発想は、一見すると伝統に忠実なようにも思える。だが、こうした発想は日本においてはむしろ、近代的な色彩が強い。それは十九世紀以降に西洋を中心に発達した、サンスクリット語文献の解読などを通したインド学としての仏教学（近代仏教学）によって、日本に改めて普及した考え方だ。それに対し、明治以前の日本では、というより現在もなお、僧侶や檀信徒が葬式や祈禱を行う場所というのが、寺院の一般的なイメージだろう。

そうした一般的な通念を覆すために奮闘した寂聴の言動には、近代的な仏教者に特有の傾向性が顕著である。たとえば、彼女は檀家制度が取り入れられ「自由競争」をしなくなった江戸時代の仏教は「堕落」したと難じ、現在もなお続く「葬式仏教」のあり方を嘆く。「本当なら、お寺は「いかに生きるべきか」を伝えるべき場所であるはずなのに、亡くなった方にお経をあげるだけの場所だと思われています」と。[24] 江戸時代の仏教に「堕落」の烙印を押し、生者のための教理や思想の再構築を求める言説――いわゆる「近世仏教堕落論」――は、改革志向の強い近代日本の仏教者のあいだで広く唱えられてきた。[25] 寂聴は、そうした近代仏教の流れに属する僧侶でもあったのだ。

（21）『文藝春秋』五二巻五号（一九七四：三六一～三一二）
（22）瀬戸内『寂聴仏教塾』（二〇〇九：四六～四七）
（23）瀬戸内（二〇〇九：四八）
（24）瀬戸内（二〇〇九：三三三～三四）
（25）オリオン・クラウタウ『近代日本思想としての仏教史学』法藏館（二〇一二）

近代以降の仏教者のなかで、寂聴ほどこの「本来の仏教」の実践に成功した人物は稀であったように思う。一九八五年に開設した道場「嵯峨野僧伽」や天台寺での説法会に、寂聴の話を聴くために集まった聴衆は数知れず、そこでは個々の人々が生きるために役立つ仏教の言葉が、長期にわたって説かれた。書籍などによるメディア発信のみならず、実際の「サンガ」による説法を通して原点帰りの仏教をここまで広範な層に届け続けることのできた僧侶は、ほかに皆無かもしれない。

三　キリスト者でもありえた

一方で、寂聴が伝えた仏教は、狭義の「仏教」の枠内に収まるものでも実はなかった。仏教以外のすべての宗教に通底する「超越的なもの、人間以外のもの、聖なるもの」、さらに言えば「宇宙に充満する生命」こそ、彼女が語る「仏教」の根幹を成していたのである。[26]

寂聴は言う。人間のなかには生命があるが、これはすべて「宇宙の大生命」から分け与えられたものだ。そして、宗教とはこの大いなる生命と私たちをつなぐための、具体的なかたちを持った現象なのである、と。

神とか仏っていうのは――何教でもいいんですよ。キリスト教でも仏教でも、あるいはイスラム教でも――それは、宇宙の生命に対して、われわれが思い描く、ひとつの感じですね。ある人は、それをキリストだと思う。ある人はお釈迦さまみたいに思う。お釈迦さまもキリストも、宇宙の生命をわれわれに見せてくれる、一つの現象にすぎないんです。（中略）彼らの向こうに、もう一つの宇宙の生命というものがあって、われわれは何となくそれを感じているんです。[27]

仏教とキリスト教、のみならずイスラム教も含め、宗教はすべて「宇宙の生命」の反映であり、それぞれの教えの表面的な差異を超えて共通する何かがある――。むろん、僧侶である寂聴がもっぱら語っていたのは仏教の言葉だが、それらの言葉の背後に、彼女は宗教を超えた「生命」の存在や力を感じ取っていたのである。

そうした寂聴の宗教観を一瞥できる本に、『美しいお経』（中央公論新社）がある。彼女が心を惹かれた「お経」の断片を幅広く紹介した著作だが、狭義の仏典や高僧の書籍からの引用に加え、アッシジのフランチェスコの祈りの言葉（「主よわたしをあなたの平和の道具としてお使いください」）や、さらには寺山修司の詩までも掲載されている。[28] 仏教の根底に他宗教との共通性を感得していた彼女にとって、「お経」にキリスト教の祈りや、非宗教でも宗教に通じる何かがある詩を含めるのは、割合に自然なふるまいであったのだろう。

特定の宗教を超えた聖性に対する寂聴のこうした感性は、何に由来するのだろうか。「仏教の一宗派にこだわることなく、あらゆる経典、儀式、修法をあえて否定しない（中略）、それどころかキ

（26）瀬戸内寂聴『寂聴般若心経――生きるとは』中公文庫（一九九一：六七）
（27）瀬戸内（一九九一：六八）
（28）瀬戸内寂聴『寂聴精撰 美しいお経』中央公論新社（二〇二一）

リスト教さえも容認してしまう」彼女の宗教に対する態度を、「汎神的な日本という風土」に基づくとする見解もあるが[29]、やや単純に過ぎる見方だろう。事態はもっと込み入っている。

まずもって、寂聴が宗派性の相対的に弱い宗派である天台宗に属していたことは強調しておく必要がある。彼女の所属先が、たとえば浄土真宗や日蓮宗のような、特定の祖師の教えを絶対視しがちな宗派であったなら、ここまで宗派性の稀薄な仏教の語りをするのは難しかったはずだ。

また、それ以上に特筆すべきは、幼少期からの彼女とキリスト教との、密接とも形容しうる関係である。彼女の父親が養子に入った瀬戸内家はキリスト教徒であり、彼女は幼い頃、神戸から徳島の家へ遊びに来たクリスチャンの祖母とよく会っていた。祖母は、食事の前に手を合わせて「アーメン」と唱えており、孫の晴美が「ここは仏具や神具を作っている家なのに、どうしてアーメンなの。おかしくないの」と聞くと、「キリスト教でも、仏教でも、両方とも拝むからいいんだよ」と返していたという[30]。

彼女とキリスト教との関わりは、家庭内に留まるものではなかった。彼女の自伝小説を読むと、徳島に古くからある近所の教会（「インマヌエル教会」）へ、子供の頃に足しげく通っていたという記述が見える。教会の日曜学校に毎週参加し、説教台に最も近い最前列に腰をおろして説教を聴き、牧師一家にも可愛がられていたようだ[31]。イエスとマリアを題材に、虚構の物語を空想し始めたのもこの頃のようで、彼女の文学的な感性の重要な一面は、この少女時代の教会通いから育まれたと見てよさそうである。

私はこの教会が好きだった。十二使徒を描いたステンドグラスの教会の窓から射し入る陽の光には、朝も夕もなく、いつでも私をただちに夢の国へ運び去ってくれた。（中略）日曜日以外の日にも、私はこの中に屡々しのび入る。ひんやりとした聖堂の中に光の縞に染ってひとり坐っていると、自分の肩に、あの天使たちのように、二枚の蒼い翳を持った象牙色の薄い翅が生れてくるような夢心地に誘いこまれていく。[32]

この教会通いによって、彼女がクリスチャンになったわけではない。だが、キリスト教との関係は、その後も確かに続いて行く。たとえば、プロテスタント系の大学である東京女子大学での学生時代には、学長の安井てつ（一八七〇～一九四五）に感化されている。安井の祈りの言葉を聴くのが好きだった彼女は、相変わらず信仰は持たなかったとはいえ、安井のキリスト者としての姿に強く魅了された。「安井学長の天をふり仰ぎ、神に呼びかける堂々とした祈りの姿と、その声の力強さに、私ははじめて、古代の信徒たちが、神に祈った姿とはこういうものだったかもしれないと目をみはった」のであると。[33]

（29）柘植光彦「瀬戸内寂聴——超越する宗教者」『国文学　解釈と鑑賞』七四巻二号（二〇〇九：六六～六七）
（30）瀬戸内、瀬尾『今を生きるあなたへ』（二〇一二：一七六）
（31）瀬戸内晴美『いずこより——自伝小説』筑摩書房（一九七四：二〇～二五）
（32）瀬戸内（一九七四：二一）
（33）瀬戸内（一九七四：八七）

おそらく、こうしたキリスト教との様々な関係の積み重ねがあったからだろう。彼女は出家する少し前、キリスト教に改宗しかけている。キリスト教作家の遠藤周作（一九二三〜九六）の仲介により、神父の井上洋治（ようじ）（一九二七〜二〇一四）のもとでカトリックの洗礼を受ける話が進んでいたのだ。[34]この話はけっきょく流れたようだが、彼女とキリスト教との深いつながりを看取するに十分なエピソードである。

すなわち、日本を代表する仏教の尼僧である瀬戸内寂聴は、場合によってはキリスト者でもありえた、というわけだ。あらゆる宗教に共通する「生命」や、諸宗教を超えた聖性に対する寂聴の確信は、こうした、仏教者でもキリスト者でもありえた彼女の人生経路によって成り立っていたに違いない。

他方で、寂聴はやはり仏教者であった。キリスト者として生きていたかもしれない別の人生経路を想像の内に抱えながらも、仏教者として真摯に着実に生き、現代日本人の仏教観に多大な影響を及ぼしてきたのだ。そんな彼女を、キリスト教ではなく仏教の道へと進ませた「仏縁」という不可視の力は、どのように形成され、いかにして仏教者＝寂聴を支え続けたのか。その歴史を精緻に解明し深掘りしていく作業は、今後の近代仏教研究にとっての大きな課題の一つとなる。

（34）瀬戸内寂聴、玄侑宗久『あの世 この世』新潮文庫（二〇〇六：五五〜五七）

終章　俗なる聖性を求めて

人々の心の拠り所となる宗教のリアリティが失われた後の世界で、人間はなお何らかの特別な存在を信じ、真に精神的な生活を送ることができるのだろうか。あるいは、宗教を抜きにして道徳や利他の心は確立しうるか。こうした問いについての考察を深めようとする際、スウェーデン出身の無神論の哲学者マーティン・ヘグルンドの著書は、大いに示唆に富む[1]。

この世から信ずべき宗教が一切無くなってしまった時、人間の生は空洞化してしまう、ことはありえない。むしろ、宗教を持たないからこそ、人間の生には本来そうあるべき意義を見出せる。これがヘグルンドの基本的な主張である。

宗教では一般に、人間を超えた絶対的な存在――神や仏など――や、現世の彼方にある永遠の世界――天国や極楽浄土など――の価値が説かれる。だが、特定の個人が日々向き合わなければならないのは、個別具体的な人間や活動であり、彼や彼女の人生の意味を形作るのは、その日その時の個々の出来事である。宗教が投げかけてくる「絶対」や「永遠」といった視点は、そうした一つひとつの対象や出来事の価値を否定し、時空を超えた無限の次元へとすべてを回収してしまう。

（1）Martin Hägglund, *This Life: Secular Faith and Spiritual Freedom*, Pantheon (2019)

確かに、この世界を生きていく上でしばしば生じる憂いや患い、喪失の痛みは、無限の光に照らせば大した意味を持たなくなる。そこにやってくる苦悩からの解放が、個人の救いにつながることもあるだろう。だが、私たちにとって生きるに値する人生の条件とは、むしろ、もしそれが失われてしまうと苦しくてたまらなくなる何かを現に持っており、そして、その何かはいつかどこかで必ず失われてしまう、という状態そのものにあるのではないか。欠損だらけの有限の生から超脱して無限の境地に安住するのではなく、有限の生をその欠陥ゆえにこそ、瞬間ごとに、部分ごとに、丁寧に愛着し続けるという心の状態。

ヘグルンドはそうした生の状態にこそ究極の価値を置く心のあり様を、「世俗的信仰（secular faith）」という言葉で説明する。それは次のような信仰のかたちだ。

> 有限性の感覚——私たちが気に掛けるすべてのものの究極的な壊れやすさへの感覚——は、私が世俗的信仰と呼ぶものの核心をなす。世俗的信仰を持つとは、やがて終わる命に身を捧げることであり、失敗しうる、あるいは壊れうるプロジェクトに心を尽くすことである。……私がそれを世俗的信仰と呼ぶのは、それが時間に縛られた生のかたちに捧げられているからだ。ラテン語の *saecularis* の意味に従えば、世俗的信仰を持つとは、現世的で一時的な人々やプロジェクトに献身することである。世俗的信仰は、失われやすい誰かや何かへの気遣いのために、私たちの誰もが持ち続ける信仰の形態である。[2]

こうした「世俗的信仰」の擁護と普及のため、ヘグルンドは現代社会に流通する各種の宗教や宗教的な発想を徹底的に批判する。その最大の標的は、西洋を代表する伝統宗教であるキリスト教だ。無限の神が有限な人間の生に介入してくるキリスト教の信仰を、彼は断じて認めない。とはいえ、ヘグルンドの批判は、キリスト教に限らず、人間の有限性を超える何かを強調するあらゆる宗教的な言説に対して向けられる。むろん、仏教も例外ではない。

仏教は他の主要な世界宗教とは異なり、超自然的な全知全能の神を想定せず、また仏教の思想のなかには、この世を超えた別の世界ではなく、「いま・ここ」の生き方を重んじる教説も確認できる。だが、その究極の目的とされる「涅槃（nirvana）」は、この苦しみに満ちた有限の時間からの「解放」を目指しており、それはやはり永遠を求める宗教的な発想の一種である[3]。ヘグルンドはそのように仏教を否定的に捉える。

このヘグルンドの仏教に関する見解は、半ば妥当だとはいえ、留保なしに首肯することはできない。彼はおそらく、近代以降の西洋社会で支持者の多い、初期仏教のイメージで仏教を語っている。古代インドのブッダの教えとしての仏教だ。一方、ブッダが入滅してから何百年も経った後に誕生し、東アジアで独自の発展を遂げた大乗仏教に関しては、あまりよく理解していないように思える。とりわけ日本で展開した大乗仏教の各宗派の思想について、詳細に吟味してはいないだろう。

（2） Hägglund (2019: 5-6)
（3） Hägglund (2019: 50-51)

大乗仏教には、総じて現世的と解釈可能な性格がある。「色即是空」「煩悩即菩提」などと表現される通り、大乗の思想は、個別具体的な存在や出来事のなかに仏教の真理を見出し、あるいは、些末な欲望を抱えた人間のはかない生を、そのまま肯定したりもする。「平常心是道」「日日是好日」といった禅語が示すのは、日常生活のなかの一瞬一瞬の心境や行為にこそ、仏教的な生き方の核心があるという考え方だ。

大乗仏教のうち日本で最も普及した浄土系の仏教の場合はどうだろうか。キリスト教と似通ったところのある浄土思想では、一般に、凡夫の自覚を持った人間が念仏を唱え、阿弥陀如来の他力によって現世を超えた極楽浄土へと往生することが尊ばれる。まさに、ヘグルンドが批判する超越主義の宗教そのものだ。彼が推奨する無神論の「世俗的信仰」と、これは真っ向から対立する、ようにも思える。

しかしながら、浄土系の仏教の一種である真宗は、西洋とは異なるかたちではあれ世俗化の進行した日本の近現代において、明らかに重要な役割を果たしてきた。また、真宗以外の各種の仏教も、自己の伝統を再編成させながら、近代社会を生きる少なからぬ個人の人生を方向付けてきた。本書がこれまで論述してきたのは、そうした「世俗的信仰」と必ずしも矛盾しない、というよりも共存や協力が十分に可能な、近代仏教の諸相である。

たとえば、長らく近代的な仏教者の代表格と目されてきた清沢満之は、その「絶対無限」に対する先鋭的な信念という一点だけに着目すれば、明確に超越主義的である。だが、彼の仏教者としての生き様の醍醐味は、むしろ、自らの抱える病苦や妻子の死、所属する組織との軋轢といった各種の具体的な困難に、彼が「絶対無限」の信心に必ずしも安息することなく直面し、そこから自身の生の意味をよく考えていく、その誠実さにあったといえる。犯罪者という「欠陥」のある人間を、世間的な道徳の観点から形式的に裁くのではなく、むしろ同じように「悪」を犯しうる存在として自己の人生に引き寄せながら理解や共感を試みたのが、清沢という人である。また、彼は自分の死後の行方については沈黙を守り、実際に経験したことのない「極楽浄土」といった永遠の世界に関する教えを説くこともなかった。彼の仏教的な信念が試されるべき場所は、あくまでもこの現世なのである。

真宗僧侶として清沢よりも伝統的な趣向を重んじた近角常観にしても、教化の際にこだわっていたのは、一人ひとりの信徒がこれまでどういった人生を送ってきたのか、という個々の断片的な物語であった。近角の弟とその仲間たちが大正期に繰り広げていたのは、「子ども」というあまりにも未完の存在との交流や対話を通して、自身の仏教理解を更新していく実践である。確かに、近角たちの最終目標は、阿弥陀如来という超越者に対する信心の獲得と普及にあったことは間違いない。とはいえ、彼らがその活動のなかでもっぱら向き合っていたのは、特定の信仰を持つ自己と、何らかの信仰を持っているかもしれない他者、それぞれの人間のなかで瞬間ごとに起こる、部分的な体験や気づきであった。

こうした有限な時間に生きる人間の生への注意と集中は、真宗の起源である親鸞に由来するところが大きい。仏教を信じているのに、とても浄土に往生したい気分にはなれないと訴える弟子からの悩み相談に対し、親鸞は、自分もまた苦悩に満ちたこの不完全な世界にこそ心を惹かれてしまうのだと返答する。このやや意表を突く師弟問答のエピソードは、『歎異抄』の第九条に記されている。周知の通り、『歎異抄』は真宗僧侶のみならず、近代以降の多くの俗人たちの思想や実践を支えてきた最大の仏教聖典の一つだ。

世界の禅者として知られる鈴木大拙もまた、『歎異抄』などを通して親鸞の魅力を再発見した俗人の一人であった。禅という現実主義的な仏教に傾倒した大拙を魅了したのは、京都の大寺院の堂内で絶対的な神のように崇められる親鸞ではなく、地域社会の移ろいゆく自然のなかで大地に根ざした信念を磨き続ける親鸞だ。一方、二十世紀前半を代表する仏教学者である高楠順次郎が尊んだのは、神と人、僧侶と俗人のあいだに差別を設けない、「平等主義の権化」として親鸞である。あるいは、超越的な神仏への祈りではなく、自分の未完の人格を着実に向上させてくれるはずの親鸞の教えを、高楠は重んじた。

他方で、親鸞のような特定の宗祖への信心からは離脱しつつ、なお仏教を通した信念の彫琢や人格の改良を目指す動きも、近現代の日本で一定の影響力を持ってきた。明治の新仏教運動はその典型である。その当事者たちは、儀礼など身の回りの習俗に対する批判的な意識を研ぎ澄まし、日々の習慣を自覚的に改善していく実践が、これからの仏教徒にとっての大事な営みの一つだと理解した。個人の暮らしを取り巻く部分的なものへの反省的な視点と対処のなかに、仏教徒としてのあるべき生き方を求める発想がそこにはある。

日本での戒律の受容のされ方にもまた、非常に部分的な性格が認められる。親鸞の思想を基盤に戒律を放棄した真宗僧侶だけでなく、真宗以外でも、戒律を守らない僧侶が現代日本の多勢を占める。だが、日本の僧侶たちは戒律の存在意義を完全に忘却してしまったわけではない。飲酒や性交、他者の生命の侵害などの行為に関して、ときに自戒の精神に立ち返り反省を試みる仏教者も少なくないのだ。こうした明らかな欠損を抱えながらなお存続する戒律との向き合い方は、欲望に満ちた普通の人々の生き方にこそ価値を見出す日本の仏教、とりわけ近代以降のそれの特徴を、逆説的に照射する。

あるいは、「生命」が思想的キーワードとして浮上してくるのも、日本の近代仏教の決して見過ごせない一面だろう。人間を含めたこの世界の隅々にまで貫流する生命への信仰に目覚めた福来友吉は、その生命を巧みに操作する方法を求めて、真言密教に接近した。前述した清沢満之と同じく、福来にとっても自己の信念を活かすべき場は、この現世にほかならなかった。仏教を重宝した思想家の梅原猛もまた、アニミズム的な生命観と通じる密教の再評価を進めながら、同時に浄土往生の観念を、他界への超越ではなく生命の循環を示す理論として読み替えた。福来や梅原は、自分が「いま・ここ」に生きていることを肯定するための生命主義的な思想として、仏教を再解釈したといえる。

ただし、同じ生命主義の信奉者にしても、戦前の福来と戦後の梅原とでは、国家や日本に対する意識がだいぶ違った。前者は生命力あふれる日本主義者であり、後者は生命を奪う国家間の闘争に対する嫌悪感を自己の活動の推進力の一つとした。このうち福来に非常に近い立場を取ったのが、真宗僧侶の暁烏敏である。生命主義の思想家でもあった暁烏は、戦時中には親鸞の教えを投げ出して、天皇を仰ぐ国家神道の伝道者となることを自ら選んだ。

国家や日本は、言うまでもなく、現世的で一時的な存在に過ぎない。だが、戦時下というナショナリズムの高揚期には、それらがまるで永遠に帰依すべき絶対的な対象のように錯覚される場合がある。また、周囲への配慮や自己保身のため、錯覚したふりを即興でやってしまう場面もあり、その一時的な偽装としての錯覚が、気がつけば当人のなかで揺るがぬ信念へと変質することも少なくない。

こうした絶対への錯覚のまどろみから、人はいかにして覚醒すべきか。一つのヒントが、五来重の仏教民俗学にある。五来は、仏教を「個」の思弁的な観念と捉えることも、「全体」への超越として把握することも退けた。そうではなく、「集団」という中間的な次元におけるつながりへの配慮こそ、仏教と共に生きる人間にとって最も肝心なものだと彼は考えた。仏教は、あくまでも一定の限られた範囲に広がる具体的な人々への気遣いのなかでこそ意味をなす。そのような意識の徹底は、国家や日本という部分的なものをつい絶対視してしまう過剰なナショナリズムの幻想から、人を自由してくれる可能性を持つ。

加えて、近代以前まで日本という国にとって一種の他者であったキリスト教との対話も、絶対への錯覚に揺さぶりをかけてくれるはずだ。表面的には親鸞に依拠する日本主義者としてふるまった戦時下の亀井勝一郎は、自身のなかに根付くキリスト教への愛着ゆえに、日本主義に染まりきらない自己の内面を直視し続けた。また、瀬戸内寂聴という稀代の尼僧の説法が老若男女を問わず幅広く愛されたのは、むろん彼女の類まれな人格が最大の要因とはいえ、そのキリスト教への親近も一つの要因であったように思える。仏教の特定の宗派が掲げるドグマを絶対視するという錯覚に溺れず、あくまでも「いま・ここ」にいる個人の苦悩や喪失感に向き合った彼女の真摯な姿勢には、成り行きによってキリスト者にも仏教者にもなりえた、彼女の多層的な人生経路が透けて見える。

このように、近代仏教の歴史には、永遠で絶対的なものの無限性ではなく、一時的で部分的なものの有限性に心を尽くす思想や実践の数々を、至るところに発見できる。さらに、そうした思想や実践を導く要因や契機を、様々な局面に看取することも可能だ。超越主義の宗教が次第に通用しなくなる近代の世俗的な環境のなかで、仏教とそれにかかわる人々が、有限性の感覚を鋭敏にしながら自己変容を遂げていく過程。あるいは、個々の俗人や俗人に近い僧侶たちが、この世界を少しでも変えるために国境や場所を超え、仏教という聖なる伝統の内実を再編成していく、破壊と創造の歴史。

近代仏教とは、そうした俗なる聖性を求めてさまよう人間たちによる、問いと答えの運動である。

あとがき

仏教はどこから来て、何であり、どこへ行くのか。そのような問いについて、この二十年ばかりずっと考えてきた。

大学院へ進学して以降、たまたま地元の図書館で知った民俗学者の仏教観に関する修士論文を書き、次いで戦前の本郷で活躍した僧侶の遺した資料をもとに博士論文を完成させ、それから勤め先の大学を創始した国際的な仏教学者の評伝をまとめ、いまは禅を世界に広めた人物の英語書簡などを読むため、北鎌倉に通っている。仏教という視点から見て、自分が心から面白いと思える昔の人たちの生涯や思想を、ずっと追いかけてきた。

その試行錯誤の過程のなかで、自著を何冊か出版し、他人が書いた英語の著作や論文を日本語に翻訳してきた。仏教は無数の書物を通してこの世界に何かを伝達してきたし、また二千年に及ぶ翻訳の積み重ねを経て今日に至るから、出版や翻訳は、仏教を学問する者にとっても欠かせない経験となる。実際に自分の手や頭を使い不器用にでもやってみたことで、その必要性が曲がりなりにも理解できた。

仏教の学びを研究に昇華させていく上では、先達や仲間たちの存在が決定的に重要であったように思う。特に、一回りほど年長の大谷栄一氏や、同年代のオリオン・クラウタウ氏、繁田真爾氏、近藤俊太郎氏、名和達宣氏らは、公私ともに支えとなってきてくれた。ときには相互の見解に対する批判や、ただの喧嘩もしてきたが、そうした傷付け合いもあるからこそ学問は前へ進むのだということを、彼らが教えてくれた。

研究の幅を広げる上で、故・吉永進一先生から多くのことを学んだ。知識面での厚みを加えられただけでなく、仏教の見方も拡張してもらえた。死後の世界は存在しなさそうなので、現世で先生から受け取ったものを着実に役立てていきたい。

これまで発表してきた論文を一冊にまとめませんかという提案をしてくれたのは、青土社の菱沼達也氏である。ちょうど、筆者が専攻する近代仏教研究の、国内外――「外」の中心は米国――での飛躍的な進展の現状をいったん総括しておきたいと考えていた頃でもあり、まさに渡りに船という感じであった。絶妙な縁をつないでくれた俊才の編集者に、心から感謝する。

なお、既出論文については、現在の視点から一定の加筆や修正を施した。最新の研究成果が引きも切らずに発表されているジャンルであり、また時期ごとの筆者の作文の揺らぎもあって、修正作業にはだいぶ手間がかかった。ただし、初出時からの大きな趣旨の変化はないと捉えている。序章と終章は書き下ろした。

本の制作過程で、菱沼氏から「既存の論考を集めたという印象が非常に薄く、一貫した論旨を感じる」という評言をいただいた。確かに、いくつかの限られた主題を、様々に変奏しながら飽くことなく論じてきたのだと思う。本書はその集大成である。

二〇二四年三月末、武蔵野の研究室にて

碧海寿広

初出一覧

＊すべての論考に大幅な加筆・修正をしています

序　章　近代仏教とは何か（書き下ろし）
第1章　吉田久一と清沢満之（原題「清沢満之と吉田久一」『吉田久一とその時代』法藏館、二〇二一年所収）
第2章　清沢満之と近角常観（原題「日本仏教における近代化の多様性――清沢満之と近角常観」龍谷大学アジア仏教文化研究センター、二〇一四年三月）
第3章　青年文化としての仏教日曜学校――大正期における「子ども」の仏教（原題「青年文化としての仏教日曜学校――大正期の東京における一事例から」『近代仏教』二〇一一年五月）
第4章　近代仏教と神道（『現代思想』二〇一七年二月臨時増刊号）
第5章　日本回帰の思想構造――亀井勝一郎におけるキリスト教と親鸞（原題「日本回帰の思想構造――亀井勝一郎の場合」『近代の仏教思想と日本主義』法藏館、二〇二〇年所収）
第6章　仏教ジャーナリスト大拙（『現代思想』二〇二〇年一一月臨時増刊号）
第7章　高楠順次郎と親鸞――グローバル世界の仏教学者（原題「高楠順次郎と親鸞――日本の仏教モダニズム」『日本仏教綜合研究』二〇二三年）
第8章　昭和初期の仏教／キリスト教論争――高楠順次郎を中心として（『比較思想研究』二〇二〇年度）
第9章　儀礼と近代仏教――『新仏教』の論説から（『近代仏教』二〇〇九年八月）
第10章　破壊の国の戒律論――「半透明の規範」の歴史（原題「飲酒・性交・殺人の仏教――近代日本の戒律論」『宗教と風紀』岩波書店、二〇二一年所収）
第11章　教養主義、生命主義、日本宗教（原題「大正の教養主義と生命主義」『教養と生命』近代日本宗教史3、春秋社、二〇二〇年所収）
第12章　役行者の近代（原題「役行者と近代仏教」『現代思想』二〇二一年五月臨時増刊号）
第13章　仏教民俗学の思想――五来重について（『宗教研究』81（1）、二〇〇七年六月）
第14章　五来重と仏教民俗学の誕生（原題「五来重――仏教民俗学と庶民信仰の探究」『戦後歴史学と日本仏教』法藏館、二〇一六年所収）
第15章　梅原猛の仏教思想（『ユリイカ』二〇一九年四月臨時増刊号）
第16章　仏教者 瀬戸内寂聴（『ユリイカ』二〇二二年三月臨時増刊号）
終　章　俗なる聖性を求めて（書き下ろし）

人名索引

さ行

た行

な行

は行

ま行

や行

ら行

わ行

著者　碧海寿広（おおみ・としひろ）

1981年東京都生まれ。武蔵野大学教授。専門は宗教学、近代仏教研究。慶應義塾大学経済学部卒、同大学大学院社会学研究科博士課程単位取得退学。博士（社会学）。著書に『近代仏教のなかの真宗』（法藏館、2014）、『入門 近代仏教思想』（ちくま新書、2016）、『仏像と日本人』（中公新書、2018）、『科学化する仏教』（角川選書、2020）、『考える親鸞』（新潮選書、2021）、『高楠順次郎』（吉川弘文館、2024）など。

近代仏教とは何か

その思想と実践

2024年6月25日　第1刷印刷
2024年7月5日　第1刷発行

著者——碧海寿広

発行人——清水一人
発行所——青土社

〒101-0051　東京都千代田区神田神保町1-29　市瀬ビル
［電話］03-3291-9831（編集）　03-3294-7829（営業）
［振替］00190-7-192955

印刷・製本——シナノ印刷

装幀——水戸部 功

Printed in Japan
ISBN978-4-7917-7655-9